V&R unipress

Schriften zum deutschen und internationalen Persönlichkeits- und Immaterialgüterrecht

Band 21

Herausgegeben von Professor Dr. Haimo Schack, Kiel,
Direktor des Instituts für Europäisches und Internationales Privat- und Verfahrensrecht

Christoph Luther

Postmortaler Schutz nichtvermögenswerter Persönlichkeitsrechte

V&R unipress

Gedruckt mit Unterstützung der Johanna und Fritz Buch Gedächtnisstiftung.

Bibliografische Information der Deutschen Nationalbibliothek

Die Deutsche Nationalbibliothek verzeichnet diese Publikation in der Deutschen Nationalbibliografie; detaillierte bibliografische Daten sind im Internet über http://dnb.d-nb.de abrufbar.

ISBN 978-3-89971-549-1

Gedruckt auf alterungsbeständigem Papier.

Meinen Eltern

Vorwort

Die vorliegende Arbeit wurde von der Juristischen Fakultät der Universität Potsdam im Jahr 2008 als Dissertation angenommen.

Mein besonderer Dank gilt meinem Doktorvater, Herrn Professor Dr. Stefan Chr. Saar für die intensive Betreuung dieser Arbeit. Durch seine stete Bereitschaft zu fachlichen Gesprächen sowie durch zahlreiche Hinweise und Rückfragen hat er zur Entstehung dieser Arbeit maßgeblich beigetragen. Herrn Professor Dr. Tilman Bezzenberger danke ich für weitere Denkanstöße und die zügige Erstellung der Zweitkorrektur.

Dank gebührt auch meinen Eltern, die mich während meines Studiums sowohl materiell als auch ideell unterstützt haben. Außerdem haben sie und Frau Natascha Butzke diese Arbeit Korrektur gelesen. Vielen Dank auch dafür.

Der Druck wurde durch die Johanna und Fritz Buch Gedächtnisstiftung gefördert. Auch hierfür möchte ich mich bedanken.

Inhalt

ABKÜRZUNGSVERZEICHNIS 15

EINFÜHRUNG 19

A. GESCHICHTLICHE ENTWICKLUNG DES POSTMORTALEN PERSÖNLICHKEITSSCHUTZES 23

I. Entwicklung des allgemeinen Persönlichkeitsrechts 23

1. Ehre und Persönlichkeit 23
2. Die Persönlichkeit und ihr Recht im 19. Jahrhundert 25
   a. Kant und Hegel 25
   b. Die historische Rechtsschule 28
   c. Das späte 19. Jahrhundert 30
3. Persönlichkeitsrechte seit Inkrafttreten des BGB 33

II. Entwicklung des postmortalen Persönlichkeitsschutzes 37

1. Der Fall Bismarck 37
   a. Entscheidung des Landgerichts Hamburg 38
   b. Entscheidung des Oberlandesgerichts Hamburg 38
   c. Entscheidung des Reichsgerichts 40
   d. Reaktionen in der Literatur 40
2. Die weitere Entwicklung des postmortalen Persönlichkeitsschutzes im Deutschen Reich 42
3. Der Fall Mephisto 45
   a. Die Entscheidung des Bundesgerichtshofs 45
   b. Die Entscheidung des Bundesverfassungsgerichts 49
4. Der Fall Marlene 51

III. Heutiger Schutz vor Eingriffen in ideelle Persönlichkeitsgüter Verstorbener 52
1. Verfassungsrechtliche Vorgaben 52
2. Der Umfang des von der Rechtsprechung gewährten Schutzes 54
a. Flexible Schutzdauer 55
b. Ausschließlich negatorische Abwehransprüche 56
3. Postmortaler Persönlichkeitsschutz und allgemeines Persönlichkeitsrecht 58
2. Zusammenfassung 59

B. Die heutigen Ansichten zum postmortalen Persönlichkeitsschutz 63

I. Genuines postmortales Persönlichkeitsrecht 63
1. Subjektloses postmortales Persönlichkeitsrecht 64
a. Subjektlose Rechte? 65
b. Kein postmortales Persönlichkeitsrecht ohne Rechtssubjekt 70
aa. Begriff des subjektiven Rechts 70
bb. Relationaler Charakter des Rechts 72
cc. Höchstpersönlicher Charakter des allgemeinen Persönlichkeitsrechts 74
2. Postmortale Teilrechtsfähigkeit 76
a. Inkompatibilität mit der Lehre von der Rechtsfähigkeit 77
b. Inkompatibilität mit dem Begriff des subjektiven Rechts 78
c. Der Hinweis auf den nasciturus und die juristische Person greift zu kurz 78
d. Eine postmortale Teilrechtsfähigkeit kann der bestehenden Rechtsordnung nicht entnommen werden 79
aa. Keine auslegungsfähige Norm 80
bb. Keine planwidrige Regelungslücke 80
cc. Keine postmortale Teilrechtsfähigkeit durch Analogie 82
dd. Keine freie richterliche Rechtsfortbildung 83
3. Allgemeine Rechtssubjektivität 87

II. Angehörigentheorie ... 88
1. Postmortale Persönlichkeitsverletzung als Verletzung des Persönlichkeitsrechts der Angehörigen ... 88
2. Divergierende Interessenlagen der Angehörigen ... 92

III. Allgemeine Rechtspflicht zur Achtung der Toten ... 92
1. Herleitung einer allgemeinen Rechtspflicht zur Achtung der Toten ... 93
a. Herleitung des BGH ... 93
aa. Keine Gesamtanalogie zu §§ 22 S. 3 KUG, 83 UrhG a.F., 189 StGB und 361 StPO ... 94
bb. Keine Einzelanalogie zu § 22 S. 3 KUG ... 96
b. Art. 1 Abs. 1 S. 1 GG als Grundlage einer allgemeinen Rechtspflicht zur Achtung der Toten ... 99
2. Kein klagbarer Abwehranspruch aus einer allgemeinen Rechtspflicht zur Achtung der Toten ... 100
a. Art. 1 Abs. 1 S. 1 GG als Schutzgesetz im Sinne des § 823 Abs. 2 BGB ... 100
aa. Postmortaler Persönlichkeitsschutz als Ausfluss der Würde des Toten ... 101
bb. Postmortaler Persönlichkeitsschutz zum Schutz der Würde der Lebenden ... 102
b. Art. 1 Abs. 1 S. 1 GG als eigene zivilrechtliche Anspruchsgrundlage? ... 103
c. Zivilrechtlicher Abwehranspruch aus Rechtsfortbildung? ... 103
aa. Keine analoge Anwendung der §§ 823, 1004 BGB ... 103
bb. Keine freie richterliche Rechtsfortbildung ... 106
d. Keine gewohnheitsrechtliche Anerkennung eines zivilrechtlichen Abwehranspruchs ... 107

IV. Zwischenergebnis ... 107

C. NORMIERUNG EINES POSTMORTALEN PERSÖNLICHKEITSSCHUTZES......... 111

I. Verfassungsrechtliche Implikationen für die Normierung eines postmortalen Persönlichkeitsschutzes 111

1. Schutzpflichten des Staates 112

2. Garantie der Menschenwürde, Art. 1 Abs.1 GG 114

a. Keine Teilhabe des Toten an der Garantie des Art. 1 Abs. 1 GG........ 114

b. Anknüpfung an die Menschenwürde der Lebenden 117

3. Menschenwürde und postmortaler Persönlichkeitsschutz 120

a. Schutzbereich von Art. 1 Abs. 1 GG unter Lebenden........ 121

b. Schutzbereich von Art. 1 Abs. 1 GG im postmortalen Bereich........ 122

aa. Standpunkt des Bundesverfassungsgerichts 122

bb. Standpunkt der Zivilrechtsprechung 125

cc. Zwischenergebnis........ 128

II. Möglichkeiten der Normierung eines postmortalen Persönlichkeitsschutzes........ 130

1. Zivilrechtlicher postmortaler Persönlichkeitsschutz........ 130

a. Keine Normierung einer postmortalen Teilrechtsfähigkeit.... 130

aa. Mangelnde Sytemkonformität der Rechtsfähigkeit eines Zwecks 130

bb. Bruch mit dem höchstpersönlichen Charakter des Persönlichkeitsrechts 131

cc. Konflikt mit dem Begriff des subjektiven Rechts 132

b. Zuordnung des postmortalen Achtungsanspruchs zu einem bestehenden Rechtssubjekt 133

aa. Nichtvermögenswerte Persönlichkeitsrechte als Teil der Erbmasse 133

bb. Postmortaler Achtungsanspruch als neu entstehendes Recht des Wahrnehmungsberechtigten........ 135

c. Zivilrechtlicher postmortaler Persönlichkeitsschutz und Prävention 135

aa. Erfordernis der Prävention postmortaler Persönlichkeitsverletzungen 135

bb. Möglichkeiten einer besseren Prävention........ 139

cc. Schadensrecht und Prävention........ 143

dd. Zuordnungsprobleme 146

2. Öffentlichrechtlicher postmortaler Persönlichkeitsschutz 147
a. Staat und Gesellschaft 148
b. Die Grenze des Vorbehalts staatlicher Verwaltung 150
c. Vorzüge einer öffentlichrechtlichen Kodifikation 153
aa. Dogmatische und systematische Vorzüge 154
bb. Möglichkeit eines höheren Schutzniveaus 155
d. Beispiele für eine rechtliche Gestaltung des Zusammenwirkens von Privaten und Staat 156
aa. Die Vormundschaft 156
bb. Die Privatklage 159
cc. Die Verbandsklage 162
e. Vorgaben für die Gestaltung des postmortalen Persönlichkeitsschutzes 164

D. VORSCHLÄGE FÜR EINE NORMIERUNG DES POSTMORTALEN PERSÖNLICHKEITSSCHUTZES 167

I. Rechtsfolgen 167
1. Abwehransprüche 167
2. Zahlungsansprüche 168
3. Zusammenfassung 171

II. Schutzdauer des postmortalen Persönlichkeitsschutzes 171
1. Gegenwärtige Rechtslage: flexible Schutzdauer 171
2. Kritik 172
3. Vorschläge für eine starre Schutzfrist 176

III. Wahrnehmungsberechtigung 179
1. Geborene Wahrnehmungsberechtigte 179
2. Gekorene Wahrnehmungsberechtigte 182
a. Voraussetzungen der Berufung 183
b. Wahrnehmung durch Dritte ohne Berufung ? 185
c. Verhältnis der gekorenen zu den geborenen Wahrnehmungsberechtigten 187
3. Wahrnehmung des postmortalen Persönlichkeitsschutzes durch den Staat 187

IV. Rechtsweg 189

ZUSAMMENFASSUNG 193

QUELLEN UND LITERATUR 203

PERSONEN- UND SACHREGISTER 215

Abkürzungsverzeichnis

a. A.	anderer Ansicht
a. a. O.	am angegebenen Ort
Abs.	Absatz
AcP	Archiv für civilistische Praxis (Zeitschrift)
a. E.	am Ende
a. F.	alte Fassung
AfP	Archiv für Presserecht (Zeitschrift)
AöR	Archiv für öffentliches Recht (Zeitschrift)
AG	Amtsgericht
Alt.	Alternative
Art.	Artikel
Aufl.	Auflage
Az.	Aktenzeichen
BAG	Bundesarbeitsgericht
Bd.	Band
BeckRS	Beck-Rechtsprechung (Online-Ressource)
Beschl.	Beschluss
BestG	Bestattungsgesetz
BGB	Bürgerliches Gesetzbuch
BGH	Bundesgerichtshof
BGHZ	Entscheidungen des Bundesgerichtshofs (amtliche Sammlung, zitiert nach Band und Seite)
BremNatSchG	Bremisches Naturschutzgesetz
BVerfG	Bundesverfassungsgericht
BVerfGE	Entscheidungen des Bundesverfassungsgerichts (amtliche Sammlung, zitiert nach Band und Seite)
bzw.	beziehungsweise
ders.	Derselbe
DÖV	Die öffentliche Verwaltung (Zeitschrift)
ESchG	Embryonenschutzgesetz
f. / ff.	folgend(e)
FamRZ	Zeitschrift für das gesamte Familienrecht
FAZ	Frankfurter Allgemeine Zeitung
Fn.	Fußnote
GG	Grundgesetz
GmbHG	GmbH-Gesetz

GRUR	Gewerblicher Rechtsschutz und Urheberrecht (Zeitschrift)
GRUR-Int	Gewerblicher Rechtsschutz und Urheberrecht – Internationaler Teil (Zeitschrift)
GRUR-RR	Gewerblicher Rechtsschutz und Urheberrecht – Rechtsprechungsreport (Zeitschrift)
h.M.	herrschende Meinung
Hrsg. / hrsg.	Herausgeber / herausgegeben
i.S.d.	im Sinne des / der
i.S.v.	im Sinne von
i.V.m.	in Verbindung mit
JURA	Juristische Ausbildung (Zeitschrift)
JuS	Juristische Schulung (Zeitschrift)
JZ	Juristenzeitung (Zeitschrift)
KG	Kammergericht
KUG	Kunsturheberrechtsgesetz
LG	Landgericht
LMK	Kommentierte BGH-Rechtsprechung Lindenmaier-Möhring
MMR	Multi Media & Recht (Zeitschrift)
MüKo	Münchener Kommentar zum Bürgerlichen Gesetzbuch
m.w.N.	mit weiteren Nachweisen
n.F.	neue Fassung
NJW	Neue Juristische Wochenschrift (Zeitschrift)
NJW-RR	Neue Juristische Wochenschrift – Rechtsprechungsreport (Zeitschrift)
NuR	Natur und Recht (Zeitschrift)
NVwZ	Neue Zeitschrift für Verwaltungsrecht
OLG	Oberlandesgericht
RG	Reichsgericht
RGZ	Entscheidung des Reichsgerichts in Zivilsachen (amtliche Sammlung, zitiert nach Band und Seite)
Rn., Rz.	Randnummer, Randziffer
RStGB	Reichsstrafgesetzbuch
s.	siehe
S.	Seite
s.o.	siehe oben
s.u.	siehe unten
sog.	so genannte(r)
StGB	Strafgesetzbuch
StPO	Strafprozessordnung
u. a.	unter anderem / und andere

UFITA	Archiv für Urheber-, Film-, Funk- und Theaterrecht (Zeitschrift)
UKlaG	Unterlassungsklagengesetz
UWG	Gesetz gegen den unlauteren Wettbewerb
UrhG	Urheberrechtsgesetz
VersR	Versicherungsrecht (Zeitschrift)
vgl.	vergleiche
VVDStRL	Veröffentlichungen der Vereinigung deutscher Staatsrechtslehrer
VwGO	Verwaltungsgerichtsordnung
WM	Zeitschrift für Wirtschafts- und Bankrecht, Wertpapiermitteilungen
WRP	Wettbewerb in Recht und Praxis (Zeitschrift)
z. B.	zum Beispiel
Ziff.	Ziffer
ZPO	Zivilprozessordnung
ZUM	Zeitschrift für Urheber- und Medienrecht / Film und Recht

Einführung

Die Auseinandersetzung mit dem postmortalen Persönlichkeitsschutz hat seit der *Marlene*-Rechtsprechung des Bundesgerichtshofs[1] Auftrieb erhalten. Kern dieser Rechtsprechung ist die Erkenntnis, dass das Persönlichkeitsrecht neben einer nichtvermögenswerten eine vermögenswerte Komponente hat, die in die Erbmasse fällt. Die vermögenswerten Persönlichkeitsrechte gehen mit dem Tod ihres Inhabers also auf den Erben über. Sofern er sie verteidigt, handelt es sich um eine Verteidigung eigener Rechte. Anders ist dies bei der postmortalen Verteidigung nichtvermögenswerter Persönlichkeitsrechte. Weil diese Rechte nicht in die Erbmasse fallen, handelt es sich bei ihnen nicht um Rechte des Erben. Für die Frage, wie und warum die Hinterbliebenen die nichtvermögenswerten Persönlichkeitsrechte des Verstorbenen verteidigen können, ergibt sich deshalb ein erhöhter Erklärungsbedarf. Mit diesem Gegenstand setzt sich die vorliegende Untersuchung auseinander. Sofern darin von »postmortalem Persönlichkeitsschutz« und den dazu entwickelten Lehren gesprochen wird, ist damit folglich nur der dogmatisch umstrittene postmortale Schutz nichtvermögenswerter Persönlichkeitsrechte gemeint.

Die *Marlene*-Rechtsprechung hat neue Fragen aufgeworfen. Insbesondere hat sie der Diskussion darüber, wie die vermögenswerten Persönlichkeitsrechte nach dem Tod praktisch geschützt werden können, Anstöße gegeben. Nach wie vor unklar ist, wie sich der seit der *Mephisto*-Entscheidung des Bundesgerichtshofs[2] praktizierte postmortale Schutz nichtvermögenswerter Persönlichkeitsrechte rechtstheoretisch und rechtsdogmatisch begründen lässt. Dieses Problem hat nichts von seiner Aktualität eingebüßt. Denn jeder Schutz postmortaler Interessen stellt einen Eingriff in die Freiheitsgrundrechte der Lebenden dar. Deshalb ist es erforderlich, seine Schutzgrenzen genau zu bestimmen. Zwar haben höchstrichterliche Urteile hier eine gewisse Rechtssicherheit hergestellt. Im Hinblick auf die Bedeutung der mit dem postmortalen Persönlichkeitsschutz kollidierenden Kommunikationsfreiheiten ist es jedoch erforderlich, schon vor der gerichtlichen Klärung eines Einzelfalls ein Höchstmaß an Rechtssicherheit zu schaffen. Belastbare Aussagen über den Umfang des postmortalen Persönlichkeitsschutzes kann es ohne

---

1 BGH NJW 2000, 2195–2201 = BGHZ 143, 214–232. Der Kern dieser Rechtsprechung ist zwischenzeitlich vom Bundesverfassungsgericht gebilligt worden. Siehe dazu: BVerfG NJW 2006, 3409–3411.

2 BGHZ 50, 133 ff. – *Mephisto*.

Antwort auf die Frage nach seinen rechtstheoretischen und rechtsdogmatischen Grundlagen aber nicht geben[3].

Der postmortale Schutz der Persönlichkeit ist im Bürgerlichen Recht nicht geregelt. Obwohl diese Tatsache schon vor Inkrafttreten des BGB bemängelt wurde, fehlt es bis heute an einer umfassenden Kodifikation dieser Materie. Es finden sich lediglich verschiedene Normen zur Regelung von Teilaspekten[4]. Gleichwohl hat die Rechtsprechung schon früh einen postmortalen Persönlichkeitsschutz anerkannt und diesen unter steter Berücksichtigung der sich wandelnden gesellschaftlichen Umstände fortentwickelt[5]. Die grundlegenden Entscheidungen sind in der Literatur eingehend gewürdigt worden. Bei allem Streit um Einzelheiten bestand in einer Hinsicht immer Einigkeit: Überlebenden sollte es nach dem Tod eines Menschen nicht unbegrenzt erlaubt sein, Handlungen vorzunehmen, die der Verstorbene ihnen zu Lebzeiten kraft seines allgemeinen Persönlichkeitsrechts hätte verbieten können. Stets umstritten waren hingegen die Herleitung, die dogmatische Einbettung und der Umfang des postmortalen Persönlichkeitsschutzes. Bis heute werden dazu drei Grundpositionen vertreten. Es wird vertreten, dass es ein eigenständiges postmortales Persönlichkeitsrecht gibt, das ein »sonstiges Recht« im Sinne des § 823 Abs. 1 BGB ist und von Dritten für den Verstorbenen ausgeübt werden kann. Andere leugnen die Existenz eines solchen Rechts und behaupten, dass der postmortale Persönlichkeitsschutz allein Gegenstand des allgemeinen Persönlichkeitsrechts der Hinterbliebenen sei. Eine dritte Ansicht führt den postmortalen Persönlichkeitsschutz auf eine allgemeine Rechtspflicht der Lebenden zur Achtung von Persönlichkeitsgütern Verstorbener zurück, bei der es sich um ein Schutzgesetz im Sinne des § 823 Abs. 2 BGB handeln soll.

---

3 Anders jedoch BASTON-VOGT, die der Ansicht ist, die Diskussion um den postmortalen Persönlichkeitsschutz auf die Frage des zu gewährleistenden Schutzbereichs beschränken zu können, ohne zuvor dessen Grundlagen geklärt zu haben (DIES.: Der sachliche Schutzbereich des zivilrechtlichen allgemeinen Persönlichkeitsrechts, Tübingen 1997, S. 298).

4 § 168 StGB (Störung der Totenruhe); § 189 StGB (Verunglimpfung des Andenkens Verstorbener); § 4 Abs. 1 ESchG (Verbot der Befruchtung einer Eizelle mit dem Samen eines Toten); im Transplantationsgesetz (Regelung der Entnahme von Organen, Gewebe etc. aus einer Leiche); §§ 60 Abs. 2, 3, 64 f. und 82 f. UrhG; § 22 KUG (postmortaler Bildnisschutz); darüber hinaus enthalten die Bestattungsgesetze der Länder bzw. das teilweise fortgeltende Feuerbestattungsgesetz von 1934 Regelungen zu den Modalitäten der Beerdigung sowie zur Befugnis zur Entscheidung über die Art der Bestattung.

5 Vgl. insbesondere: RGZ 45, 170–174 – *von Bismarck*; BGHZ 50, 133–147 – *Mephisto*, BVerfG NJW 1971, 1645–1648 – *Mephisto*; BGHZ 143, 214–232 – *Marlene*.

Der Streit um den postmortalen Persönlichkeitsschutz weist einige Besonderheiten auf. Dazu gehört die Tendenz, bei der Herleitung dieses Rechtsinstituts in zum Teil pathetischer Weise Bezug auf außerrechtliche Standpunkte zu nehmen[6]. In jüngerer Zeit ist außerdem zu beobachten, dass zum Teil weniger mit der dogmatischen Stimmigkeit der eigenen Ansicht als mit den vermeintlich noch größeren Schwächen der Gegenansichten argumentiert wird. Diese Argumentationsmuster ähneln sich darin, dass sie mehr oder weniger direkt an ein beim Leser (zu Recht) vermutetes Evidenzgefühl appellieren, wonach es einen postmortalen Persönlichkeitsschutz schlechthin geben muss, auch wenn er sich aus dem vorhandenen Recht nicht befriedigend herleiten lassen sollte.

Diese Untersuchung geht einen anderen Weg. Hier soll auf analytisch-synthetischem Weg eine Antwort auf die Frage nach dem rechtlichen Charakter des postmortalen Persönlichkeitsschutzes gesucht werden. Das Erfordernis eines postmortalen Persönlichkeitsschutzes ist heute praktisch unumstritten, obwohl es an einer gesetzlichen Regelung mangelt und es über seine dogmatische Herleitung und Einordnung keinen Konsens gibt[7]. Das Fehlen einer gesetzlichen Regelung bedingt, dass die Analyse des postmortalen Persönlichkeitsschutzes nicht von einer vorgegebenen dogmatischen Einordnung ausgehen kann. Folglich muss zunächst untersucht werden, wo sich der postmortale Persönlichkeitsschutz in das Rechtssystem einordnen ließe. Diese Diskussion ist bisher kaum geführt worden. Stattdessen wird gewöhnlich wie selbstverständlich angenommen, dass der postmortale Persönlichkeitsschutz in den Anwendungsbereich von § 823 BGB falle[8]. Hier soll die Suche nach dem richtigen dogmatischen Anknüpfungspunkt für den postmortalen Schutz nichtvermögenswerter Persönlichkeitsrechte hingegen im Mittelpunkt stehen. Steht dieser Anknüpfungspunkt fest, können konkrete Vorschläge

---

6 Kritisch dazu: PETER SCHWERDTNER: Das Persönlichkeitsrecht in der deutschen Zivilrechtsordnung, Berlin 1977, S. 101 ff., wo er sich sehr pointiert mit dem Pathos HEINRICH HUBMANNS (ders.: Das Persönlichkeitsrecht, 2. Aufl., Köln 1967, S. 340 ff.) und der Argumentation in der *Mephisto*-Entscheidung des Bundesgerichtshofs (BGHZ 50, 133–147) auseinandersetzt. Im Stile HUBMANNS argumentieren noch heute KNUT MÜLLER: Postmortaler Rechtsschutz – Überlegungen zur Rechtssubjektivität Verstorbener, Frankfurt a.M., S. 80 ff. und HEINZ-JOACHIM PABST: Der postmortale Persönlichkeitsschutz in der neueren Rechtsprechung des Bundesverfassungsgerichts, in: NJW 2002, S. 999 f.

7 Insofern ähnelt die Debatte strukturell dem Streit um das Urheberrecht in der zweiten Hälfte des 19. Jahrhunderts, der nicht mehr das »Ob« dieses Rechts zum Gegenstand hatte, sondern nur noch die Frage, wie es sich herleiten und einordnen ließe.

8 Anders allerdings AXEL STEIN in: SOERGEL: Bürgerliches Gesetzbuch, Bd. 21, 13. Aufl., Stuttgart 2001, § 1922, Rn. 26.

dazu unterbreitet werden, wie sich der postmortale Persönlichkeitsschutz in die Rechtsordnung einfügen lässt.

Die Analyse der Inhalte des postmortalen Persönlichkeitsschutzes erfordert die Beschäftigung mit seiner historischen Entwicklung. Voraussetzung für die Entstehung eines postmortalen Persönlichkeitsschutzes war die Lehre von den Persönlichkeitsrechten. Deshalb wird in Abschnitt A zuerst auf die Entwicklung der Persönlichkeitsrechte eingegangen (I.), bevor dort die historische Entwicklung des postmortalen Persönlichkeitsschutzes dargestellt wird (II.).

In Abschnitt B werden sodann die heute in Literatur und Rechtsprechung vertretenen Standpunkte vorgestellt und kritisch gewürdigt. Es wird sich zeigen, dass keine dieser Ansichten eine hinreichende Grundlage für den von der Rechtsprechung gewährten postmortalen Schutz nichtvermögenswerter Persönlichkeitsrechte bietet.

Abschnitt C ist der Frage gewidmet, wie sich eine Rechtsgrundlage für den postmortalen Persönlichkeitsschutz schaffen ließe. Dazu wird die Notwendigkeit der Normierung eines entsprechenden Rechtsinstituts erörtert (I.), bevor verschiedene Möglichkeiten einer solchen Normierung diskutiert werden (II.). Danach werden in Abschnitt D Vorschläge für die Normierung des postmortalen Persönlichkeitsschutzes unterbreitet.

A. Geschichtliche Entwicklung des postmortalen Persönlichkeitsschutzes

I. Entwicklung des allgemeinen Persönlichkeitsrechts

Der postmortale Persönlichkeitsschutz erstreckt sich auf Gegenstände, die zu Lebzeiten des Verstorbenen von seinem allgemeinem Persönlichkeitsrecht geschützt wurden. Deshalb konnte die Frage nach einem postmortalen Persönlichkeitsschutz erst aufkommen, nachdem sich die Lehre vom allgemeinen Persönlichkeitsrecht etabliert hatte. Dieser Zusammenhang erfordert es, bei der Darstellung der historischen Entwicklung des postmortalen Persönlichkeitsschutzes zunächst auf das allgemeine Persönlichkeitsrecht einzugehen.

1. Ehre und Persönlichkeit

Obwohl der Ursprung des Persönlichkeitsrechts sich bis in die römische Antike zurückverfolgen lässt[9], begann eine intensivere Auseinandersetzung mit diesem Gegenstand erst, als mit dem Humanismus und dem säkularisierten Naturrecht der Neuzeit das Individuum wieder zum Ausgangs- und Mittelpunkt rechtlichen Denkens geworden war. Aus diesem Verständnis folgte die Erkenntnis, dass jedem Menschen kraft seines Menschseins Würde[10] sowie gewisse angeborene Rechte (»ius connatum«[11]) zukommen. Als sol-

---

9 Vgl. dazu u.a. ROBERT SCHEYHING: Zur Geschichte des Persönlichkeitsrechts im 19. Jahrhundert, in: AcP 158, (1959 / 1960), S. 505, 508 sowie DIETER LEUZE: Die Entwicklung des Persönlichkeitsrechts im 19. Jahrhundert, Bielefeld 1962, S. 12 ff. mit Hinweisen auf das Zwölftafelgesetz bzw. DONELLUS.

10 So bei SAMUEL PUFENDORF: De iure naturae et gentium 2, 1, 5, wo dem Menschen eine ihm spezifische Würde zuerkannt ist, die aus seiner ihn vor allen Kreaturen auszeichnenden Fähigkeit zur Herstellung von Ordnung, Sittlichkeit und Schönheit folge. Vgl. dazu HANS WELZEL: Die Naturrechtslehre Samuel Pufendorfs, Berlin 1958, S. 47 ff.

11 Die Lehre von einem »ius connatum« war im 18. Jahrhundert weit verbreitet. Die Unterteilung des Rechts in ein angeborenes »ius connatum« und ein erworbenes »ius acquisitum« geht auf CHRISTIAN THOMASIUS zurück (ders.: Fundamenta iuris naturae et gentium, Lib. I, Cap. V, § 11). Einen quantitativen Höhepunkt erreichte diese Lehre dann bei CHRISTIAN WOLFF, dessen Katalog angeborener Rechte sich auf beinahe alles erstreckt, was der einzelne zu seiner Glückseligkeit bedarf (vgl. dazu die Aufzählung in: DERS.: Jus naturae methodo scientifica I, Pars I Cap. II). Zum »ius connatum« bei CHRISTIAN WOLFF siehe auch: HANNS-MARTIN

ches »Urrecht« wurde schon bald das Recht an der eigenen Persönlichkeit erkannt, welches laut KLIPPEL im letzten Jahrzehnt des 18. Jahrhunderts zu einem »Gemeinplatz des Naturrechts« geworden war[12]. Ein Gemeinplatz war jedoch zunächst nur der Begriff des Rechts an der eigenen Persönlichkeit. An einer präzisen, allgemein akzeptierten inhaltlichen Bestimmung fehlte es noch lange. Vorerst wurde dieses Recht als Oberbegriff für die unterschiedlichsten Individualschutzrechte verwendet und umfasste insbesondere auch Freiheitsrechte und andere staatsgerichtete Rechtspositionen[13].

Während die staatsgerichtete Dimension des allgemeinen Persönlichkeitsrechts Rechtspositionen aufwies, die historisch ohne Vorgänger waren, vermittelte das allgemeine Persönlichkeitsrecht im Verhältnis zu Dritten Rechtspositionen, die die Rechtsordnung zum Teil schon vorher gekannt hatte. Das gilt vor allem für die Funktionen des rechtlichen Ehrenschutzes, die weitgehend[14] im allgemeinen Persönlichkeitsrecht aufgegangen sind[15]. HOLZHAUER

BACHMANN: Die naturrechtliche Staatslehre Christian Wolffs, Berlin 1977, insbesondere S. 107–114. Zur Entwicklung des »ius connatum« siehe auch LEUZE, a.a.O., S. 20 ff.

12 DIETHELM KLIPPEL: Historische Wurzeln und Funktionen von Immaterialgüter- und Persönlichkeitsrechten im 19. Jahrhundert, in: Zeitschrift für Neuere Rechtsgeschichte, Bd. 4 (1982), S. 134.

13 Vgl. dazu HEINZ HOLZHAUER: Zur Vorgeschichte des allgemeinen Persönlichkeitsrechts, in: ERICHSEN, HANS-UWE / KOLHOSSER, HELMUT / WELP, JÜRGEN (Hrsg.): Recht der Persönlichkeit, Berlin 1996, S. 51 sowie KLIPPEL, a.a.O., S. 134. Darauf, dass der Begriff »allgemeines Persönlichkeitsrecht« auch in der heutigen Rechtsordnung zugleich für ein Grundrecht (Art. 2 Abs. 1 i.V.m. Art. 1 Abs. 1 GG) steht, wird in der von Zivilrechtlern geführten Diskussion um das allgemeine Persönlichkeitsrecht vielfach kaum eingegangen (anders: JOHANNES HAGER: Der Schutz der Ehre im Zivilrecht, AcP 196 (1996), S. 168–218). Offenbar wird häufig unterstellt, dass es sich beim allgemeinen Persönlichkeitsrecht i.S.d § 823 BGB und demjenigen i.S.d. Art. 2 Abs. 1, 1 Abs. 1 GG um zwei verschiedene Rechte handelt (so ausdrücklich BVerfG NJW 2006, 309, 3410 – *Marlene Dietrich* sowie: HORST EHMANN in: ERMAN, 12. Aufl., 2008, Anh. § 12, Rn. 9; KARL LARENZ / CLAUS WILHELM CANARIS: Lehrbuch des Schuldrechts Bd. II / 2, 13. Aufl., München 1994, S. 492 f.; HANS JARASS / BODO PIEROTH: Grundgesetz für die Bundesrepublik Deutschland, 8. Aufl., München 2006, Art. 2, Rn. 25; BASTON-VOGT, a.a.O., – alle m.w.N.). Gerade im Hinblick auf die *Marlene*-Rechtsprechung des Bundesgerichtshofs erscheint die Gegenmeinung (vgl. vor allem JOHANNES HAGER in: STAUDINGER, 13. Bearbeitung, 1999, § 823, Rn. C 4 ff.) an Plausibilität zu gewinnen. Denn wo das allgemeine Persönlichkeitsrecht im Zivilrecht als einheitliches Recht mit einem doppelten Charakter anerkannt ist, könnte es nahe liegen, das allgemeine Persönlichkeitsrecht auch im Hinblick auf die gesamte Rechtsordnung als einheitliches Recht zu betrachten (dem dann ein dreifacher Charakter zukäme: Grundrecht, ziviles Abwehrrecht, Vermögensrecht).

14 Der alte Ehrbegriff ist nicht vollständig zum Bestandteil des allgemeinen Persönlichkeitsrechts geworden, weil er einerseits Elemente der (Menschen-)Würde ent-

hat gezeigt, dass der Transformationsprozess vom Schutz der Ehre zum Schutz der Persönlichkeit auf einer sich wandelnden Wahrnehmung der Person beruhte: In älterer Zeit hatte die Wahrnehmung einer Person ihren Status und ihre Ehre zum Gegenstand. Letztere kann man sich modellhaft als »gleichsam materialisierte Eigenschaft«[16] vorstellen. Sie war nicht das Ergebnis eines Selbsterkenntnisprozesses; vielmehr war es eher so, »dass sich der Mensch zunächst als Gruppenwesen wahrgenommen hat mit derjenigen Sollbeschaffenheit, die sich aus seiner Eingruppierung ergab und mit den Isteigenschaften, die ihn persönlich in diesem Horizont kennzeichneten«[17]. Spätestens als sich mit dem Neuhumanismus eine auf Erkenntnis gerichtete Betrachtung der konkreten menschlichen Existenz durchsetzte, wurde diese Wahrnehmung abgelöst. Ideal des Neuhumanismus war die Persönlichkeit, das Kunstwerk, ein Individuum durch Bildung und Kultur zu vervollkommnen[18]. Damit kam es für die Wahrnehmung der Person auf deren Eigenschaften und Leistungen an; ihr Stand war nicht mehr wesentlich. Als dann die Bauernbefreiung und später die Industrialisierung zu einer allmählichen Auflösung der ständischen Gliederung führten, entfiel zudem zusehends der tatsächliche Anknüpfungspunkt für den überkommenen Ehrbegriff. Die Wahrnehmung der Person und in der Folge der Schutz ihrer rechtlichen Belange musste sich mehr und mehr an der neuen Kategorie der Persönlichkeit orientieren.

2. Die Persönlichkeit und ihr Recht im 19. Jahrhundert

Im 19. Jahrhundert wurde die Persönlichkeit zu einem herausragenden Gegenstand der Forschung. In Philosophie und Rechtswissenschaft wurden in diesem Zusammenhang die Rechtsfähigkeit, die genaueren Inhalte des Persönlichkeitsrechts und die Immaterialgüterrechte entdeckt.

a. Kant und Hegel

Ein wesentlicher Ausgangspunkt war die Philosophie KANTS. KANT ging in seiner Rechtsphilosophie von einem einzigen angeborenen Recht aus, der

---

hielt, die vom Schutzbereich des allgemeinen Persönlichkeitsrechts nicht umfasst werden und andererseits Handlungsanweisungen enthielt, die heute allein der Sozialmoral zuzuordnen sind. Siehe dazu HOLZHAUER, a.a.O., S. 69 f.

15 Zum heutigen Stand des Schutzes der Ehre im Zivilrecht ausführlich: HAGER, a.a.O., mit zahlreichen weiteren Nachweisen. HAGER kommt dort zu dem Ergebnis, dass die Ehre im Zivilrecht – abgesehen von § 823 Abs. 2 BGB i.V.m. §§ 185 ff. StGB – (ausschließlich) als Teil des allgemeinen Persönlichkeitsrechts über § 823 Abs. 1 BGB geschützt wird.

16 HOLZHAUER, a.a.O., S. 65.

17 HOLZHAUER, ebenda.

18 HOLZHAUER, a.a.O., S. 52, 69.

Freiheit[19]. Diese Annahme führte er – anders als die Vernunftrechtler vor ihm – nicht auf empirische Beobachtung zurück, sondern setzte sie als transzendentales Vernunftprinzip[20] voraus. Eine Person ist für KANT »dasjenige Subject, dessen Handlungen einer Zurechnung fähig sind. Die moralische Persönlichkeit ist also nichts anders, als die Freiheit eines vernünftigen Wesens unter moralischen Gesetzen [...]«[21]. Weil der Mensch ohnehin frei ist bzw. ein Recht auf Freiheit hat, ist die Vernunft die einzige Voraussetzung für die Anerkennung als Person. Recht ist für KANT »der Inbegriff der Bedingungen, unter denen die Willkür des einen mit der Willkür des anderen nach einem allgemeinen Gesetze der Freiheit zusammen vereinigt werden kann«[22]. Daraus folgt der allgemeine Rechtssatz: »Handle äußerlich so, daß der freie Gebrauch deiner Willkür mit der Freiheit von jedermann nach einem allgemeinen Gesetze zusammen bestehen könne [...]«[23]. Weiter folgt daraus, dass jeder vernunftbegabte Mensch Person und damit zugleich Träger von Rechten und Pflichten ist.

In erkennbarer Anlehnung an KANT ging FRANZ VON ZEILLER von einem einzigen Urrecht des Menschen aus. Er nannte dieses Recht allerdings nicht Freiheit, sondern »Recht der Persönlichkeit« – »das ist das Recht, die Würde eines vernünftigen freihandelnden Wesens zu behaupten oder auch das Recht der gesetzlichen Freiheit.«[24] VON ZEILLER versteht sein »Recht der Persönlichkeit« allerdings als rein formelles Recht. Ohne selbst auf ein bestimmtes Objekt gerichtet zu sein, dient es ihm nur als Ausgangspunkt für die Ableitung der einzelnen materiellen Naturrechte[25]. Aus diesem Grund weigert sich LEUZE, das VON ZEILLER'SCHE Persönlichkeitsrecht und die KANT'SCHE Freiheit in eine direkte Beziehung zum heutigen allgemeinen Persönlichkeitsrecht zu stellen[26]. In der Tat dürfte sich kaum feststellen lassen, ob VON

---

19 IMMANUEL KANT: Die Metaphysik der Sitten, Einleitung in die Rechtslehre, in: Kants gesammelte Schriften, hrsg. von der Königlich Preußischen Akademie der Wissenschaften, Bd. VI, Berlin 1907/14, unveränderter photomechanischer Abdruck, Berlin, 1968, S. 237.

20 KANT: Die Metaphysik der Sitten, Einleitung in die Metaphysik der Sitten, a.a.O., S. 221.

21 KANT: Die Metaphysik der Sitten, Einleitung in die Metaphysik der Sitten, a.a.O., S. 223.

22 KANT: Die Metaphysik der Sitten, Einleitung in die Rechtslehre, a.a.O., S. 230.

23 KANT: Die Metaphysik der Sitten, Einleitung in die Rechtslehre, a.a.O., S. 231.

24 FRANZ VON ZEILLER: Das natürliche Privatrecht, 2. Aufl., Wien 1808, S. 59. Unter VON ZEILLERS Einfluss fand das von ihm und KANT statuierte Urrecht Eingang in das ABGB, dessen § 16 S. 1 lautete: »Jeder Mensch hat angeborene, schon durch die Vernunft einleuchtende Rechte und ist daher als Person zu betrachten.«

25 VON ZEILLER: Das natürliche Privatrecht, a.a.O., S. 68.

26 LEUZE, a.a.O., S. 35.

ZEILLER dem Individuum mit dem Recht der Persönlichkeit Rechtspositionen zuerkennen wollte, die über seine Rechtsfähigkeit hinausgehen.

Das Phänomen, dass in der rechtlich-philosophischen Debatte zwischen der Rechtsfähigkeit und den Rechten der Persönlichkeit nicht klar getrennt wurde, ist allerdings auch im späteren Verlauf des 19. Jahrhunderts noch häufig anzutreffen. Es findet sich in ähnlicher Form bei HEGEL, für den die Persönlichkeit nur die Rechtsfähigkeit enthält[27]. HEGEL lehnte die »Kantische und sonst beliebt gewordene Einteilung in *sächliche*, *persönliche* und *dinglich persönliche* Rechte«[28] ab und wollte nur zwischen einem »*Personen-Sachenrecht*« und einem »Recht zu *Aktionen*« (also einem prozessualen Recht) unterscheiden[29]. Er stellte fest, »daß nur die *Persönlichkeit* ein Recht an *Sachen* gibt und daher das persönliche Recht wesentlich ein *Sachenrecht*[30]

27 GEORG FRIEDRICH WILHELM HEGEL: Grundlinien der Philosophie des Rechts, in: ders.: Werke, auf der Grundlage der Werke von 1832–1845 neu edierte Ausgabe in der Schriftenreihe »Suhrkamp-Taschenbuch Wissenschaft«, 2. Aufl., Frankfurt a.M. 1989, § 36, S. 95.

28 HEGEL, a.a.O., § 40, S. 99.

29 HEGEL, a.a.O., § 40, S. 98 f.

30 Die Tatsache, dass die Entwicklung des Persönlichkeitsrechts – nicht nur bei HEGEL – maßgeblich von den Vorstellungen über das Eigentumsrecht geprägt worden ist, ist in der modernen Literatur bisweilen beklagt worden. HEINRICH HUBMANN meinte dazu: »Es gereicht der Rechtswissenschaft der Neuzeit keineswegs zur Ehre, daß sie den Begriff des subjektiven Rechts aus der Beziehung des Menschen zu den körperlichen Dingen der Außenwelt abgeleitet hat, so daß sie seine Beziehungen zu unkörperlichen Dingen, um sie überhaupt rechtlicher Erfassung zugänglich zu machen und am Rechtsschutz teilnehmen zu lassen, als Immaterialgüterrechte nach Analogie des Eigentums behandeln mußte.« (DERS.: Das Persönlichkeitsrecht, 2. Aufl., Köln 1967, S. 116). Dieser Äußerung ist entgegenzuhalten, dass sich ihr Erkenntniswert auf die Gesinnung des Autors beschränkt. Denn dass sich die Rechtswissenschaft bei der Erforschung eines neuen Abwehrrechts zunächst an einem ihr bekannten Abwehrrecht orientiert, ist methodisch nicht angreifbar. Das darin erkennbare analogische Denken ist – im Gegenteil – geradezu ein Charakteristikum der Rechtsfindung (vgl. dazu: ARTHUR KAUFMANN: Das Verfahren der Rechtsgewinnung, München 1999). Hinzu kommt, dass HEGEL die Abneigungen HUBMANNS gegen die Eigentumsrechte nicht teilte und das Persönlichkeitsrecht durch die Bezeichnung als Sachenrecht keineswegs herabwürdigen wollte (vgl. dazu LEUZE, a.a.O., S. 44 f.).
Ähnliches gilt für die sich an HUBMANN anschließende Kritik JÜRGEN SIMONS daran, dass die Ausdehnung der Rechtsnormen auf den Bereich immaterieller Güter erst erfolgte, nachdem sich – infolge der Entdeckung ihrer materiellen Verwertbarkeit – ein entsprechendes allgemeines Bedürfnis gezeigt hatte (DERS.: Das allgemeine Persönlichkeitsrecht und seine gewerblichen Erscheinungsformen, Berlin 1981, S. 176 f.). Das Phänomen, dass sich der Rechtekanon erst dann ändert, wenn dafür ein – wie auch immer geartetes – breiteres Bedürfnis besteht, erscheint

ist – Sache im allgemeinen Sinne als das der Freiheit überhaupt Äußerliche, wozu auch mein Körper, mein Leben gehört. Dies Sachenrecht ist das Recht der *Persönlichkeit* als *solcher.*«[31] Voraussetzung für den Erwerb von Eigentum an einer Sache (und an sich selbst) ist für HEGEL die Ausübung des Willens über die Sache[32]. Weil ein Wille nur in einer Person existieren kann, die ihm unterworfen ist, hat die mit einem Willen ausgestattete und daher rechtsfähige Person stets Eigentum an sich selbst[33]. Rechtsfähigkeit und die Rechte an der eigenen Person lassen sich bei HEGEL daher nicht voneinander trennen. Ebenso wie der aus dem Freiheitsbegriff abgeleitete kategorische Imperativ KANTS verpflichtet auch das Persönlichkeitsrecht HEGELS vorrangig die Rechtsgenossen: Sein grundlegendes Rechtsgebot lautet: »*sei eine Person und respektiere die anderen als Personen.*«[34]

b. Die historische Rechtsschule

Die Anhänger der historischen Rechtsschule vertraten im Hinblick auf das Persönlichkeitsrecht sehr unterschiedliche Standpunkte. Anders als SAVIGNY erkannte PUCHTA ein Persönlichkeitsrecht als subjektives Recht an. Ein subjektives Recht war für PUCHTA der von der Rechtsordnung anerkannte Wille des Einzelnen[35]. Dieser Wille könne sich auch auf die eigene Person beziehen, weil er auch unabhängig von der Außenwelt existieren könne[36]. Diese Ansicht entspricht in vieler Hinsicht derjenigen HEGELS: Auch für PUCHTA ist der Wille einzige Voraussetzung dafür, Rechte innezuhaben[37], wobei er allerdings – im Gegensatz zu HEGEL – vom psychologischen Willen und

---

mir nicht nur als normaler historischer Vorgang, sondern im Hinblick auf die Regelungswut des heutigen Gesetzgebers sogar als wünschenswert.

31 HEGEL, a.a.O., § 40, S. 99.

32 HEGEL spricht davon, dass eine Person das Eigentum an einer Sache erwirbt, in dem sie ihren Willen in die Sache legt und ihr damit eine Bestimmung verleiht, a.a.O., § 44, S. 106.

33 Inwieweit HEGEL dem Einzelnen auch ein Recht über sein Leben zugestehen will, bleibt allerdings unklar. Zur Begründung seiner Ablehnung des Suizids führt er a.a.O., Zusatz zu § 70, S. 152 nämlich an: »Spricht man also von einem Recht, das die Person über ihr Leben habe, so ist dies ein Widerspruch, denn es hieße, die Person habe ein Recht über sich.«

34 HEGEL, a.a.O., § 36, S. 95.

35 GEORG FRIEDRICH PUCHTA: Zu welcher Klasse von Rechten gehört der Besitz?, in: Rheinisches Museum für Jurisprudenz, Bd. III (1829), S. 297; ders.: Cursus der Institutionen, 9. Aufl., nach dem Tode des Verfassers besorgt von A. F. RUDORFF, Band I, Leipzig 1881, S. 47 ff.

36 PUCHTA: Zu welcher Klasse, a.a.O., S. 305; DERS.: Institutionen, a.a.O., S. 50; DERS: Pandekten, 2. Aufl., Leipzig 1844, S. 159.

37 PUCHTA: Institutionen, a.a.O., S. 30; Pandekten, a.a.O., S. 32, 41.

nicht vom Willen als Vernunftbegriff ausgeht[38]. Aufgrund der Möglichkeit, die eigene Person zum Objekt des Willens zu machen, gehen auch für PUCHTA Rechtsfähigkeit und Persönlichkeitsrecht stets einher. Im Unterschied zu HEGEL ist für ihn aber auch die Ehre untrennbar mit Persönlichkeit und Rechtsfähigkeit verbunden, weil die Rechtsfähigkeit ein sittliches Element enthalte. Daraus folgt, dass die Minderung der Ehre nach Ansicht PUCHTAS zu einer Minderung der Rechtsfähigkeit führt[39].

SAVIGNY teilte PUCHTAS Vorstellungen vom menschlichen Willen und vom subjektiven Recht[40], und wie dieser erkannte er die Rechtsfähigkeit eines jeden Menschen an[41]. Einem Persönlichkeitsrecht stand SAVIGNY jedoch ablehnend gegenüber. Er hielt ein solches für überflüssig, weil die rechtmäßige Macht des Menschen über sich selbst ohnehin nicht angezweifelt werden könne und daher auch nicht der Anerkennung durch das positive Recht bedürfe. Für das Eigentum des Menschen an seinen geistigen Kräften gelte dies, weil ohnehin niemand einen anderen am Denken hindern könne[42]. Ein Eigentum am eigenen Körper sei abzulehnen, weil dies auf die Anerkennung eines Rechts auf Selbsttötung hinauslaufe[43]. Diese Argumentation ist schwach und zu Recht vielfach angegriffen worden[44]: Zum einen ist nicht erkennbar, wieso ein offensichtliches Recht nicht schützenswert sein soll. Zum anderen indiziert die Bejahung des Persönlichkeitsrechts nicht das Recht zum Suizid, weil mit der Annahme eines gegen Dritte gerichteten Schutzrechtes über die Legitimität der Verfügung über das eigene Leben noch nichts gesagt ist.

Ungeachtet seiner Ablehnung durch SAVIGNY fand das Persönlichkeitsrecht in der historischen Rechtsschule weitere Anhänger, zu denen VON

---

38 Vgl. dazu: LEUZE, a.a.O., S. 52.

39 PUCHTA: Pandekten, a.a.O., S. 166 f. Von den römischen Arten der Ehrenminderung (turpitudo und infamia) erkennt PUCHTA nur noch die turpitudo als Institut des geltenden Rechts an (a.a.O., S. 167). Diese habe zur Wirkung: »1) im allgemeinen eine Zurücksetzung des Verächtlichen überall, wo das richterliche Ermessen die Individualität zu berücksichtigen hat; 2) speciell: Ausschließung von einer famosa actio gegen einen Unbescholtenen, von der querela inofficiosi testamenti gegen das Testament eines Geschwisters und Statthaftigkeit der Querel gegen den Verächtlichen.« Überdies führe sie zu einem Ausschluss von den Ehrenämtern (a.a.O., S. 165, 167). Vgl. dazu auch LEUZE, a.a.O., S. 53 f. sowie SCHEYHING, a.a.O., S. 515 f.

40 Zum Begriff des subjektiven Rechts bei SAVIGNY siehe DERS.: System des heutigen Römischen Rechts, Bd. I, Berlin 1840, S. 7.

41 SAVIGNY, a.a.O., Bd. I S. 331 f.: Das Recht bestimme den Freiraum *jedes Einzelnen* im Zusammenleben mit den andern.

42 SAVIGNY, a.a.O., Bd. I, S. 335.

43 SAVIGNY, a.a.O., Bd. I, S. 336.

44 Vgl. dazu LEUZE, a.a.O., S. 49 f.

VANGEROW[45] und WINDSCHEID[46] zählten. Einen besonders wichtigen Beitrag leistete CARL NEUNER. Als erster Pandektist griff er zur Begründung des Persönlichkeitsrechts nicht mehr auf den Willen, sondern auf die Würde und die angeborenen Rechte des Menschen zurück. Das Persönlichkeitsrecht war für NEUNER das Recht »sich selbst Zweck zu sein, sich als Selbstzweck zu behaupten und zu entfalten«[47]. Das führte dazu, das Persönlichkeitsrecht als weites Rahmenrecht zu betrachten. NEUNER zufolge umfasst es als Recht »auf Behauptung und Entfaltung als Mensch« das Recht auf Leben, Freiheit und ungehindertes Tun und Lassen überhaupt sowie als Recht »auf Behauptung und Entfaltung als Rechtssubjekt« u. a. das Recht auf Anerkennung der Rechtsfähigkeit, den Anspruch auf bürgerliche Ehre sowie den Schutz in den erworbenen Rechten[48].

c. Das späte 19. Jahrhundert

Obwohl NEUNERS Vorstellungen dem heutigen Persönlichkeitsrecht sehr nahe kamen, war es nicht seine, sondern die Lehre von CARL GAREIS und JOSEF KOHLER, die dem Persönlichkeitsrecht zum Durchbruch verhalf. Der Grund dafür waren wohl weniger die dogmatischen Schwächen, mit denen NEUNERS Herleitung des Persönlichkeitsrechts behaftet war[49], als vielmehr die Tatsache, dass GAREIS und KOHLER das Persönlichkeitsrecht nicht aus dem Naturrecht oder der Philosophie, sondern aus dem positiven Recht herleiteten.

Ausgangspunkt war bei GAREIS das Urheberrecht. Obwohl dieses Recht zur damaligen Zeit allgemein anerkannt war, war seine Herleitung umstritten. GAREIS vertrat die Ansicht, dass es sich beim Urheberrecht dem Wesen nach um ein Persönlichkeitsrecht handele; folglich hielt er es für erforderlich, zunächst die Persönlichkeitsrechte zu erforschen[50]. Deren Existenz leitete er aus der positiven Rechtsordnung her: Ausgehend von dem schon bei BRUNS geäußerten Gedanken, dass mit jeder Pflicht zur Nichtverletzung eines Ge-

45 KARL ADOLF VON VANGEROW vertrat – für das römische Recht – die Idee eines Eigentumsrechts am Körper des Menschen, das beim Freien diesem und beim Sklaven dessen Herrn zukomme (DERS.: Lehrbuch der Pandekten, 6. Aufl., Marburg 1851, Bd. 1, S. 82 f.). Dieser materielle Ansatz ist LEUZE zufolge jedoch auf allgemeine Ablehnung gestoßen (DERS., a.a.O., S. 59).

46 BERNHARD WINDSCHEID hielt die Existenz von Rechten, die die Person des Berechtigten zum Gegenstand haben für so »unzweifelhaft«, dass er es nicht für erforderlich hielt, sie im Privatrechtrechtssystem darzustellen (DERS.: Lehrbuch des Pandektenrechts, 3. Aufl., Düsseldorf 1870, S. 88).

47 CARL NEUNER: Wesen und Art der Privatrechtsverhältnisse, Kiel 1866, S. 15.

48 NEUNER, a.a.O., S. 16 f.

49 Vgl. dazu LEUZE, a.a.O., S. 62 ff.

50 CARL GAREIS: Das juristische Wesen der Autorrechte, sowie des Firmen- und Markenschutzes, in: Buschs Archiv, Bd. 35 (1877), S. 187 f.

genstandes ein entsprechendes Recht des Inhabers dieses Gegenstandes einhergehe[51], schloss GAREIS von der positiven Rechtspflicht, jedem die Nutzung seiner persönlichen Fähigkeiten zu gestatten, auf ein korrespondierendes Persönlichkeitsrecht[52]. Damit wurde das Persönlichkeitsrecht zum ersten Mal aus dem unmittelbaren Zusammenhang der Rechtsfähigkeit bzw. der angeborenen Rechte gelöst[53]. Um sich auch terminologisch von den vorangegangenen Debatten zu lösen und Missverständnisse zu vermeiden, schlug er für die auf seinem Wege hergeleiteten Persönlichkeitsrechte den Begriff »Individualrechte« vor[54]. Wie schon NEUNER ging auch GAREIS von der Existenz eines allgemeinen Persönlichkeitsrechts – in seiner Terminologie: eines allgemeinen Individualrechts[55] – aus, das Ausgangspunkt aller besonderen Persönlichkeitsrechte sei[56].

Bei JOSEF KOHLER rückte das allgemeine Persönlichkeitsrecht stärker in den Blick und wurde erstmals zum Ausgangspunkt von Untersuchungen besonderer Persönlichkeitsrechte. Für KOHLER war das »Individualrecht nur eines: das Recht an der Gesammtheit der persönlichen Güter«[57]. Es umfasse das Recht auf Leben, Gesundheit, Ehre, Eigentum, Hausrecht und Schutz vor unlauterem Wettbewerb[58] und richte sich sowohl gegen Private als auch ge–

---

51 So auch bei CARL-GEORG BRUNS: Das heutige Römische Recht, durchgesehen und ergänzt von E. ECK: Encyclopädie der Rechtswissenschaft, begründet von F. v. HOLTZENDORFF, hrsg. von J. KOHLER, 5. Aufl., Leipzig 1890, S. 445.

52 GAREIS: Autorrecht, a.a.O., S. 195. Vgl. dazu auch: EBERHARD KLINGENBERG: Vom persönlichen Recht zum Persönlichkeitsrecht, in: ZSR, Bd. 96, Germ. Abt., Weimar 1969, S. 203; SIMON, a.a.O., S. 184 f. sowie LEUZE, a.a.O., S. 94.

53 KLINGENBERG hält diese neue Herleitung für eine gänzlich neue Idee, als »schroffe[n] Bruch« mit dem vorher Dagewesenen, so dass von einer kontinuierlichen Entwicklung des Persönlichkeitsrechts nicht gesprochen werden könne (DERS.: a.a.O., S. 204 f.). Diese Bewertung erscheint fraglich, denn der Ausgangspunkt GAREIS', die Pflicht, jedem die Benutzung seiner persönlichen Eigenschaften zu gestatten, ist schon im kategorischen Imperativ KANTS enthalten. Dass GAREIS, ausgehend von dieser Prämisse, das Persönlichkeitsrecht aus der positiven Rechtsordnung herleiten kann, beruht m.E. in erster Linie auf der Tatsache, dass es ihm gelingt, eine dem kategorischen Imperativ entsprechende Pflicht in der positiven Rechtsordnung zu verorten. Seine Begründung stellt damit allenfalls auf formaler Ebene einen »schroffen Bruch« mit der vorherigen Entwicklung dar.

54 GAREIS: Autorrecht, a.a.O., S. 199.

55 GAREIS: Das Deutsche Patentgesetz vom 15. Mai 1877, Berlin 1877, S. 19.

56 Dazu näher: LEUZE, a.a.O., S. 98 f.

57 JOSEF KOHLER: Das Autorrecht, Jahrbücher für die Dogmatik des heutigen römischen und deutschen Privatrechts, Bd. 18 (1880), S. 257.

58 KOHLER: Autorrecht, a.a.O., S. 258 f. sowie ders.: Bürgerliches Recht, in: Encyclopädie der Rechtswissenschaft in systematischer Bearbeitung, begründet von FRANZ V. HOLTZENDORFF, hrsg. von JOSEF KOHLER, 7. Aufl., 2. Bd., München, Leipzig, Berlin 1914, S. 33.

gen den Staat[59]. Mit Nachdruck wendete KOHLER sich gegen die herrschende romanistische Lehre, der zufolge ausschließlich vermögenswerte Güter dem rechtlichen Schutz unterfallen sollten. Die Existenz der *actio iniuriam* beweise, dass das römische Recht auch Körper- und Geisteskräfte als rechtsschutzwürdige Güter anerkenne. Argumentativ verfuhr er ähnlich wie GAREIS und BRUNS (s.o.), indem er darauf verwies, dass die als *actio iniuriam* mögliche Entschädigungsklage für die Verletzung von Körper- und Geisteskräften deren Anerkennung als rechtsschutzwürdige Güter voraussetze, weil es ohne Eingriff in ein Recht keinen Anspruch auf Entschädigung geben könne[60]. Schließlich wendete sich KOHLER auch gegen den verbreiteten Einwand, dass ein Recht an der eigenen Persönlichkeit nicht bestehen könne, weil in diesem Fall Rechtssubjekt und Rechtsobjekt identisch seien. Dem hielt er entgegen, dass die Gesamtheit der einzelnen Elemente der Persönlichkeit durch ihr Zusammenwirken eine eigene Größe bilde und insofern Rechtssubjekt im Verhältnis zu den einzelnen Objekten des Persönlichkeitsrechts sein könne[61].

Ein allgemeines Persönlichkeitsrecht wurde im Anschluss an KOHLER auch von dem Romanisten FERDINAND REGELSBERGER anerkannt. Weil für ihn die Rechtsfähigkeit Voraussetzung jeglichen Rechts war und er daher alle Rechte auf eine Person zurückführte, betrachtete REGELSBERGER das Persönlichkeitsrecht zugleich als Begleitrecht aller anderen Rechte[62]. Folglich sollte auch bei der Anwendbarkeit einer besonderen *actio* zusätzlich die *actio iniuriam* einschlägig sein[63].

Ähnlich wie REGELSBERGER ging auch OTTO VON GIERKE von einem allgemeinen Persönlichkeitsrecht aus, das die Rechtsfähigkeit (aber nicht unbedingt auch die Handlungsfähigkeit) voraussetzt[64]. VON GIERKE betrachtete dieses allgemeine Persönlichkeitsrecht allerdings nicht als »Begleitrecht«, sondern als subjektives Grundrecht, das sämtlichen Rechten nicht nur systematisch, sondern auch historisch vorausgehe[65]. Daraus folgt eine scharfe Abgrenzung zwischen dem allgemeinen Persönlichkeitsrecht und den historisch anerkannten (besonderen) Persönlichkeitsrechten. Bei den (besonderen)

59 KOHLER: Bürgerliches Recht, a.a.O., S. 33 f.

60 KOHLER: Autorrecht, a.a.O., S. 251.

61 KOHLER, Autorrecht, a.a.O., S. 254 f. Zur Veranschaulichung zieht er dort eine Parallele zum Deutschen Reich, das staatsrechtlich etwas anderes sei als nur die Summe der Bundesstaaten.

62 FERDINAND REGELSBERGER: Pandekten, Bd. I, Systematisches Handbuch der Deutschen Rechtswissenschaft, hrsg. von KARL BINDING, 1. Abteilung, 1. Teil, 1. Band, Leipzig 1893, S. 198 f.

63 REGELSBERGER, a.a.O., S. 199, dort insbes. Fn. 9.

64 OTTO VON GIERKE: Deutsches Privatrecht, Bd. I, Systematisches Handbuch der Deutschen Rechtswissenschaft, begründet von KARL BINDING und FRIEDRICH OETKER, 2. Abteilung, 3. Teil, 1. Band, München / Leipzig 1895, S. 357.

65 VON GIERKE, a.a.O., S. 703 f.

Persönlichkeitsrechten handele es sich um absolute Privatrechte, die stets auf dem Zivilrechtsweg zu schützen seien[66]. Es seien »an sich höchstpersönliche Rechte, die in einer bestimmten Person entstehen, an sie gebunden bleiben und mit ihr untergehen«[67], jedoch unter Umständen kraft positiven Rechts übertragbar und vererblich sein könnten[68]. Das allgemeine Persönlichkeitsrecht sei hingegen ein »subjektive[s] Grundrecht, das alle besonderen subjektiven Rechte fundamentirt und in sie alle hineinreicht«[69]; es umfasse daher sowohl privat- als auch öffentlichrechtliche Positionen[70]. Schon dieses »Grundrecht« müsse von allen geachtet werden und könne eine Klage begründen. Der Rückgriff auf das Grundrecht solle jedoch subsidiär nur dort in Betracht kommen, wo es an einem anerkannten besonderen Persönlichkeitsrecht fehle[71].

3. Persönlichkeitsrechte seit Inkrafttreten des BGB

Die Lehre von den Persönlichkeitsrechten hat sich in der Entstehungsgeschichte des BGB kaum niedergeschlagen. Von allen Persönlichkeitsrechten fand nur das Namensrecht ausdrückliche Erwähnung. Die Kodifizierung eines Schutzes für ein allgemeines Persönlichkeitsrecht wurde vom Gesetzgeber abgelehnt. Dieser hielt insbesondere einen über die Normen des StGB hinausgehenden Schutz der Ehre nicht für erforderlich und befürchtete Missbrauch sowie die Gefährdung des Verkehrslebens, sollte eine allgemeine *actio culpae* bzw. die *actio injuriam aestimatoria* Eingang in das BGB finden[72]. Den letztgenannten Einwänden ungeachtet wurden mit den §§ 847, 1300 BGB dennoch Anspruchsgrundlagen für den Ersatz immaterieller Schäden (Schmerzensgeld, Defloration) geschaffen.

Schon vor dem Inkrafttreten des BGB hatte das Reichsgericht dem Einzelnen ein Recht am eigenen Bild zugesprochen[73], das im Jahr 1907 in § 22 KUG kodifiziert wurde. Die Anerkennung eines allgemeinen Persönlichkeitsrechts lehnte das Reichsgericht jedoch ebenfalls ab; sie erfolgte erst im Jahr 1954 im so genannten *Schachtbrief*-Urteil des Bundesgerichtshofs.

66 VON GIERKE, a.a.O., S. 703, 705 ff.

67 VON GIERKE, a.a.O., S. 707.

68 VON GIERKE, a.a.O., S. 707 f. Vgl. dazu auch KLINGENBERG, a.a.O., S. 206 f.

69 VON GIERKE, a.a.O., S. 703 f.

70 Ebenda.

71 VON GIERKE, a.a.O., S. 704 f.

72 Siehe dazu MUGDAN, BENNO (Hrsg.): Die gesammten Materialien zum Bürgerlichen Gesetzbuch für das Deutsche Reich, Bd. II, Berlin 1899, S. 1077 und S. 1119, wonach sich die Mehrheit der Kommission mit ähnlicher Argumentation ausdrücklich gegen die Wiederanerkennung einer actio injuriam aestimatoria aussprach. Vgl. zu den Motiven des Gesetzgebers auch HELMUT COING: Zur Entwicklung des zivilrechtlichen Persönlichkeitsschutzes, JZ 1958, S. 558 f.

73 Dies geschah erstmals im Fall von BISMARCKS Leiche – dazu s.u.

Zur Begründung des allgemeinen Persönlichkeitsrechts beriefen sich die Bundesrichter zuvörderst auf das Grundgesetz, das »das Recht des Menschen auf Achtung seiner Würde (Art. 1 GrundG) und das Recht auf freie Entfaltung seiner Persönlichkeit auch als privates, von jedermann zu achtendes Recht anerkennt.«[74]. Daraus ergebe sich die unabweisbare Folgerung, »daß das allgemeine Persönlichkeitsrecht als ein »sonstiges Recht« im Sinne des § 823 Abs. 1 BGB anzusehen«[75] sei. Zugleich führte der Bundesgerichtshof aus, dass er das Recht des Menschen auf Achtung seiner Würde und freie Entfaltung seiner Persönlichkeit als »Muttergrundrecht« bzw. »Quellrecht« verstehe, aus dem als konkretisierende Gestaltungen u.a. der Schutz des Lebens, der körperlichen Unversehrtheit und Gesundheit, der Freiheit, der Ehre, des Namens, des Eigentums, des Besitzes und des Urheberrechts flössen. Dieser Schutz werde nunmehr durch einen darüber hinausgehenden Schutz der Persönlichkeit erweitert[76].

Damit knüpfte der Bundesgerichtshof erkennbar an die Lehre REGELSBERGERS an, derzufolge das allgemeine Persönlichkeitsrecht sämtliche anderen Rechtspositionen umfasse[77]. Allerdings ist nicht erkennbar, dass der Bundesgerichtshof auch die Ansicht REGELSBERGERS teilte, dass jede Klage zugleich auf die Verletzung des allgemeinen Persönlichkeitsrechts gestützt werden könne. Insoweit scheint das Gericht eher dem Ansatz VON GIERKES gefolgt zu sein, wonach ein Rückgriff auf das allgemeine Persönlichkeitsrecht nur in Betracht kommt, wenn es an einer speziellen persönlichkeitsschützenden Anspruchsnorm fehlt. Aber selbst unter Beachtung dieser »Einschränkung« ist die vom allgemeinen Persönlichkeitsrecht geschützte Sphäre enorm. Im Hinblick darauf, dass mit jeder rechtskräftigen Verurteilung in die Grundrechte des Verurteilten eingegriffen wird, darf nicht jede Beeinträchtigung des allgemeinen Persönlichkeitsrechts zu einem Abwehranspruch führen. Vielmehr ist schon aus verfassungsrechtlichen Gründen geboten, das allgemeine Persönlichkeitsrecht mit den gegenläufigen Grundrechten abzuwägen. Es muss versucht werden, eine praktische Konkordanz der zuwiderlaufenden Grundrechte herzustellen, in der beiden Grundrechten Grenzen gesetzt werden, um ihnen jeweils zu optimaler Wirksamkeit zu verhelfen. Dies geschieht durch eine Abwägung, bei dem keinem der widerstreitenden Belange ein grundsätzlicher Vorrang eingeräumt wird[78]. Nur wenn diese

74 BGHZ 13, 335, 338.

75 BGHZ 24, 72, 77.

76 BGHZ 24, 72, 78.

77 Siehe A. I. 2. c.

78 Eine eingehende und sehr kritische Auseinandersetzung mit diesem Abwägungsprozess in der Rechtsprechung um Ehrenschutz in den bzw. gegen die Massenmedien findet sich bei KARL-HEINZ LADEUR: Persönlichkeitsschutz und »Comedy«, NJW 2000, S. 1977–1982.

Abwägung zu Gunsten des in seinem Persönlichkeitsrecht Beeinträchtigten ausfällt, kommt diesem ein Anspruch aus § 823 Abs. 1 BGB zu.

Nachdem der Bundesgerichtshof zunächst nur über den Anspruch auf Abwehr rechtswidriger Eingriffe in das allgemeine Persönlichkeitsrecht zu entscheiden gehabt hatte, erkannte er im Jahr 1958 auch einen Anspruch auf Schadensersatz wegen Verletzung des allgemeinen Persönlichkeitsrechts an [79]. Methodisch erfolgte dies auf dem Wege einer Analogie zu § 847 Abs.1 BGB a.F. Neben § 1300 BGB a.F. (Entschädigung der Verlobten für die Defloration) war § 847 BGB a.F. die einzige Norm des Schadensrechts, die die Ersatzfähigkeit eines Nichtvermögensschadens vorsah. Zur Begründung der Analogie berief sich der Bundesgerichtshof darauf, dass die Anwendung von § 847 Abs. 1 BGB a.F. auf die Beeinträchtigung des allgemeinen Persönlichkeitsrechts gerechtfertigt sei, weil auch in diesen Fällen in das Recht des Geschädigten auf freie Willensbetätigung eingegriffen werde. Im Hinblick auf Art. 1 und 2 GG sei die Analogie sogar geboten, weil nur auf diesem Wege der vom Grundgesetz gebotene wirksame Schutz des allgemeinen Persönlichkeitsrechts gewährleistet sei[80]. Diese Rechtsprechung wurde vom Bundesverfassungsgericht in der *Soraya*-Entscheidung bestätigt[81].

In der *Caroline I*-Entscheidung aus dem Jahr 1994 erweiterte der Bundesgerichtshof den Schutz des allgemeinen Persönlichkeitsrechts, indem er dem Schmerzensgeld, das wegen rechtswidriger Eingriffe in das Persönlichkeitsrecht zu zahlen ist, eine präventive Komponente beimaß. Gegenstand des damaligen Rechtsstreits war, dass die beklagten Klatsch-Illustrierten u. a. ein erfundenes Interview mit der Klägerin bzw. mehrere Paparrazi-Photos abgedruckt hatten, auf denen die Klägerin in ihrer Privatsphäre zu sehen war. Dagegen war die Klägerin gerichtlich vorgegangen und hatte unter anderem ein Schmerzensgeld von mindestens DM 100.000,00 verlangt. Daraufhin waren die Beklagten in den ersten beiden Instanzen zur Zahlung eines Schmerzensgeldes i.H.v. DM 30.000,00 verurteilt worden. Der VI. Senat des Bundesgerichtshofs hielt diesen Betrag für zu gering, weil bei Verletzungen des allgemeinen Persönlichkeitsrechts von dem Schmerzensgeld eine Präventionswirkung ausgehen müsse. Die Geldentschädigung müsse so hoch sein, dass von ihr für die Vermarktung der Persönlichkeit durch kommerzielle Medien ein Hemmungseffekt ausgehe[82].

---

79 *Herrenreiter*-Entscheidung, BGHZ 26, 349 ff.

80 BGHZ 26, 349, 355 f.

81 BVerfGE 34, 269 ff.

82 BGHZ 128, 1, 15 f. – *Caroline von Monaco.* Zur wertungsmäßigen Problematik der sich aus dem Präventionsgedanken ergebenden Höhe des Schmerzensgeldes im Vergleich zur Höhe des Schmerzensgeldes für physische und psychische Schäden vgl. u.a.: EIKE ULLMANN: Caroline v., Marlene D., Eheleute M. – ein fast geschlossener Kreis, in: WRP 2000, S. 1050 f. m.w.N. Ausführlich zur Bemessung des Schadensersatzes in solchen Fällen: CLAUS-WILHELM CANARIS: Gewinnabschöp-

Den letzten wesentlichen Entwicklungsschritt des allgemeinen Persönlichkeitsrechts markiert das *Marlene*-Urteil, in dem der Bundesgerichtshof dessen Schutzbereich, der ursprünglich nur ideelle Interessen umfasst hatte, ausdrücklich auf kommerzielle Interessen ausweitete[83]. Seither kann der Berechtigte im Falle einer rechtswidrigen kommerziellen Verwertung seiner Persönlichkeit auch dann Geldersatz verlangen, wenn mit der Verwertung keine Beeinträchtigung seiner ideellen Interessen einhergeht[84]. Zur Begründung der Anerkennung einer materiellen Komponente des allgemeinen Persönlichkeitsrechts berief sich der Bundesgerichtshof u.a. auf die wirtschaftlichen Verhältnisse, die es Prominenten erlauben, die Zustimmung zur kommerziellen Nutzung ihrer Persönlichkeitsmerkmale zu einer Einkommensquelle zu machen[85]. Im Hinblick auf diese Funktion ordnete das Gericht die materielle Komponente des allgemeinen Persönlichkeitsrechts den vererblichen Vermögensrechten zu[86]. Ob sich aus dieser Rechtsprechung ein neues – schon unter Lebenden übertragbares – Immaterialgüterrecht entwickeln wird und ob eine solche Entwicklung wünschenswert wäre, ist derzeit noch unklar[87]. Ebenfalls noch nicht abschließend geklärt ist, ob die *Caroline*-Rechtsprechung des Bundesgerichtshofs nach der Anerkennung eines vermögenswerten Teils des Persönlichkeitsrechts weiter aufrechterhalten werden muss[88].

---

fung bei Verletzung des allgemeinen Persönlichkeitsrechts, in: HANS-JÜRGEN AHRENS u.a. (Hrsg.): Festschrift für Deutsch, 1999, S. 85–109.

83 BGH NJW 2000, 2195, 2197 = BGHZ 143, 214, 219.

84 Anspruchsgrundlage ist entweder § 823 Abs. 1 BGB oder die Eingriffskondiktion, § 812 Abs. 1 S. 1, Alt. 2 BGB. Vgl. dazu auch ULLMANN: Caroline v., a.a.O., S. 1051 f.

85 BGH NJW 2000, 2195, 2197 = BGHZ 143, 214, 219.

86 Ebenda. Zu den Auswirkungen der *Marlene*-Rechtsprechung auf den postmortalen Persönlichkeitsschutz s.u. Abschnitt II. 3.

87 Eine solche Entwicklung erwarten und befürworten ausdrücklich EIKE ULLMANN: Caroline v., a.a.O., S. 1052 und VOLKER BEUTHIEN / MARIO HIEKE: Unerlaubte Werbung mit dem Abbild prominenter Personen, AfP 2001, S. 353, 355 sowie schon zuvor VOLKER BEUTHIEN / ANTON SCHMÖLZ: Persönlichkeitsschutz durch Persönlichkeitsgüterrechte, München 1999. Ähnlich auch STEFAN KOOS: Der Name als Immaterialgut, GRUR 2004, S. 808–815. Gegen eine solche Entwicklung: HAIMO SCHACK: Anmerkung zu BGH, Urt. v. 1.12.1999 – I ZR 49/97 (KG) – *Marlene Dietrich*, JZ 2000, S. 1062, ALEXANDER PEUKERT: Persönlichkeitsbezogene Immaterialgüterrechte?, ZUM 2000, S. 710, 717 f., 720 und KARL-NIKOLAUS PEIFER: Eigenheit oder Eigentum – Was schützt das Persönlichkeitsrecht, GRUR 2002, S. 495–500. Beide befürchten eine Schwächung des allgemeinen Persönlichkeitsrechts. Differenzierend: HORST-PETER GÖTTING: Sanktionen bei der Verletzung des postmortalen Persönlichkeitsrechts, GRUR 2004, insbes. S. 805.

88 Dagegen: BEUTHIEN / HIEKE, a.a.O., S. 361 f.

II. Entwicklung des postmortalen Persönlichkeitsschutzes

1. Der Fall Bismarck

Der erste Fall, aus dessen Anlass die Frage nach einem postmortalen Schutz der Persönlichkeit in der Rechtsprechung und (Fach)Öffentlichkeit ausführlich thematisiert wurde, war der des verstorbenen Reichskanzlers OTTO VON BISMARCK[89]. Schon anlässlich dieses Falls wurden die meisten derjenigen Standpunkte vorgebracht, die die Debatte um den postmortalen Persönlichkeitsschutz bis heute bestimmen.

Nachdem BISMARCK im Jahr 1898 verstorben war, drangen zwei Fotografen in sein Sterbezimmer ein und fotografierten die aufgebahrte Leiche sowie Teile des sie umgebenden Zimmers. Nachdem sie verschwunden waren, suchten sie per Zeitungsinserat einen Käufer für die Fotos. Die Kinder BISMARCKS erwirkten gegen die Fotografen am 5. August 1898 vor dem Landgericht Hamburg eine einstweilige Verfügung, mit der die Verbreitung der Fotografien verboten und ihre sofortige Beschlagnahme angeordnet wurde. Auf den Widerspruch der Fotografen wurde die einstweilige Verfügung mit Urteil vom 8. September 1898 durch das LG Hamburg bestätigt. In der Berufung vor dem Oberlandesgericht Hamburg wurde das Urteil des Landgerichts bestätigt[90]. Auch im Hauptsacheverfahren unterlagen die Fotografen in allen Instanzen. Das LG Hamburg verurteilte sie am 20. Februar 1899 zur Einwilligung in die Vernichtung sämtlicher Negative, Platten, Plattenabzüge und Reproduktionen der von ihnen gefertigten Fotografien des toten BISMARCK und verbot bis zur Vernichtung die Nutzung und Verbreitung der Fotos[91]. Das Oberlandesgericht Hamburg verwarf die Berufung der Fotografen mit Urteil vom 5. Juni 1899 als unbegründet[92], auch die hiergegen eingelegte Revision hatte keinen Erfolg[93]. Der Rechtsstreit brachte also eine stattliche Anzahl von Gerichtsentscheidungen hervor, in denen eine bemerkenswerte Bandbreite von Standpunkten zum postmortalen Persönlichkeitsschutz vertreten wurde.

---

89 Zum Fall VON BISMARCK vgl. vor allem die Darstellungen von JOSEF KOHLER: Der Fall der Bismarckphotographie, GRUR 1900, S. 196–210 sowie aus neuester Zeit: ANNETTE FISCHER: Die Entwicklung des postmortalen Persönlichkeitsschutzes, Frankfurt a.M. u.a. 2004, S. 27–34.

90 Die Entscheidungsgründe dieses Urteils des OLG Hamburg vom 21. November 1898 sind abgedruckt bei KOHLER: Bismarckphotographie, a.a.O., S. 200–203.

91 Siehe dazu: KOHLER: Bismarckphotographie, a.a.O., S. 203.

92 Entscheidungsgründe abgedruckt bei KOHLER: Bismarckphotographie, a.a.O., S. 203–206.

93 RGZ 45, 170–174. Die Entscheidungsgründe sind ebenfalls wiedergegeben bei KOHLER: Bismarckphotographie, a.a.O., S. 206–208.

a. Entscheidung des Landgerichts Hamburg

Das Landgericht Hamburg hatte sich schon in der Entscheidung über den Widerspruch gegen die einstweilige Verfügung eingehend mit dem postmortalen Persönlichkeitsschutz befasst. Zunächst stellte es fest, dass jeder unbefugte Eingriff in fremde Persönlichkeitsrechte rechtswidrig sei. Dabei stützte es sich auf das vom Reichsgericht bereits anerkannte und im noch nicht in Kraft getretenen BGB enthaltene Recht am eigenen Namen, welches ersichtlich nur Ausfluss eines umfassenden Schutzes der Persönlichkeit sei. Danach leitete das Landgericht wiederum unter Bezugnahme auf das Namensrecht ein Recht am eigenen Bild her. Wesentliches Argument war hier der Hinweis darauf, dass mit einer in der Absicht der Veröffentlichung hergestellten unbefugten Abbildung nicht weniger in das Persönlichkeitsrecht eingegriffen werde als mit dem unbefugten Führen eines fremden Namens.

Nach dem Tod eines Menschen komme dessen nächsten Angehörigen ein Recht zu, gegen unbefugte Abbildungen des Verstorbenen und deren Verbreitung vorzugehen. Dieses Recht folge allerdings nicht aus ihrer Funktion als Erben. Vielmehr könnten die Angehörigen gegen die Fotografen vorgehen, weil diese mit der unbefugten Abbildung des Toten ihr Pietätsgefühl verletzt und damit unrechtmäßig in ihr Persönlichkeitsrecht eingegriffen hätten. Das Landgericht erkannte also, dass bei seiner Herleitung des postmortalen Persönlichkeitsschutzes die Bestimmung des Kreises der anspruchsberechtigten Angehörigen rechtliche Probleme aufwarf. Es ließ diese Frage jedoch offen, weil die Kinder eines Verstorbenen seiner Ansicht nach jedenfalls zu den Anspruchsberechtigten gehörten[94].

b. Entscheidung des Oberlandesgerichts Hamburg

Auch das Oberlandesgericht Hamburg ging davon aus, dass die Fotografen durch die unbefugte Aufnahme des Leichnams OTTO VON BISMARCKS in die Rechte seiner Angehörigen eingegriffen hätten. Daraus folgte für das Gericht, dass die Angehörigen die Verbreitung der Fotos untersagen und die Vernichtung der Platten, Negative und Abzüge verlangen könnten.

Aufgrund eines offensichtlichen Missverstehens des erstinstanzlichen Urteils im Widerspruchsverfahren[95] führte das Oberlandesgericht Hamburg im Berufungsurteil vom 21. November 1898 aus, dass der Anspruch der Kinder BISMARCKS keineswegs auf dessen Recht am eigenen Bild beruhe[96]: »Mit

---

94 Vgl. dazu die bei KOHLER: Bismarckphotographie wiedergegebenen Entscheidungsgründe des Urteils des LG Hamburg vom 8. September 1898, a.a.O., S. 198 f.

95 Dazu siehe den vorangegangenen Unterabschnitt A. II. 1. a.

96 In dem Urteil des Oberlandesgerichts heißt es, dass »*abweichend von der Begründung des angefochtenen Urtheils* nicht angenommen werden [kann], daß die Berufungsbeklagten nach dem geltenden Rechte in der Lage sind, Rechte nicht vermö-

dem Tode endigt die rechtliche Persönlichkeit eines Verstorbenen und es ist deshalb auch ein Eingriff in die Rechte des Verstorbenen nach dem Hinscheiden desselben ausgeschlossen. [...] Rein persönliche Rechte, wie z.B. die Ausübung der väterlichen Gewalt, die Befugnis zur Abwehr ehrverletzender Handlungen Dritter, können weder von den Erben noch von den nächsten Angehörigen eines Verstorbenen *aus von dem Letzteren abgeleiteten Rechte* geltend gemacht werden, es bedarf in solchen Fällen der speziellen gesetzlichen Anerkennung eines Rechtes der Hinterbliebenen resp. der Erben zur Verfolgung rechtswidriger Handlungen Dritter, [...], wie eine solche z.B. in der Bestimmung des § 189 des Str.G.B., daß die Eltern, die Kinder und der Ehegatte eines Verstorbenen berechtigt sind, den Antrag auf Bestrafung von Beschimpfungen des Andenkens eines Verstorbenen zu stellen, vorliegt.«[97]

Das Oberlandesgericht Hamburg sprach den Angehörigen des Verstorbenen einen Anspruch, »auf die Abwehr jedes rechtswidrigen Angriffes Dritter auf die Persönlichkeit eines Verstorbenen und auf die Verhinderung jeder unberechtigten Einwirkung auf den Leichnam« zu[98]. Dieses ungeschriebene Recht habe die erforderliche gesetzliche Anerkennung vor allem im Strafrecht gefunden, nämlich in den Normen gegen die Beschimpfung des Andenkens von Verstorbenen (§ 189 StGB[99]), gegen die Störung der Totenruhe (§ 168 StGB[100]) und die unbefugte Beerdigung von Leichnamen (§ 367 Nr. 1 StGB[101]).

---

gensrechtlichen Inhalts, welche dem *Verstorbenen* bei seinen Lebzeiten nur persönlich und in Bezug auf seine Persönlichkeit zugestanden haben würden, nach dem Eintritte des Todes überhaupt und insbesondere mit Bezug auf Verletzungen, welche sich erst nach Eintritt des Todes ereignet haben, geltend zu machen.«, zit. nach der Wiedergabe der Gründe dieses Urteils bei KOHLER: Bismarckphotographie, a.a.O., S. 201.

97 Zit. nach der Wiedergabe der Gründe bei KOHLER: Bismarckphotographie, a.a.O., S. 201.

98 Urteil vom 5. Juni 1899, bei KOHLER: Bismarckphotographie, a.a.O., S. 203, 204.

99 § 189 StGB lautete:
»Wer das Andenken eines Verstorbenen dadurch beschimpft, daß er wider besseres Wissen eine unwahre Tatsache behauptet oder verbreitet, welche denselben bei seinen Lebzeiten verächtlich zu machen oder in der öffentlichen Meinung herabzuwürdigen geeignet gewesen wäre, wird mit Gefängniß bis zu sechs Monaten bestraft.
Sind mildernde Umstände vorhanden, so kann auf Geldstrafe bis zu neunhundert Mark erkannt werden.
Die Verfolgung tritt nur auf Antrag der Eltern, der Kinder oder des Ehegatten des Verstorbenen ein.«

100 § 168 StGB lautete:
»Wer unbefugt eine Leiche aus dem Gewahrsam der dazu berechtigten Person wegnimmt, ingleichen wer unbefugt ein Grab zerstört oder beschädigt, oder wer an einem Grabe beschimpfenden Unfug verübt, wird mit Gefängniß bis zu zwei

c. Entscheidung des Reichsgerichts

Im Gegensatz zu den Instanzgerichten wich das Reichsgericht der Frage nach dem postmortalen Persönlichkeitsschutz aus[102]. Es stützte seine Entscheidung allein darauf, dass die Fotografen durch das Eindringen in das Sterbezimmer das Hausrecht der Erben BISMARCKS verletzt hatten. Aus diesem unrechtmäßigen Vorgehen hätten sie in bereicherungsrechtlichem Sinn die Fotos des verstorbenen VON BISMARCK erlangt. Die Erben hätten daher aus der *condictio ob injustam causam* einen Anspruch auf Entziehung dieses Erlangten, so dass sie die Vernichtung der Negative, Platten und Abzüge verlangen könnten[103].

d. Reaktionen in der Literatur

Das Urteil des Reichsgerichts im Fall OTTO VON BISMARCKS stieß in der Literatur auf Ablehnung. JOSEF KOHLER, der sich ausführlich mit dem Fall auseinander setzte, brachte die Schwäche des Revisionsurteils auf den Punkt: Die Entscheidung könne nur richtig sein, wenn das Erlangte nicht nur bei Gelegenheit des Hausfriedensbruchs erlangt wurde, sondern ausschließlich, wenn die Erlangung selbst rechtswidrig war. Wenn anlässlich eines Hausfriedensbruchs eine rechtmäßige Handlung vorgenommen werde (z.B. ein Vertrag geschlossen werde), könne der Hausrechtsinhaber keineswegs das daraus Hervorgegangene herausverlangen.[104] Damit habe das Reichsgericht die zentrale Frage des Rechtsstreits nicht beantwortet.

Wie die Instanzgerichte war auch KOHLER der Auffassung, dass die Leiche VON BISMARCKS rechtswidrig fotografiert worden sei, er ging jedoch bei der Begründung einen anderen Weg: Er knüpfte nicht an Rechte der Hinterbliebenen an, sondern an das Persönlichkeitsrecht des Verstorbenen. Zwar erlösche dieses Recht in seiner Hauptbedeutung mit dem Tode des Inhabers;

Jahren bestraft; auch kann auf Verlust der bürgerlichen Ehrenrechte erkannt werden.«

101 § 367 StGB lautete:
»Mit Geldstrafe bis einhundertfunfzig Mark oder mit Haft wird bestraft:
1) wer ohne Vorwissen der Behörde einen Leichnam beerdigt oder bei Seite schafft, oder wer unbefugt einen Theil einer Leiche aus dem Gewahrsam der dazu berechtigten Personen wegnimmt; [...]«

102 In einem vorangegangenen Fall, in dem die Erben RICHARD WAGNERS gegen die – z.T. leicht verfälschte – Veröffentlichung seiner Briefe geklagt hatten, hatte das RG beiläufig festgestellt, dass das allgemeine Persönlichkeitsrecht mit dem Tod seines Trägers erlösche und nicht auf seine Erben übergehe. Die Frage nach anderweitigen Formen des postmortalen Persönlichkeitsschutzes hatte es dort (ebenfalls) nicht aufgeworfen – vgl. RGZ 41, 43, 50.

103 RGZ 45, 173 f.

104 KOHLER: Bismarckphotographie, a.a.O., S. 208.

es erlösche jedoch »unter Hinterlassung eines Residuums, und dieses geht auf die Hinterbliebenen über; sie üben es aus als ihr Recht, aber sie üben es nicht aus als ihr ureignes persönliches Recht, sondern als das ihnen überkommene Persönlichkeitsrecht des Erblassers. Es ist dasselbe Recht, wie dasjenige, das ihnen die Verfügung giebt über seinen Leichnam, wie dasjenige, das ihnen die Verfügung giebt über seine Briefe und seine nicht veröffentlichten Schriften; dasselbe Recht, das ihnen die Befugnis verleiht, gegen die Verleumdung des Erblassers aufzutreten. Es ist ein angeerbtes Recht, auch wenn es nicht dem gewöhnlichen Erbgang folgt: es geht über auf die Hinterbliebenen kraft Intestaterbfolge, auch wenn der Erblasser einen gesetzlichen Erben eingesetzt hat; denn die Erbeinsetzung betrifft solche persönlichen Dinge nicht, ebenso wenig, als z.B. im römischen Recht das Universal-Fideikommis die *jura sepulcrorum.* Allerdings steht es auch hier dem Erblasser zu, Verfügungen zu treffen: er kann insbesondere ausdrücklich bestimmen, wie mit seinem Leichnam oder mit seinen Schriften verfahren werden soll; er kann namentlich einen Treuhänder ernennen, dessen Ehre und Gewissen er solche Dispositionen überläßt.«[105] Die Bezeichnung dieses Rechts als »Residuum« des im Übrigen untergegangenen Persönlichkeitsrechts des Verstorbenen, welches die Hinterbliebenen als ein ihnen nicht »ureigenes persönliches Recht« ausüben, deutet darauf hin, dass KOHLER vom Fortbestehen des Persönlichkeitsrecht des Toten ausgeht, das post mortem von seinen Angehörigen in einer Art von Prozessstandschaft ausgeübt wird.

Auch HUGO KEYSSNER kritisierte die Rechtsprechung im Fall BISMARCK. Ausdrücklich widersprach er der Annahme der Instanzgerichte, die die Rechtswidrigkeit der fotografischen Aufnahmen auf eine Verletzung der Rechte seiner Hinterbliebenen gestützt hatten. Ähnlich wie KOHLER knüpfte auch er bei der Begründung des postmortalen Persönlichkeitsschutzes an den Verstorbenen an, und zwar an dessen Leichnam: Diesem gebühre dieselbe Achtung und Ehre wie zuvor dem Verstorbenen. Folglich sei der Leichnam, jedenfalls bis zu seiner »Einfriedung«, ebenso vor unbefugter Abbildung geschützt wie der Verstorbene zu seinen Lebzeiten[106].

Einen sehr ähnlichen Standpunkt vertrat GAREIS. Wie KOHLER und KEYSSNER ging er von einem Nachwirken der Persönlichkeitsrechte des Verstorbenen aus. Im Hinblick auf dessen Dauer knüpfte er ebenfalls an den Leichnam an: Das Persönlichkeitsrecht erlösche in dem Zeitpunkt, in dem der Leichnam seine rechtliche Sonderstellung verliere und zu einer Sache werde. Dabei handele es sich um den Zeitpunkt, in dem »der Zusammenhang zwi-

---

105 KOHLER: Bismarckphotographie, a.a.O., S. 196 f.

106 HUGO KEYSSNER: Das Recht am eigenen Bilde, DJZ 1898, S. 486. DERS.: Zum Schutz des Rechts am eigenen Bilde, Gutachten, in: Verhandlungen des 26. Deutschen Juristentages, Bd. 1, Berlin 1902, S. 76 f.

schen den Teilen des Körpers durch Verwesung oder ähnlich wirkende Ereignisse gänzlich aufgehoben wird«[107].

Die Annahme nachwirkender Persönlichkeitsrechte war allerdings schon in der damaligen Literatur umstritten. So stand im Gegensatz zu den genannten Stimmen in der Literatur für OTTO VON GIERKE fest: »Die Persönlichkeit erlischt durch den Tod; aller Schutz der Leichen und Gräber oder der Ehre Verstorbener beruht auf Rechten der Lebenden.«[108]

Schon im Kontext des Falls BISMARCK hatten sich in Rechtsprechung und Lehre also die beiden Lager gebildet, die bis heute die Diskussion um den postmortalen Schutz der Persönlichkeit bestimmen: Eine Ansicht ging von der Nachwirkung des Persönlichkeitsrechts des Toten und damit von einem von Rechten Dritter unabhängigen postmortalen Persönlichkeitsrecht aus. Dagegen lehnte die von den Instanzgerichten und von OTTO VON GIERKE vertretene Gegenauffassung die Annahme eines postmortalen Persönlichkeitsrechts ab. Stattdessen plädierte sie dafür, einem Toten einen Persönlichkeitsschutz nur in dem Umfang zu gewähren, wie mit dem postmortalen Eingriff in seine Persönlichkeit ein Eingriff in Rechtspositionen Lebender verbunden sei. Bemerkenswert ist in diesem Zusammenhang der Hinweis des Oberlandesgerichts Hamburg, dass ein postmortaler Persönlichkeitsschutz stets eine entsprechende, *gesetzlich anerkannte* Befugnis Dritter voraussetze.

2. Die weitere Entwicklung des postmortalen Persönlichkeitsschutzes im Deutschen Reich

Nachdem das Reichsgericht es im Fall BISMARCK vermieden hatte, zur Frage des postmortalen Persönlichkeitsschutzes Stellung zu nehmen, erkannte es in späteren Entscheidungen ein Fortwirken des Persönlichkeitsrechts eines Verstorbenen »in seinem Leichnam« an[109]. Eine nähere Beschäftigung mit diesem Gegenstand war damit allerdings nicht verbunden. Auch in der Zivilrechtswissenschaft fand keine eingehende Auseinandersetzung mit dem postmortalen Persönlichkeitsschutz mehr statt.

Auf dem Gebiet des Strafrechts war es anders. Anknüpfungspunkt für den postmortalen Persönlichkeitsschutz war dort § 189 RStGB, der in seiner

---

107 KARL GAREIS: Über Rechtsverhältnisse an Begräbnisstätten, in: Dr. J.A. Seuffert's Blätter für Rechtsanwendung, Bd. 70, 1905, 308, 318.

108 VON GIERKE: Deutsches Privatrecht, Bd. 1, a.a.O., S. 363.

109 RG Urteil vom 13. 3. 1913, IV 590/12 in: Warneyers Jahrbuch der Entscheidungen, Ergänzungsband: Die Rechtsprechung des Reichsgerichts auf dem Gebiete des Zivilrechts, 6. Jahrgang, Leipzig 1913, Nr. 303; RGZ 100, 172, 173. Beide Entscheidungen stehen im Zusammenhang bestattungsrechtlicher Fragen. In der erstgenannten Entscheidung macht sich das RG ausdrücklich die oben zit. Ansicht von GAREIS zueigen.

ursprünglichen Fassung (nur) die Verleumdung Toter unter Strafe stellte[110]. Umstritten war vor allem die Frage, wessen Ehre diese Strafnorm schützen sollte. In der Zeit vor 1933 dominierte die Auffassung, dass Tote selbst keine Ehre mehr hätten[111] und § 189 StGB das Pietätsgefühl der Hinterbliebenen[112] bzw. die Familienehre oder die Ehre der Angehörigen[113] schütze.

Nach 1933 gewann die Gegenansicht Auftrieb. Mit seinen völkischen Ehrvorstellungen und dem von ihm betriebenen Heroen- und Totenkult leistete der Nationalsozialismus der Vorstellung Vorschub, dass Tote selbst noch eine Ehre innehaben[114]. Mit Beginn des Zweiten Weltkrieges ergab sich ein gesteigertes Bedürfnis, diese Ehre zu schützen. Die Nationalsozialisten waren der Ansicht, dass diejenigen, die ihr Leben für die Heimat eingesetzt hatten, von ihrem Volk einen postmortalen Schutz ihrer Ehre verlangen konnten[115]. Diesen Anforderungen wurde § 189 RStGB in seiner damaligen Fassung nur beschränkt gerecht, da er nur die Verleumdung von Toten unter Strafe stellte. Verleumdungen Toter waren jedoch eher selten; häufiger geschah es, dass Dritte Genugtuung über den Heldentod einer ihnen unliebsamen Person äußerten, den Toten beleidigten oder üble Nachrede betrieben. Diese Formen der Schmähung wurden von § 189 RStGB a.F. nicht erfasst. Allerdings war es den Gerichten seit der Strafrechtsnovelle vom 28. Juni 1935 möglich, das Strafrecht auch zu Lasten des Täters analog anzuwenden. Damit konnten Schmähungen, die nicht unter § 189 RStGB a.F. fielen, nach §§ 185 ff. RStGB analog bestraft werden. Zum Unmut der Sicherheitsbehörden war der Umgang der Gerichte mit Beleidigungen von und übler Nachrede über Gefallenen jedoch uneinheitlich[116]. Zwar bestätigte das Reichsge–

---

110 § 189 RStGB lautete in seiner ursprünglichen Fasssung:
»Wer das Andenken eines Verstorbenen dadurch beschimpft, daß er wider besseres Wissen eine unwahre Tatsache behauptet oder verbreitet, welche denselben bei seinen Lebzeiten verächtlich zu machen, oder in der öffentlichen Meinung herabzuwürdigen geeignet gewesen wäre, wird mit Gefängnis bis zu sechs Monaten bestraft.«

111 Vgl. dazu: KARL BINDING: Lehrbuch des gemeinen deutschen Strafrechts, Besonderer Teil, 1. Bd., 2. Aufl., Leipzig 1902, S. 139; FRANZ V. LISZT / EBERHARD SCHMIDT: Lehrbuch des deutschen Strafrechts, 25. Aufl., Berlin 1927, S. 507; HEINRICH GERLAND: Deutsches Reichsstrafrecht, 2. Aufl., Berlin 1932, S. 492.

112 BINDING, a.a.O.

113 GERLAND, a.a.O., S. 592.

114 Ausführlich hierzu: JÖRG ERNST AUGUST WALDOW: Der strafrechtliche Ehrenschutz in der NS-Zeit, Baden-Baden 2000, S. 156–159.

115 WALDOW, a.a.O., S. 159.

116 Der Sicherheitsdienst des Reichsführers-SS setzte sich im Jahr 1942 in seinen geheimen innenpolitischen Lageberichten mit diesem Problem auseinander. In den »Meldungen aus dem Reich« Nr. 290 vom 11. Juni 1942 referiert der Verfasser über den sehr uneinheitlichen Umgang der Strafgerichte mit der Beleidigung von und der üblen Nachrede über Gefallene. In einem Fall war eine Frau,

richt die analoge Anwendung des § 185 StGB auf die Beleidigung Gefallener[117]. Dessen ungeachtet betrachtete die Reichsregierung es als notwendig, für die Bestrafung sämtlicher Schmähungen Gefallener eine klare Rechtsgrundlage zu schaffen und reformierte im Mai 1943 den § 189 RStGB[118]. Fortan war nicht nur die Verleumdung, sondern jede Art von Verunglimpfung der Toten strafbar, sofern die Eltern, Kinder, Ehegatten oder Geschwister des Verstorbenen Strafantrag stellten. Als Strafe waren bis zu zwei Jahre Gefängnis bzw. Geldstrafe vorgesehen. § 189 Abs. 3 RStGB enthielt einen Qualifikationstatbestand für die Fälle, in denen Tote verunglimpft wurden, die ihr »Leben für das Deutsche Volk hingegeben«[119] hatten. In diesen Fällen entfiel das Strafantragserfordernis und als Strafe musste auf Gefängnis und in besonders schweren Fällen auf Zuchthaus erkannt werden. Dieser Qualifikationstatbestand entfiel nach dem Krieg. Der 1943 reformierte Grundtatbestand einschließlich seines Strafrahmens blieb bis heute erhalten.

---

die einen Gefallenen postmortal beleidigt hatte, von der Strafkammer des Landgerichts Eichstätt freigesprochen worden. In der Revision vor dem Reichsgericht wurde der Fall zur Verhandlung und Entscheidung an die Kammer zurückverwiesen, weil das Reichsgericht in der Beleidigung des Gefallenen zugleich eine Beleidigung von dessen Witwe erblickte. Das Amtsgericht Halberstadt verhängte in einem ähnlichen Fall eine Gefängnisstrafe von vier Monaten, die auf einer analogen Anwendung der Beleidigungstatbestände beruhte. Das Sondergericht Nürnberg wertete die Beleidigung eines Gefallenen dagegen als Angriff auf die Volksgemeinschaft und bestrafte sie auf der Grundlage des Heimtückegesetzes mit fünf Jahren Gefängnis. Im Hinblick auf die Uneinheitlichkeit dieser Rechtsprechung verlangt der Verfasser nach einer einheitlichen Regelung des Ehrenschutzes Gefallener.

Vgl. Reichssicherheitshauptamt: Meldungen aus dem Reich Nr. 290 vom 11. Juni 1942, Bundesarchiv Berlin-Lichterfelde, R 58 /172, Bl. 237–241. Für den Hinweis auf diese Quelle danke ich Herrn Dr. Daniel Siemens, Berlin.

117 RGSt 77, S. 53, 54 f.; RGSt 77, S. 56, 58.

118 Die Verordnung zur Angleichung des Strafrechts des Altreichs und der Alpen- und Donau-Reichsgaue vom 29. Mai 1943 (Reichsgesetzblatt 1943, Teil I, Nr. 57, S. 340 f.) fasste § 189 RStGB wie folgt neu:

»Wer das Andenken eines Verstorbenen verunglimpft, wird mit Gefängnis bis zu zwei Jahren oder mit Geldstrafe bestraft.

Die Verfolgung tritt nur auf Antrag der Eltern, der Kinder, des Ehegatten oder der Geschwister des Verstorbenen ein.

Hat der Verstorbene sein Leben für das Deutsche Volk hingegeben, so ist die Strafe Gefängnis. Abs. 2 findet keine Anwendung. In besonders schweren Fällen ist auf Zuchthaus zu erkennen.«

119 Siehe vorangegangene Fußnote.

3. Der Fall Mephisto

Nach dem Krieg trat die Frage nach dem postmortalen Persönlichkeitsschutz erneut in den Hintergrund. Zwar befand der Bundesgerichtshof schon kurz nach der Anerkennung des allgemeinen Persönlichkeitsrechts, dass das Persönlichkeitsrecht über den Tod des ursprünglichen Rechtsträgers fortwirke[120]. Jedoch beruhte diese Entscheidung nicht auf einer dogmatischen Begründung, sondern allein auf der Feststellung, dass die schutzwürdigen Werte der Persönlichkeit ihre Rechtsfähigkeit überdauern[121]. Eine Herleitung des postmortalen Persönlichkeitsrechts durch ein oberstes deutsches Zivilgericht erfolgte erst im Jahr 1968.

a. Die Entscheidung des Bundesgerichtshofs

Im Jahr 1968 hatte der Bundesgerichtshof über die Klage des Adoptivsohns des verstorbenen GUSTAF GRÜNDGENS zu entscheiden, der auf dem Rechtsweg die Verbreitung des Romans »Mephisto – Roman einer Karriere« von KLAUS MANN verhindern wollte. Das Gericht vertrat die Auffassung, dass die Verbreitung des Romans das Persönlichkeitsrecht GRÜNDGENS' verletze, weil dessen Lebensleistung negativ verfälscht wiedergegeben werde. Das Landgericht Hamburg hatte die Klage abgewiesen, weil die durch den Roman verletzten Persönlichkeitsrechte mit dem Tod Gründgens' untergegangen seien. In der Berufung wurde dieses Urteil aufgehoben. Das Oberlandesgericht Hamburg pflichtete dem Landgericht zwar darin bei, dass die Persönlichkeitsrechte eines Verstorbenen mit dessen Tod mangels Rechtssubjekts nicht fortbestünden; aus der Rechtsordnung ergäbe sich jedoch ein über den Tod hinauswirkender Persönlichkeitsschutz.

Diesen Ausführungen ist der Bundesgerichtshof im Ergebnis beigetreten[122]. In den Entscheidungsgründen stellte er zunächst fest: »Der Bundesgerichtshof hat [...] dargelegt, es werde für das Urheberpersönlichkeitsrecht einmütig anerkannt, daß es über den Tod des ursprünglichen Rechtsträgers fortwirke. Dies gelte in gleicher Weise für das allgemeine Persönlichkeitsrecht; denn die schutzwürdigen Werte der Persönlichkeit überdauern die Rechtsfähigkeit ihres Subjekts, die mit dem Tode erlösche.«[123] Dass es dem postmortalen Persönlichkeitsrecht daher an einem Rechtssubjekt fehle, sei unschädlich, denn: »Die Rechtsordnung kann Gebote und Verbote für das Verhalten der Rechtsgenossen zum Schutz verletzungsfähiger Rechtsgüter auch unabhängig vom Vorhandensein eines lebenden Rechtssubjektes vorsehen und namentlich Unterlassungsansprüche der in Rede stehenden Art durch

---

120 BGHZ 15, 249, 259 – *Cosima Wagner.*

121 Ebenda.

122 BGHZ 50, 133, 135 – *Mephisto.*

123 BGHZ 50, 133, 136 f. – *Mephisto.*

jemanden wahrnehmen lassen, der nicht selbst Subjekt des entsprechenden Rechtes ist, wenn der ursprüngliche Träger dieses Rechts durch den Tod die Rechtsfähigkeit verloren hat.«[124] Zur Begründung dieser Ansicht verwies der Bundesgerichtshof auf die §§ 22 KUG, 83 UrhG und 189 StGB, in denen die Rechtsordnung »diese Lösung« bereits praktiziere[125]. Der postmortale Persönlichkeitsschutz ergebe sich jedoch vor allem aus der Wertordnung des Grundgesetzes. Denn auch wenn die Art. 1 Abs. 1, 2 Abs. 1 GG vorwiegend auf die Lebenden bezogen seien, sei kein Anhalt dafür gegeben, dass entgegen den Anschauungen unseres Kulturkreises die Schutzgarantie für die Menschenwürde, die auch nach dem Tod »antastbar« bleibt, für Verstorbene entfiele. Da die Wertentscheidung des Grundgesetzgebers im Grundrechtskatalog zugunsten eines umfassenden Schutzes der Menschenwürde keine zeitliche Begrenzung auf das Leben der Menschen erkennen ließen, sei nicht einzusehen, warum der Schutz des so genannten allgemeinen Persönlichkeitsrechts, das die höchstrichterliche Rechtsprechung als sonstiges Recht im Sinne des § 823 Abs. 1 BGB anerkannt habe, zwangsläufig mit dem Tod sein Ende finden solle. Nach der Anerkennung des allgemeinen Persönlichkeitsrechts sei der Schutz von Persönlichkeitsgütern Verstorbener als Ausdruck einer allgemeinen Rechtspflicht aufzufassen, wonach Persönlichkeitsgüter – in einem durch das Ableben der Person bedingten eingeschränkten Umfang – auch nach dem Tode ihres Inhabers von den Rechtsgenossen zu beachten seien, da andernfalls die Wertentscheidung des Grundgesetzes nicht ausreichend zur Geltung käme. Menschenwürde und freie Entfaltung zu Lebzeiten seien im Sinne des Grundgesetzes nur dann zureichend gewährleistet, wenn der Mensch auf einen Schutz seines Lebensbildes wenigstens gegen grobe ehrverletzende Entstellungen nach dem Tode vertrauen und in dieser Erwartung leben könne[126].

Zur Wahrnehmung des Persönlichkeitsschutzes Verstorbener sei in erster Linie derjenige berechtigt, den der Verstorbene zu Lebzeiten zu diesem Zweck berufen habe. In Analogie zu den bereits gesetzlich geregelten Fällen kämen jedoch auch nahe Angehörige in Betracht, zumal diese durch eine Verunglimpfung des Verstorbenen oft selbst in Mitleidenschaft gezogen würden[127].

Zur Dauer des postmortalen Persönlichkeitsschutzes führte der Bundesgerichtshof aus, dass dieser keiner starren Befristung unterliege. Ein uferloser Schutz gegen postmortale Eingriffe sei dennoch nicht zu befürchten, weil der Kreis der Wahrnehmungsberechtigten begrenzt sei und die Berechtigten bei jeder Klage ein ausreichendes Rechtsschutzbedürfnis dartun müssten. Zudem

124 BGHZ 50, 133, 137 – *Mephisto.*

125 A.a.O.

126 BGHZ 50, 133, 138 f. – *Mephisto.*

127 BGHZ 50, 133, 140 – *Mephisto.*

werde der Persönlichkeitsschutz mit zunehmender zeitlicher Entfernung vom Tod des Verstorbenen auch materiell schwächer, weil das in der Güterabwägung zwischen Persönlichkeitsschutz und Grundrechten des Eingreifenden zu berücksichtigende Interesse des Verstorbenen an der Nichtverfälschung seines Lebens mit der Zeit schwinde[128].

Diese Herleitung des postmortalen Persönlichkeitsschutzes lässt in terminologischer und dogmatischer Hinsicht Fragen offen. Insbesondere wird nicht deutlich, ob der Bundesgerichtshof vom – nunmehr subjektlosen – Fortbestehen der Rechte des Verstorbenen ausgeht oder meint, dass die ursprünglich vom Persönlichkeitsrecht des Verstorbenen geschützten Positionen nach seinem Tod von anderen Geboten der Rechtsordnung geschützt werden.

Der Verweis auf §§ 22 KUG, 83 UrhG (a.F.) und 189 StGB, in denen die Rechtsordnung »diese Lösung«[129] (gemeint ist der postmortale Schutz von Rechtsgütern durch Dritte) bereits praktiziere, ist nicht geeignet, diese Unklarheiten aufzulösen: § 83 UrhG, der in der damaligen Fassung die Ausübung bestimmter Urheberpersönlichkeitsrechte nach dem Tod des Künstlers zum Gegenstand hatte[130], ist kaum geeignet, Aufschluss darüber zu geben, wie der postmortale allgemeine Persönlichkeitsschutz hergeleitet werden könnte. Das Urheberpersönlichkeitsrecht geht nämlich vollständig auf den Erben über, so dass dieser es als eigenes privates Recht ausübt.

Das Gegenteil gilt für § 189 StGB. Auch bei dieser Norm steht außer Frage, dass sie sich auf ein Rechtssubjekt bezieht und wer dieses Subjekt ist – nämlich der Staat, dem im Falle der Erfüllung des Tatbestandes ein Strafanspruch zukommt. § 189 StGB ist also ein Beispiel dafür, wie die Rechtsordnung mit einem staatlichen (Straf)Anspruch[131] das Andenken Verstorbener schützt.

---

128 BGHZ 50, 133, 140 f. – *Mephisto.*

129 BGHZ 50, 133, 137 – *Mephisto.*

130 § 83 Schutz gegen Entstellung

(1) Der ausübende Künstler hat das Recht, eine Entstellung oder eine andere Beeinträchtigung seiner Darbietung zu verbieten, die geeignet ist, sein Ansehen oder seinen Ruf als ausübender Künstler zu gefährden.

[...]

(2) Das Recht erlischt mit dem Tode des ausübenden Künstlers, jedoch erst fünfundzwanzig Jahre nach der Darbietung, wenn der ausübende Künstler vor Ablauf dieser Frist verstorben ist; die Frist ist nach § 69 zu berechnen. Nach dem Tode des ausübenden Künstlers steht das Recht seinen Angehörigen (§ 60 Abs. 3) zu.

131 Der staatliche Strafanspruch unterscheidet sich von privatrechtlichen Ansprüchen dadurch, dass er stets mit einer Pflicht zur Durchsetzung einhergeht (vgl. dazu: GERD PFEIFFER in: DERS. (Hrsg.): Karlsruher Kommentar zur Strafprozessordnung, 5. Aufl., München 2003, Einleitung, Rn. 1; JÜRGEN BAUMANN / ULRICH

Der Anspruch aus § 22 KUG entzieht sich einer ähnlich eindeutigen Zuordnung. Weil dieser Anspruch nicht in die Erbmasse fällt, ist nicht eindeutig, ob er anderweitig auf die Angehörigen übergeht, ob er als subjektloser Anspruch des Toten fortexistiert oder ob es sich postmortal um einen staatlichen Anspruch handelt, der von den Angehörigen ausgeübt wird. Indem der Bundesgerichtshof unterschiedslos auf die grundverschiedenen §§ 22 KUG, 189 StGB und 83 UrhG a.F. verweist, trägt er zu einer Aufklärung seiner Vorstellung vom rechtlichen Charakter des postmortalen allgemeinen Persönlichkeitsschutzes nicht bei.

Auch die weitere Argumentation des Bundesgerichtshofs ist wenig erhellend. Sie ist vor allem von Appellen an die Evidenz und das rechtlich Wünschenswerte geprägt. Dazu zählt die Aussage, dass die schutzwürdigen Werte der Persönlichkeit die Rechtsfähigkeit ihres Subjekts überdauerten[132]. Diese Aussage mag das Evidenzgefühl unmittelbar ansprechen, jedoch handelt es sich argumentativ nur um eine wertlose *petitio principii*. Ähnliches gilt für das Argument, dass nicht einzusehen sei, »warum der Schutz des sog. allgemeinen Persönlichkeitsrechts [...] mit dem Tod zwangsläufig ein Ende finden soll.«[133] Diese Argumentation läuft darauf hinaus, dass nicht sein kann, was nicht sein darf. Die Aussage, dass nicht einzusehen sei, warum der Schutz der Persönlichkeit mit dem Tod zwangsläufig ein Ende finden solle, wäre im positiven Recht nur dann ein methodisch zulässiges Argument, wenn es darum ginge, eine bestehende Norm erweiternd auszulegen oder analog anzuwenden. Eine solche Situation führt der Bundesgerichtshof aber nicht herbei, da er es unterlässt, eine Anspruchsgrundlage zu benennen, an die er den postmortalen Persönlichkeitsschutz dogmatisch anbinden will. Der Hinweis, dass die Anerkennung des allgemeinen Persönlichkeitsrechts auf einer verfassungskonformen Auslegung des Begriffs »sonstige Rechte« in § 823 Abs. 1 BGB beruhe, greift im Kontext des postmortalen Persönlichkeitsschutzes nicht, weil der Bundesgerichtshof zuvor selbst feststellt, dass die

WEBER / WOLFGANG MITSCH: Strafrecht Allgemeiner Teil, 11. Aufl., Bielefeld 2003, § 3, Rn. 68 sowie BVerfGE 51, 324, 343). Sofern die Tatbestandsvoraussetzungen eines Strafanspruchs vorliegen, begründet dieser also ein Recht und eine Pflicht zu seiner Durchsetzung. Im Gegensatz dazu folgt aus einem zivilrechtlichen Anspruch stets nur ein Recht des Anspruchsinhabers auf Durchsetzung. Dieser Unterschied wirkt sich auch auf das Schicksal der Ansprüche aus: Ein zivilrechtlicher Anspruch kann verwirkt werden, ein Strafanspruch nach der h.M. nicht (vgl. dazu: LOTHAR SENGE in: Karlsruhr Kommentar zur StPO, a.a.O., vor § 48, Rn. 81 m.w.N.). Im Hinblick auf diese strukturellen Unterschiede ist es sehr fraglich, ob es methodisch überhaupt zulässig ist, sich bei der Herleitung eines zivilrechtlichen Anspruchs auf eine Strafnorm zu stützen.

132 BGHZ 50, 133, 136 – *Mephisto*. Zum Kontext dieses Zitats siehe bereits oben unter a.

133 BGHZ 50, 133, 138 – *Mephisto*.

Rechtspersönlichkeit des Trägers dieses Rechts mit seinem Tod wegfällt. Damit fehlt einem solchen Recht das Subjekt. Diese Schwierigkeit hätte der Bundesgerichtshof mit der Annahme eines subjektlosen Fortbestehens des allgemeinen Persönlichkeitsrechts überwinden können. Diese Möglichkeit nimmt der Bundesgerichtshof jedoch nicht wahr. Stattdessen statuiert er – ohne Bezug zum einfachen Recht – eine allgemeine Rechtspflicht zur Achtung der Persönlichkeitsgüter Verstorbener, die er unmittelbar mit den zu respektierenden Wertentscheidungen des Grundgesetzes begründet. Mangels Anknüpfung im einfachen Recht handelt es sich dabei um eine unmittelbare Anwendung von Verfassungsprinzipien unter Privatparteien[134].

b. Die Entscheidung des Bundesverfassungsgerichts

Gegen das Urteil des Bundesgerichtshofs erhob der Verleger KLAUS MANNS Verfassungsbeschwerde und unterlag abermals[135].

In ausdrücklicher Anlehnung an seine frühere Rechtsprechung[136] lehnte das Bundesverfassungsgericht es ab, sich zur Rechtsgrundlage des Zivilurteils zu äußern: Sowohl bei der »analoge[n] Anwendung« negatorischer Zivilrechtsnormen als auch bei der Frage, ob der Kläger Unterlassungsansprüche aus eigenen oder fortbestehenden Rechten des Verstorbenen verlangen könne, handele es sich um Gegenstände des einfachen Rechts, die vom Bundesverfassungsgericht nicht nachgeprüft werden könnten[137]. Schon diese Vorentscheidung war fragwürdig. Zwar hatte das Bundesverfassungsgericht schon vorher entschieden, dass Urteilsverfassungsbeschwerden nur am Maßstab spezifischen Verfassungsrechts zu prüfen seien, so dass eine Überprüfung »normaler Subsumtionsvorgänge« in der Regel nicht in Betracht käme[138]. Jedoch beruhte das *Mephisto*-Urteil nicht nur auf »normaler Subsumtion«, sondern auf einer Rechtsfortbildung. Zur Rechtsfortbildung ist der Richter im Rahmen seiner Bindung an Recht und Gesetz aus Art. 20 Abs. 3 GG berechtigt. Er darf sich über die Grenzen des geschriebenen einfachen Rechts hinwegsetzen, soweit er sich dabei an die anerkannten Methoden der Rechtsfortbildung hält. Sofern die Rechtsfortbildung diesen Maßstäben nicht entspricht, liegt darin kein Verstoß gegen einfaches Recht, sondern allein ein Verstoß gegen Art. 20 Abs. 3 GG. Auf einen solchen Verstoß kann das Bundesverfassungsgericht ein Urteil auch dann untersuchen, wenn es seine Prüfung auf spezifisches Verfassungsrecht beschränkt. Diese Ansicht

134 Vgl. dazu auch die Kritik von CLAUS-WILHELM CANARIS an der Auffassung des Bundesgerichtshofs zum Verhältnis von Grundrechten und Deliktsrecht in: DERS.: Grundrechte und Privatrecht, in : AcP 184 (1984), S. 201, 231.

135 BVerfGE 30, 173–200 = BVerfG NJW 1971, 1645–1648 – *Mephisto.*

136 Vgl. BVerfGE 18, 85, 92 f.

137 BVerfG NJW 1971, 1645 = BVerfGE 30, 173, 187 f. – *Mephisto.*

138 BVerfGE 18, 85, 93.

hat sich das Bundesverfassungsgericht nur wenig nach seinem *Mephisto*-Beschluss zueigen gemacht[139]. Wäre es schon früher zu dieser Erkenntnis gekommen, hätte es der Verfassungsbeschwerde des Verlegers wohl stattgeben müssen, denn die Herleitung des postmortalen Persönlichkeitsschutzes durch den Bundesgerichtshof verfehlt die Voraussetzungen methodengerechter Rechtsfortbildung deutlich[140].

Nachdem sich das Bundesverfassungsgericht mit der Rechtsgrundlage des *Mephisto*-Urteils nicht befasste, beschränkte es seine Prüfung auf die Frage, ob der Bundesgerichtshof die Bedeutung und den Umfang der betroffenen Grundrechte richtig erfasst hatte[141]. Drei der sechs Verfassungsrichter waren dieser Ansicht, obwohl auch sie die Herleitung des postmortalen Persönlichkeitsschutzes durch die Zivilrichter für unzutreffend hielten. Anders als der Bundesgerichtshof war das Bundesverfassungsgericht nämlich der Auffassung, dass der postmortale Persönlichkeitsschutz allein auf der Menschenwürde beruhe, und nicht auf dem allgemeinen Persönlichkeitsrecht des Toten[142]. Gemessen an diesem Maßstab wäre das Urteil des Bundesgerichtshofs nur korrekt gewesen, wenn der Verleger KLAUS MANNS mit der Verbreitung des *Mephisto*-Romans gegen die Menschenwürde verstoßen hätte. Das hatte der Bundesgerichtshof aber nicht festgestellt. Der Bundesgerichtshof hatte nur die Kunstfreiheit des Verlegers mit dem vermeintlich einschlägigen allgemeinen Persönlichkeitsrecht GRÜNDGENS' abgewogen und letzterem den Vorrang eingeräumt[143]. Dessen ungeachtet bestätigte das Bundesverfassungsgericht die »in Rede stehend[e] Abwägung zwischen den nach Art. 1 Abs. 1 und Art. 5 Abs. 3 Satz 1 GG geschützten Bereichen zweier Parteien eines Zivilrechtsverhältnisses«[144], die gar nicht stattgefunden hatte und auch nicht stattfinden durfte, weil die unantastbare Menschenwürde einer Abwägung bekanntlich nicht zugänglich ist[145].

---

139 Vgl. BVerfGE 34, 269, 280 – *Soraya*; ebenso: BVerfG NJW 2006, 3409 – *Marlene.*

140 Dazu vgl. unten D III 1 a und D III 2 c.

141 Kritisch zu dieser Beschränkung des Prüfungsumfangs: CLAUS-WILHELM CANARIS: Grundrechtswirkungen und Verhältnismäßigkeitsprinzip im Privatrecht, in: JuS 1989, S. 161, 172.

142 BVerfGE 30, 173, 194 f. – *Mephisto.* Diese Ansicht ist neuerdings auch vom Bundesgerichtshof übernommen worden, vgl. BGH NJW 2007, S. 684, 685 – *kinski-klaus.de.*

143 Vgl. dazu die abweichende Meinung des Bundesverfassungsrichters DR. STEIN, BVerfGE 30, S. 200, 215, der diese unzutreffende rechtliche Würdigung als mögliche Quelle einer falschen Auslegung der BGH-Richter benennt.

144 BVerfGE 30, 174, 197 – *Mephisto.*

145 So ausdrücklich BVerfG NJW 2001, 2957, 2959 – *Wilhelm Kaisen.*

4. *Der Fall Marlene*

Im Jahr 2000 hatte der Bundesgerichtshof über die Klage der Tochter und Alleinerbin der verstorbenen MARLENE DIETRICH gegen den Geschäftsführer der Betreiberin einer Musical-Produktion zu entscheiden. Die Klägerin begehrte unter anderem die Feststellung, dass der Beklagte ihr zum Schadensersatz verpflichtet sei, weil er sie durch die unautorisierte Verwendung von Bildern und Schriftzügen MARLENE DIETRICHS auf Merchandising-Artikeln in ihren Rechten verletzt habe[146].

Der Bundesgerichtshof gab dem Feststellungsantrag statt, weil es sich bei der Verwendung der Namenszüge und Bilder um einen Eingriff in den vermögenswerten Bestandteil des allgemeinen Persönlichkeitsrechts MARLENE DIETRICHS gehandelt habe, der als Vermögensrecht im Erbgang auf die Klägerin übergegangen sei[147]. Zur Begründung verwies der Bundesgerichtshof unter anderem darauf, dass dem besonderen Schutzbedürfnis der vermögenswerten Bestandteile des Persönlichkeitsrechts nur Rechnung getragen werden könne, wenn diese als vererblich angesehen würden[148].

Damit hat der Bundesgerichtshof den postmortalen Schutz vermögenswerter Persönlichkeitsrechte dogmatisch eingeordnet[149]. Allerdings stellte er zugleich fest, dass mit dem Übergang der vermögenswerten Bestandteile des Persönlichkeitsrechts nicht auch das Recht einhergehe, nach freiem Belieben über diese Rechte zu verfügen. Vielmehr müssten die Erben bei der Wahrnehmung der vermögenswerten Bestandteile des Persönlichkeitsrechts die ausdrücklich verlautbarten oder mutmaßlichen Interessen des Verstorbenen berücksichtigen[150]. Damit ließ der Bundesgerichtshof den Grundsatz unberührt, dass die nichtvermögenswerten Persönlichkeitsrechte kein Gegenstand der Erbmasse sind. Die dogmatische Grundlage des postmortalen Schutzes nichtvermögenswerter Persönlichkeitsrechte befindet sich damit auch nach dem *Marlene*-Urteil noch in der Schwebe.

---

146 BGH NJW 2000, 2195–2201 = BGHZ 143, 214–232 – *Marlene*.

147 BGH NJW 2000, 2195, 2197 = BGHZ 143, S. 214, 220.

148 BGH NJW 2000, 2195, 2198 = BGHZ 143, S. 214, 223.

149 Kritisch zu dieser Einordnung: VOLKER BEUTHIEN / MARIO HIEKE: Unerlaubte Werbung mit dem Abbild prominenter Personen, AfP 2001, S. 353, 355.

150 BGHZ 143 S. 214, 226 – *Marlene*. Gegen die Verfügungsbeschränkung der Erben und für eine unbeschränkte Verkehrsfähigkeit des materiellen Persönlichkeitsrechts: VOLKER BEUTHIEN: Was ist vermögenswert, die Persönlichkeit oder ihr Image? Begriffliche Unstimmigkeiten in den Marlene-Dietrich Urteilen, NJW 2003, S. 1220, 1222, ähnlich: STEFAN KOOS: Der Name als Immaterialgut, in: GRUR 2004, S. 808–815. Zustimmend hingegen: TOBIAS MÜLLER: Vererblichkeit vermögenswerter Bestandteile des Persönlichkeitsrechts – Die neueste Rechtsprechung des Bundesgerichtshofs zum postmortalen Persönlichkeitsrecht, in: GRUR 2003, S. 31, 32.

III. Heutiger Schutz vor Eingriffen in ideelle Persönlichkeitsgüter Verstorbener

1. Verfassungsrechtliche Vorgaben

Die Frage, in welchen Verfassungsnormen der postmortale Persönlichkeitsschutz verankert ist, ist nach wie vor umstritten. Die vom Bundesverfassungsgericht vertretene Ansicht, wonach sich der postmortale Persönlichkeitsschutz mangels Grundrechtsfähigkeit des Toten nicht aus dem allgemeinen Persönlichkeitsrecht, sondern nur aus der Menschenwürde ergeben könne[151], wurde in der jüngeren Literatur häufig kritisiert. Vielfach wird dort die vom Bundesgerichtshof in der *Mephisto*-Entscheidung vertretene Auffassung favorisiert, wonach der postmortale Persönlichkeitsschutz auf einem Fortwirken des allgemeinen Persönlichkeitsrechts beruhe[152]. Dem liegen in der Regel weniger tatbestandliche Erwägungen zu Grunde als vielmehr die Tatsache, dass sich die gewünschten Rechtsfolgen bei einem Rückgriff auf das allgemeine Persönlichkeitsrecht besser begründen lassen als bei einem Rückgriff auf die unantastbare Menschenwürde, die keiner Abwägung zugänglich ist[153]. Eine tragfähige Begründung dafür, wie ein Toter Inhaber des Grundrechts aus Art. 1 Abs. 1 i.V.m. Art. 2 Abs. 1 GG sein kann, liefern diese Autoren allerdings nicht[154].

---

151 BVerfG NJW 1971, 1645, 1647 = BVerfGE 30, 173, 194 – *Mephisto.*

152 Vgl. nur: HEINZ-JOACHIM PABST: Der postmortale Persönlichkeitsschutz in der neueren Rechtsprechung des Bundesverfassungsgerichts, in: NJW 2002, S. 999–1004; MATTHIAS HERDEGEN in: MAUNZ / DÜRIG: Grundgesetz, Art. 1 Abs. 1, Rn. 53; HORST DREIER in: DERS. (Hrsg.): Grundgesetz Kommentar, 2. Aufl., Tübingen 2004, Art 1 I, Rn. 74; CHRISTIAN STARCK in: VON MANGOLDT / KLEIN / STARCK: Kommentar zum Grundgesetz, 5. Aufl., 2005, Art. 1 Abs. 1, Rn. 211.

153 So insbesondere DREIER, a.a.O.

154 PABST versucht sich zumindest daran, kommt aber zu keinem überzeugenden Ergebnis, wenn er a.a.O. S. 999 f. die widersprüchliche Behauptung aufstellt, dass der Verstorbene als Grundrechtssubjekt zu betrachten sei, obwohl es ihm an Rechtssubjektivität fehle und diese wie folgt zu begründen sucht: »Die Idee des postmortalen Persönlichkeitsschutzes ist Ausdruck der sozialen Anschauung zahlreicher Kulturkreise, die besagt, dass dem Verstorbenen ein würdiges Begräbnis und eine würdige Totenruhe zusteht, dass er vor Herabsetzung zu schützen ist und davor, nach seinem Tod zum reinen Objekt herabgewürdigt zu werden. Sich zu Lebzeiten dieses Schutzes gewiss sein zu können, ist Ausdruck der Menschenwürde, die damit eine postmortale Gewährleistungsdimension erhält. Diese Rechtsposition geht damit aber auch über den reinen postmortalen Reflex hinaus und wird subjektives Recht eines jeden Menschen.«
M.E. begründet PABST damit allenfalls einen Anspruch der *Lebenden* auf die Gewährleistung eines würdevollen Umgangs mit den Toten. Auf die Frage da-

Unterdessen hat auch der Bundesgerichtshof den Standpunkt des Bundesverfassungsgerichts übernommen, indem er den postmortalen Schutz nichtvermögenswerter Persönlichkeitsrechte jetzt nur noch auf Art. 1 Abs. 1 GG zurückführt[155]. Zugleich berücksichtigt das Bundesverfassungsgericht mittlerweile auch die Tatsache, dass sich ein Eingriff in die von Art. 1 Abs. 1 GG geschützte menschliche Würde nicht rechtfertigen lässt. Dementsprechend hob es in seinen jüngeren Entscheidungen stets hervor, dass ein Eingriff in das allein auf der Menschenwürde beruhende postmortale Persönlichkeitsrecht stets rechtswidrig und eine Abwägung mit den kollidierenden Grundrechten des Eingreifenden nicht vorzunehmen sei[156]. Das führt allerdings nicht dazu, dass der postmortale Persönlichkeitsschutz nun immer Vorrang vor der Meinungs-, Kunst- oder Wissenschaftsfreiheit hätte. Vielmehr verlagert sich die Berücksichtigung der besonderen Umstände des Einzelfalls auf die Prüfung, ob ein Eingriff in das postmortale Persönlichkeitsrecht vorliegt[157].

Unabhängig davon, wie man sich im Hinblick auf die verfassungsrechtliche Grundlage des postmortalen Persönlichkeitsschutzes positioniert, folgt aus dem Grundgesetz eine Verpflichtung des Staates zur Gewährleistung eines effektiven postmortalen Persönlichkeitsschutzes. Für diejenigen, die den postmortalen Persönlichkeitsschutz auf ein Fortwirken des allgemeinen Persönlichkeitsrechts des Toten zurückführen, ergibt sich dies aus der Pflicht des Staates zum Schutz dieses Grundrechts[158]. Bei Zugrundelegung der Ansicht des Bundesverfassungsgerichts ergibt sich diese Verpflichtung unmit-

nach, ob – bzw. wieso – der Tote selbst eine entsprechende Grundrechtsposition innehaben soll, liefert er keine schlüssige Antwort.

155 Vgl. BGH NJW 2006, S. 605, 606 – *Mordkommission Köln* sowie BGH NJW 2007, S. 684, 685 – *kinski-klaus.de*. Uneindeutig hingegen noch in BGHZ 107, 384 ff. – *Emil Nolde*: Zwar spricht der BGH hier davon, dass der Schutz der Persönlichkeit gemäß Art. 1 Abs. 1 GG nach dem Tod nicht ende (a.a.O., S. 391), jedoch beurteilt er einen möglichen Eingriff in das postmortale Persönlichkeitsrecht nicht am Maßstab der Menschenwürde, sondern danach, ob eine Beeinträchtigung der Künstlerpersönlichkeit Noldes zu befürchten sei.

156 BVerfG NJW 2001, S. 594 f.–*Willy Brandt*; BVerfG NJW 2001, S. 2957, 2959 – *Wilhelm Kaisen*; BVerfG NJW 2006, S. 3409 – *Marlene.*

157 So ausdrücklich BVerfG NJW 2001, S. 2957, 2959 – *Wilhelm Kaisen*; vgl. dazu auch LG Hagen, 8 O 212 / 06, NJW-RR 2007, S. 1057, 1058, das die neue Rechtsprechung des Bundesverfassungsgerichts bereits berücksichtigt. Andere Untergerichte berücksichtigen die oben dargestellten Änderungen in der höchstrichterlichen Rechtsprechung dagegen noch nicht und nehmen nach wie vor Güterabwägungen vor, um die Rechtswidrigkeit eines Eingriffs in den Bereich der postmortal geschützten Persönlichkeit gesondert festzustellen – so z.B. LG Köln, 28 O 292/06, BeckRS 2007 08817.

158 Grundlegend zu den Schutzpflichten des Staates: ECKART KLEIN: Grundrechtliche Schutzpflicht des Staates, in: NJW 1989, S. 1633–1640.

telbar aus Art. 1 Abs. 1 S. 2 GG, wonach der Schutz der menschlichen Würde oberstes Staatsziel ist[159]. Diese Vorgaben binden alle staatlichen Instanzen. Die Kompetenzverteilung zwischen den Staatsgewalten bleibt jedoch unberührt. Daraus folgt, dass die Verwirklichung dieser Aufgabe überall dort, wo der Vorbehalt des Gesetzes gilt, dem Gesetzgeber vorbehalten ist[160].

2. Der Umfang des von der Rechtsprechung gewährten Schutzes

Im Anschluss an die *Mephisto*-Entscheidung hat die Zivilrechtsprechung unter ständiger Bezugnahme auf dieses Urteil eine Vielzahl von Fällen zum postmortalen Persönlichkeitsschutz entschieden. Nach Ansicht der Rechtsprechung schützt dessen ideelle Komponente[161] die Persönlichkeit des Verstorbenen (nur) vor Herabwürdigung, Erniedrigung und grober Entstellung des Lebensbildes[162]. Bei Künstlern sei dieser Schutzbereich weiter gefasst, weil sich bei diesem Personenkreis das Lebensbild nicht vom Lebenswerk trennen lasse. Daraus folge ein Schutz des künstlerischen Ansehens[163] und gegebenenfalls sogar ein Schutz vor der Imitation ihrer typischen Stimme und Sprechweise[164]. Ähnliches gelte für Wissenschaftler, bei denen sich der postmortale Persönlichkeitsschutz auch auf die Abwehr von Angriffen auf ihre Glaubwürdigkeit und ihr wissenschaftliches Ansehen erstrecke[165]. Ob der

---

159 Siehe dazu beispielhaft bei: PHILIP KUNIG in: VON MÜNCH, INGO / KUNIG, PHILIP (Hrsg.): Grundgesetz-Kommentar, 5. Aufl., München 2000, Art. 1, Rn. 29; HERDEGEN in: MAUNZ / DÜRIG: Grundgesetz, Art. 1 Abs. 1, Rn. 4.

160 Vgl. dazu bei JOSEF ISENSEE in: DERS. / PAUL KIRCHHOF (Hrsg.): Handbuch des Staatsrechts der Bundesrepublik Deutschland, 2. Aufl., Heidelberg 2000, Bd. V, § 111, Rn. 148, 151 f.

161 Auf die Entwicklung und den gegenwärtigen Stand des postmortalen Schutzes vermögenswerter Bestandteile des Persönlichkeitsrechts wird hier nicht eingegangen, weil dieser nicht mehr in den Bereich des genuinen postmortalen Persönlichkeitsschutzes fällt. Denn spätestens seit der *Marlene*-Entscheidung vollzieht sich deren Schutz nur noch dadurch, dass sie als – ererbte – eigene Rechte durch den Erben geltend gemacht werden. Der Erbe geht gegen Eingriffe in diesen Teil der Persönlichkeitsrechte des Verstorbenen also genauso vor, wie der Verstorbene es zu Lebzeiten getan hätte.

162 Vgl. dazu OLG München, WRP 1982, 659–663 – *Cellular-Therapie*, Leitsatz zu 1: »Der Persönlichkeitsschutz ist nach dem Tod jedoch erheblich geringer als zu Lebzeiten. Er ist beschränkt auf den Schutz vor Herabwürdigung, Erniedrigung und grobe Entstellung des Lebensbildes des Verstorbenen.«

163 BGHZ 107, 384, 393 – *Nolde*; OLG München NJW 1999, 1975, 1977 – *Brecht*.

164 OLG Hamburg NJW 1990, 1995 f. – *Heinz Erhard*.

165 BGH WRP 1984, 681–684 – *Cellular-Therapie*, mit dem das Urteil OLG München, WRP 1982, 659–663 aufgehoben wurde, weil darin die Bedeutung einer möglichen Beeinträchtigung des wissenschaftlichen Ansehens für den postmortalen Persönlichkeitsschutz bei einem Wissenschaftler nicht hinreichend berücksichtigt wurde.

Bundesgerichtshof den erweiterten Schutzbereich für Künstler und Wissenschaftler aufrechterhalten wird, ist unklar. Seine jüngste Rechtsprechung im Fall *Ehrensache* deutet eher darauf hin, dass allein die Menschenwürde postmortal geschützt werden soll[166].

In jedem Fall ist der Persönlichkeitsschutz post mortem erheblich geringer als der Persönlichkeitsschutz zu Lebzeiten[167]. Im presserechtlichen Kontext, in dem die meisten Entscheidungen zum postmortalen Persönlichkeitsschutz ergangen sind, ergeben sich aus der obergerichtlichen Rechtsprechung folgende Leitlinien:

Der postmortale Persönlichkeitsschutz überwiegt regelmäßig, wenn es sich bei dem Eingriff um unbewiesene Tatsachenbehauptungen[168] oder Schmähkritik[169] handelt. Hingegen unterliegt der postmortale Persönlichkeitsschutz häufig gegenüber Meinungsäußerungen, die keine Formalbeleidigung oder Schmähkritik sind[170], sowie gegenüber Tatsachenbehauptungen, die mit an Sicherheit grenzender Wahrscheinlichkeit wahr sind[171]. Maßgeblich ist zudem, ob die Veröffentlichungen im Rahmen einer politischen Auseinandersetzung erfolgt sind[172] oder der Befriedigung eines allgemeinen Informationsbedürfnisses gedient haben[173].

a. Flexible Schutzdauer

Im Hinblick auf die Dauer des postmortalen Persönlichkeitsschutzes ist die Rechtsprechung bei dem in der *Mephisto*-Entscheidung aufgestellten Grundsatz geblieben, so dass die Schutzdauer von den Umständen des Einzelfalls abhängt. Entscheidend ist dabei vor allem die Frage, ob und inwie-

---

166 Vgl. dazu BGH Aktenzeichen VI ZR 244/07, vorerst nur online veröffentlicht auf der Webseite des BGH unter http://juris.bundesgerichtshof.de/cgi-bin/rechtsprechung/document.py?Gericht=bgh&Art=en&sid=4b5f4925739ece417f4040ebc761ac6b&nr=45969&pos=0&anz=1, Rn. 16, 19.

167 Vgl. den in Fn. 162 zit. Leitsatz zu 1. des Oberlandesgerichts München, WRP 1982, 659–663 – *Cellular-Therapie.*

168 OLG München NJW-RR 1994, 925 f. – *schreckliches Mädchen.*

169 OLG München NJW-RR 1990, 1435–1437 – *Zwangsdemokrat I* (die Einordnung als Schmähkritik wurde vom Bundesverfassungsgericht allerdings als fehlerhaft beanstandet, so dass das Oberlandesgericht München sein Urteil korrigieren musste: OLG München NJW 1992, 1323–1325 – *Zwangsdemokrat II*); BVerfG NJW 1462 f. – *Böll.*

170 OLG München NJW 1992, 1323–1325 – *Zwangsdemokrat II*; OLG Bremen NJW-RR 1993, 726–728 – *Friedrich Ebert*; OLG Bremen AfP 1994, 145–147 – *Wilhelm Kaisen.*

171 OLG Hamburg AfP 1983, 466–469 – *Bombenattentäter.*

172 OLG Bremen NJW-RR 1993, 726–728 – *Friedrich Ebert*; OLG Bremen AfP 1994, 145–147 – *Wilhelm Kaisen.*

173 OLG Hamburg AfP 1983, 466–469 – *Bombenattentäter.*

weit der Verstorbene der Allgemeinheit noch bekannt ist. Bei prominenten Personen des öffentlichen Lebens hat die Rechtsprechung eine Fortdauer des postmortalen Persönlichkeitsschutzes daher noch 30, 40 bzw. 67 Jahre nach ihrem Tod bejaht[174]. Die fortbestehende Bekanntheit des Verstorbenen ist allerdings nicht das einzige Kriterium, das die Gerichte zur Bemessung der Schutzdauer heranziehen. So hat das Oberlandesgericht München das Fortbestehen des Persönlichkeitsschutzes im Falle einer nicht erwiesenen Behauptung über das Verhalten eines Arztes in der NS-Zeit, die 29 Jahre nach seinem Tod aufgestellt wurde, damit begründet, dass der *Kontext*, in dem diese Behauptung stand, zu einem erheblichen Aufsehen geführt habe. Weil die fragliche Behauptung in einer Regionalzeitung verbreitet wurde, in deren Einzugsbereich der verstorbene Arzt zur NS-Zeit gewirkt hatte und in dem seine Witwe und Kinder nach wie vor lebten, bestehe zudem ein erhebliches *Interesse dieser Angehörigen*, eine Entstellung des Lebensbildes des Arztes zu verhindern[175].

b. Ausschließlich negatorische Abwehransprüche

Der von der Rechtsprechung gewährte Schutz vor Eingriffen in ideelle Persönlichkeitsgüter Verstorbener beschränkt sich derzeit auf negatorische Abwehransprüche. Zahlungsansprüche wegen eines Eingriffs in die ideellen Persönlichkeitswerte eines Toten wurden dagegen stets abgewiesen[176]. Zwar hatte das Oberlandesgericht München davon abweichend im Jahr 2002 der Tochter von MARLENE DIETRICH wegen der postmortalen Verletzung nichtvermögenswerter Persönlichkeitsrechte der DIETRICH eine (geringe) Geldent-

174 Im Fall EMIL NOLDE hat der Bundesgerichtshof den Persönlichkeitsschutz auch noch 30 Jahre nach seinem Tod bejaht, weil seine Bilder nach wie vor einer breiten Öffentlichkeit bekannt seien: BGHZ 107, 384, 393 – *Nolde*. Im Fall BRECHT nahm das Oberlandesgericht München an, dass seine Persönlichkeit auch 40 Jahre nach seinem Tod geschützt sei, weil diese durch die vorangegangenen Veranstaltungen zu seinem 100. Geburtstag gerade wieder verstärkt in die Wahrnehmung der Öffentlichkeit gelangt sei: OLG München NJW 1999, 1975, 1977 – *Brecht*. Im Hinblick auf einen bekannten bildenden Künstler hat das LG Köln ebenfalls angenommen, dass 40 Jahre nach dessen Tod noch eine hinreichende Erinnerung an ihn bestehe, LG Köln, 28 O 63/06, BeckRS 2007, 04964. Im Fall FRIEDRICH EBERTS hat das Oberlandesgericht Bremen dies sogar – ohne besonderen Anlass – 67 Jahre nach seinem Tod bejaht: OLG Bremen NJW-RR 1993, 726–728 – *Friedrich Ebert*.

175 OLG München NJW-RR 1994, 925 f. – *schreckliches Mädchen*.

176 Vgl. dazu BGH GRUR 1974, S. 797, 800 – *Fiete Schulze* sowie BGH GRUR 1974, S. 794, 795 – *Todesgift*, BGH NJW 2000, S. 2195, 2198 – *Marlene Dietrich*.

schädigung zugesprochen[177]. Jedoch haben sowohl der Bundesgerichtshof als auch das Oberlandesgericht Jena entsprechende Zahlungsanträge später abgewiesen[178], so dass davon auszugehen ist, dass derartige Zahlungsanträge in Zukunft keinen Erfolg mehr haben werden. Das führt zu empfindlichen Schutzlücken, wenn Sensationsmedien Persönlichkeitsrechte postmortal verletzen. Sofern es diesen Medien ohnehin nur darum geht, der Öffentlichkeit eine einmalige Sensation zu präsentieren, werden sie durch die Aussicht einer Unterlassungsverurteilung nämlich kaum belastet.

Das wiegt umso schwerer, als diejenigen, die die ideellen Werte eines Toten verletzen, von den Erben der vermögenswerten Persönlichkeitsrechte in aller Regel ebenfalls nicht belangt werden können. Bei weithin unbekannten Toten scheitert ein Zahlungsanspruch der Erben schon daran, dass die Persönlichkeit eines solchen Toten nach Ansicht der Rechtsprechung ohnehin keinen Marktwert hat[179]. Aber selbst wenn die Persönlichkeit des Toten einen Marktwert hat, können die Erben im Falle einer Verletzung der ideellen Persönlichkeitswerte des Toten meist keinen Schadensersatz geltend machen, weil ihnen durch diese Verletzung regelmäßig kein materieller Schaden entsteht. Die Erben sind bei der Ausübung der vermögenswerten Persönlichkeitsrechte des Erblassers nämlich an dessen ideelle Vorstellungen gebunden[180]. Verwertungen der Persönlichkeit des Erblassers, die dessen ideellen Vorstellungen zuwider laufen, dürften sie also nicht gestatten. Aus einer Ausbeutung der Persönlichkeit des Erblassers durch Dritte, bei der gegen die ideellen Werte des Erblassers verstoßen wird, erwächst den Erben daher regelmäßig kein Schaden, weil sie diese Art der Verwertung ohnehin nicht

---

177 OLG München GRUR-RR 2002, S. 341 ff. – *Marlene Dietrich nackt.* Zustimmend: JOACHIM RITTER VON STROBL-ALBEG in: EGBERT WENZEL: Das Recht der Wort- und Bildberichterstattung, 5. Aufl., Köln 2003, Abschn. 9, Rz. 37 sowie HORST-PETER GÖTTING: Sanktionen bei Verletzung des postmortalen Persönlichkeitsrechts, in: GRUR 2004, S. 801–808.

178 *OLG* Jena, NJW-RR 2005, S. 1566 ff., BGH NJW 2006 – *Mordkommission Köln*, S. 605 ff. mit kritischer Anmerkung von HORST-PETER GÖTTING in: LMK, 172015 sowie GERHARD WAGNER: Prävention und Verhaltenssteuerung durch Privatrecht – Anmaßung oder legitime Aufgabe, in: AcP Bd. 206 (2006), S. 352, 386. Im Fall *kinski.klaus.de* bestätigte der Bundesgerichtshof noch einmal ausdrücklich, dass den Wahrnehmungsberechtigten bei der Verletzung der ideellen Bestandteile des postmortalen Persönlichkeitsrechts keine Schadensersatzansprüche zustehen, BGH NJW 2007, S. 684, 685 – *kinski.klaus.de* sowie GRUR 2007, 168 ff. mit kritischer Anmerkung von GÖTTING. Zustimmend hingegen: ANNE RÖTHEL in: LMK 2007, 213345.

179 Vgl. BGH NJW 2006, S. 605, 606.

180 Vgl. BGHZ 143, S. 214 – *Marlene Dietrich*, 2. Leitsatz.

hätten gestatten können[181]. Sofern es den Erben nicht gelingt, darzulegen und zu beweisen, dass sie durch die Verletzungshandlung einen anderweitigen Schaden erlitten haben (z.B. dadurch, dass die Verletzungshandlung das Ansehen des Toten derart beeinträchtigt, dass sie die zulässige Vermarktung seiner Persönlichkeit erschwert), werden sie vom Verletzer keinen Schadensersatz erlangen. Die Verletzer von ideellen Persönlichkeitswerten eines Toten müssen daher in zahlreichen Fällen nur die Prozesskosten eines Unterlassungsrechtsstreits fürchten – und diesen Preis dürfte ihnen eine marktgängige Sensation häufig wert sein[182].

3. Postmortaler Persönlichkeitsschutz und allgemeines Persönlichkeitsrecht

Die obergerichtliche Rechtsprechung zum postmortalen Persönlichkeitsschutz zeigt, dass es dabei stets nur um die Abwehr von Beeinträchtigungen geht, die Dritte dem Lebensbild und Lebenswerk eines Toten zufügen. Es geht ausschließlich um den Schutz eines Ganzen, das vollendet und nicht mehr veränderbar ist. Mit dieser rein defensiven Ausrichtung unterscheidet sich der postmortale Persönlichkeitsschutz vom allgemeinen Persönlichkeitsrecht der Lebenden. Das folgt aus der Natur der Sache. Das allgemeine Persönlichkeitsrecht Lebender wird aus den Artikeln 1 Abs. 1 und 2 Abs. 1 GG hergeleitet. Es hat den Zweck, dem Menschen einen Freiraum zu sichern, in dem er sein Lebensbild und Lebenswerk gestalten kann. Die Sicherung dieses Freiraums geschieht auf zwei Wegen: Einerseits werden dem Menschen Abwehrrechte eingeräumt, mit denen er z.B. Herabwürdigungen, Belästigungen oder ungewollte Enthüllungen über sein Privatleben abwehren kann; andererseits wird ihm ein Freiraum eröffnet, in dem er seine Fähigkeiten und Kräfte selbstbestimmt entfalten kann[183]. Zu diesem Freiraum gehört es nicht zuletzt, über Elemente des allgemeinen Persönlichkeitsrechts zu disponieren, z.B. durch Genehmigung einer andernfalls rechtswidrigen Veröffentlichung privater Fotos. Ein Toter kann weder Freiheiten ausüben noch seine Persönlichkeit entfalten. Deshalb entfällt bei ihm die freiheitsgestaltende Facette des allgemeinen Persönlichkeitsrechts, soweit sie nicht als vermögenswertes Recht auf die Erben übergeht. Folglich umfasst der postmortale Persönlichkeitsschutz gegenständlich nur dessen defensive Komponente. Er ist post

---

181 Vgl. OLG München GRUR-RR, S. 341, 342 sowie HORST-PETER GÖTTING: Sanktionen bei Verletzung des postmortalen Persönlichkeitsrechts, in: GRUR 2004, S. 801, 802 f.

182 In diesem Sinne auch GÖTTING, LMK 2006, 172015 sowie GRUR a.a.O., S. 802 und WAGNER, a.a.O., S. 386.

183 Allgemeine Meinung – vgl. dazu die oben unter I.3 dargestellte Entwicklung der Rechtsprechung sowie u.a.: AXEL BEATER in: SOERGEL: Bürgerliches Gesetzbuch, 13. Aufl., Bd. 12, Stuttgart 2005, § 823 Anh IV, Rn. 35–38; HAGER in: STAUDINGER, a.a.O., § 823, Abschnitt C. VI.–X.

mortem allein darauf gerichtet, den Respekt vor dem im Tod vollendeten Lebensbild des Verstorbenen zu sichern[184]. Der postmortale Persönlichkeitsschutz verbietet es den Überlebenden, das Leben des Verstorbenen zu entstellen und gebietet es ihnen, sich nicht über die persönlichkeitsrelevanten Entscheidungen des Verstorbenen hinwegzusetzen, die seine Wahrnehmung wesentlich geprägt haben (z.B. die bewusste Abschirmung des Privat- und Intimbereichs gegenüber der Öffentlichkeit oder der Familie).

Sofern dieser Schutzbereich verletzt wird, können diejenigen, die zur Wahrnehmung des postmortalen Schutzes der Persönlichkeit berechtigt sind, repressiv gegen die Verletzung vorgehen. Andere Befugnisse haben sie nicht. Insbesondere können sie einen rechtswidrigen Eingriff in die Persönlichkeitssphäre des Toten nicht durch Genehmigung zur Rechtmäßigkeit verhelfen, denn es ist nicht ihre Aufgabe, die ideelle Komponente des Persönlichkeitsrechts an der Stelle des Toten auszuüben. Das stünde ihnen nur zu, wenn sie insofern Rechtsnachfolger des Toten wären. Da sie dem Toten nicht in seine nichtvermögenswerten Persönlichkeitsrechte nachfolgen, beschränkt sich ihre Aufgabe darauf, darüber zu wachen, dass seine ideellen Persönlichkeitswerte respektiert werden. Sie können daher nur erwägen, ob die Handlung eines Dritten mutmaßlich im Sinne des Toten gewesen wäre oder nicht und daraufhin entweder passiv bleiben oder repressiv einschreiten.

2. Zusammenfassung

Voraussetzung für die Entwicklung eines postmortalen Persönlichkeitsschutzes war die Wiederentdeckung der Persönlichkeit in der frühen Neuzeit. Seither sind dem Menschen von der Rechtswissenschaft unterschiedlichste, teils staatsgerichtete, teils privatrechtliche Persönlichkeitsrechte zugeschrieben worden.

Eine intensive wissenschaftliche Auseinandersetzung mit den Persönlichkeitsrechten setzte im 19. Jahrhundert ein. Dabei wurden die Persönlichkeitsrechte überwiegend in einen engen Zusammenhang mit der Rechtsfähigkeit gestellt. Das ergab sich daraus, dass man den Grund für die Rechtsfähigkeit des Menschen in seiner Vernunft bzw. seinem Willen erblickte, die zugleich konstitutiv für die Persönlichkeit sind. Deshalb wurde das Persönlichkeitsrecht bisweilen als allen anderen Rechten vorausgehendes Grundrecht (VON GIERKE) bzw. als Begleitrecht aller anderen Rechte (REGELSBERGER) gesehen. Daneben wurde das Persönlichkeitsrecht gegen Ende des 19. Jahrhunderts von GAREIS und KOHLER positivistisch begründet, indem von der Existenz der *actio iniuriam* auf ein ihr korrespondierendes Recht geschlossen wurde.

---

184 Ebenso: FISCHER, a.a.O., S. 113–119 mit ausführlicher verfassungsrechtlicher Auseinandersetzung.

Der postmortale Persönlichkeitsschutz entwickelte sich anlässlich des Falls BISMARCK, der der Öffentlichkeit vor Augen führte, dass der Schutz der Persönlichkeit nicht mit dem Tod des Persönlichkeitsträgers enden kann[185]. Anlässlich dieses Rechtsstreits entwickelten sich alle wesentlichen Rechtsauffassungen, die noch heute in diesem Zusammenhang vertreten werden. Das Landgericht Hamburg vertrat die Auffassung, dass sich das Recht zur Abwehr postmortaler Persönlichkeitsverletzungen aus der mit ihnen einhergehenden Beeinträchtigung des Persönlichkeitsrechts der Hinterbliebenen ergebe. Das Oberlandesgericht Hamburg bekräftigte, dass ein Rückgriff auf die Persönlichkeitsrechte des Verstorbenen nicht in Betracht komme, weil diese höchstpersönlich und daher nicht übertragbar seien. Deshalb erfordere der postmortale Persönlichkeitsschutz stets eine entsprechende gesetzlich anerkannte Befugnis der Angehörigen (die das Oberlandesgericht unter Verweis auf das RStGB als gegeben ansah). Ähnlich sah es VON GIERKE, der den Schutz der Ehre Verstorbener wegen des Erlöschens ihrer Persönlichkeit als Angelegenheit ausschließlich der Lebenden begriff. Abweichend davon vertrat KOHLER die Ansicht, dass ein Teil des Persönlichkeitsrechts den Tod seines Inhabers überdauere und von dessen Hinterbliebenen ausgeübt werden könne. GAREIS sprach weniger präzise von einem »Nachwirken« der Persönlichkeit, während KEYSSNER davon ausging, dass der Tote selbst noch Subjekt eines rechtlichen Achtungsanspruchs sein könne.

Ein oberstes deutsches Zivilgericht hat sich nur einmal ausführlich mit den Grundlagen des postmortalen Persönlichkeitsschutzes beschäftigt. Das geschah in der *Mephisto*-Entscheidung des Bundesgerichtshofs aus dem Jahr 1968. Die darin unternommene Herleitung des postmortalen Persönlichkeitsschutzes lässt an Klarheit und Vollständigkeit zu wünschen übrig. Geklärt ist seit der *Marlene*-Entscheidung des Bundesgerichtshofs immerhin, dass das allgemeine Persönlichkeitsrecht eine vermögenswerte Sphäre hat, die in die Erbmasse eingeht. Folglich können postmortale Verletzungen vermögenswerter Persönlichkeitsrechte von den Erben als Beeinträchtigung eigenen Rechts verfolgt werden. Im Hinblick auf den postmortalen Schutz der nicht vermögenswerten Bestandteile des allgemeinen Persönlichkeitsrechts kann wenigstens Folgendes als gesichert gelten: Der postmortale Schutz nichtvermögenswerter Persönlichkeitsrechte ist ausschließlich auf die Abwehr von Beeinträchtigungen des Lebensbildes eines Verstorbenen durch Dritte gerichtet. Weil der postmortale Schutz nichtvermögenswerter Persönlichkeitsrechte (anders als das allgemeine Persönlichkeitsrecht) verfassungsrechtlich allein auf Art. 1 Abs. 1 GG zurückgeht, ist ein Eingriff in seinen Schutzbereich schon an sich rechtswidrig. Die Berücksichtigung aller Umstände des Einzelfalls findet daher nicht im Rahmen einer Abwägung zur Feststellung der

185 Vgl. Abschnitt A II 1.

Rechtswidrigkeit des Eingriffs statt, sondern sie muss schon auf der Ebene der Feststellung des Eingriffs erfolgen. Unstrittig ist zudem, dass der Staat durch das Grundgesetz auch auf dem Gebiet der nicht vermögensrelevanten postmortalen Persönlicheitsbeeinträchtigungen zur Gewährleistung effektiven Schutzes verpflichtet ist.

B. Die heutigen Ansichten zum postmortalen Persönlichkeitsschutz

Die Frage, wie der allseits erwünschte postmortale Persönlichkeitsschutz dogmatisch herzuleiten und einzuordnen sei, ist nach wie vor umstritten. In der Auseinandersetzung trifft die vom Bundesgerichtshof vertretene Lehre einer allgemeinen Rechtspflicht zur Achtung der Persönlichkeit Verstorbener auf jene beiden polaren Ansichten, die sich bereits anlässlich des Falls BISMARCK etabliert hatten: Die Ansicht, dass der postmortale Persönlichkeitsschutz auf einem genuinen postmortalen Persönlichkeitsrecht des Toten beruhe sowie die Ansicht, dass postmortaler Persönlichkeitsschutz nur Gegenstand von Rechten der Hinterbliebenen sein könne. Alle drei Ansichten haben in der jüngsten Literatur Fürsprecher gefunden[186].

I. Genuines postmortales Persönlichkeitsrecht

Die wohl herrschende Literaturmeinung geht davon aus, dass der postmortale Persönlichkeitsschutz auf einem genuinen postmortalen Persönlichkeitsrecht des Verstorbenen beruht, das die Rechtsgenossen zu achten haben. Dieser Erklärungsansatz hat den Vorteil, dass der postmortale Persönlichkeitsschutz auf einem eigenen Rechtsinstitut beruht, dessen Inhalt den Vorgaben des Grundgesetzes und den Vorstellungen der Gesellschaft unproblematisch angepasst werden kann. Die Verfechter eines genuinen postmortalen Persönlichkeitsrechts leiten dieses, ebenso wie den Persönlichkeitsschutz der Lebenden, aus § 823 BGB her. Das hat nicht zuletzt den Vorteil, dass der postmortale Persönlichkeitsschutz in der Praxis ähnlich gehandhabt werden könnte wie der Persönlichkeitsschutz der Lebenden.

Das indirekte Schutzkonzept der Angehörigentheorien[187], wonach postmortaler Persönlichkeitsschutz nur im Rahmen des allgemeinen Persönlichkeitsrechts der Hinterbliebenen möglich ist, verwirklicht den verfassungsrechtlich gebotenen Mindeststandard des postmortalen Persönlichkeitsschutzes vielfach nicht. Hier müsste nämlich stets dargelegt werden, dass mit dem

186 Für die Theorie von den Verhaltenspflichten: ALEXANDER JUNG: Die Vererblichkeit des allgemeinen Persönlichkeitsrechts, Remscheid 2005, S. 203 ff.; für die Theorie eines subjektlosen postmortalen Persönlichkeitsrechts: FISCHER, a.a.O., S. 66 f.; für die so genannte »Angehörigentheorie« bzw. »Andenkensschutzlehre«: SABINE CLAUS: Postmortaler Persönlichkeitsschutz im Zeichen allgemeiner Kommerzialisierung, Baden-Baden 2004, S. 66, 109.

187 Dazu siehe im Einzelnen noch unter B II.

postmortalen Eingriff in Persönlichkeitsgüter des Verstorbenen zugleich das allgemeine Persönlichkeitsrecht seiner Angehörigen verletzt wird. Das dürfte schon dann schwierig sein, wenn es um Eingriffe ohne beschimpfenden Charakter geht. Die Persönlichkeitsgüter eines Verstorbenen, der keine Angehörigen hinterlässt, wären ohne jeden Schutz. Dasselbe gilt, wenn die Beeinträchtigung von den einzigen Angehörigen herrühren. In diesen Fällen kann ein Anspruch, der die Persönlichkeit des Verstorbenen schützen soll, wegen Konfusion nicht entstehen, weil der mögliche Anspruchsinhaber (der Angehörige) als Eingreifender zugleich Anspruchsgegner wäre. Diese Schwäche des indirekten Schutzkonzepts ist eines der wichtigsten Argumente der Verfechter eines genuinen postmortalen Persönlichkeitsrechts[188].

Die Schwäche des indirekten Schutzkonzepts kann aber nicht darüber hinwegtäuschen, dass auch die Annahme eines genuinen postmortalen Persönlichkeitsrechts dogmatische Probleme aufwirft. Eine Rechtspflicht setzt nämlich stets ein Rechtsverhältnis voraus, das in seinem Kern auf einem subjektiven Recht beruht[189]. Folglich müsste das postmortale Persönlichkeitsrecht ein subjektives Recht sein, das als Teil des allgemeinen Persönlichkeitsrechts des Verstorbenen seinen Tod überdauert. Damit stellt sich die Frage, wie das allgemeine Persönlichkeitsrecht eines Verstorbenen nach dem Wegfall seiner Rechtssubjektivität fortbestehen kann.

1. Subjektloses postmortales Persönlichkeitsrecht

Mitunter wird angenommen, dass das allgemeine Persönlichkeitsrecht des Verstorbenen als postmortales Persönlichkeitsrecht ohne Rechtssubjekt fortbesteht und durch die Angehörigen bzw. sonstigen Wahrnehmungsberechtigten des Verstorbenen treuhänderisch wahrgenommen werden kann[190].

Ob der Bundesgerichtshof diese Annahme teilt, ist unklar. Zwar hat das Gericht sowohl in der *Cosima-Wagner-* als auch in der *Mephisto-*Entscheidung davon gesprochen, dass das Persönlichkeitsrecht über den Tod

---

188 Vgl.: ALBRECHT BENDER: Das postmortale Einsichtsrecht in Krankenunterlagen, Berlin 1998, S. 234 ff.; FISCHER, a.a.O., S. 55, 68.

189 KARL LARENZ / MANFRED WOLF: Allgemeiner Teil des Bürgerlichen Rechts, 9. Aufl., München 2004, S. 225 ff.; ARTHUR KAUFMANN: Rechtsphilosophie, 2. Aufl., München 1997, S. 103. Das gilt nach der Anerkennung subjektiver öffentlicher Rechte auch in diesem Bereich. KLAUS RÖHL: Allgemeine Rechtslehre, 2. Aufl., Köln 2001, S. 387, geht daraufhin sogar davon aus, dass es überhaupt kein bloß objektives Recht gibt.

190 Vgl.: BENDER, a.a.O., S. 249 ff.; DERS.: Das postmortale allgemeine Persönlichkeitsrecht, in: VersR 2001, 815, 821 f.; FISCHER, a.a.O., S. 66 ff.; HEINRICH LANGE / KURT KUCHINKE: Erbrecht, 5. Aufl., München 2001, § 5 III 5 a δ (S. 102); HAIMO SCHACK: Das Persönlichkeitsrecht der Urheber und ausübenden Künstler nach dem Tode, in: GRUR 1985, 352, 360 f.; für ein subjektloses Fortbestehen des Persönlichkeitsrechts offenbar auch: HUBMANN, a.a.O., S. 341 f.

fortwirke[191]. Jedoch hat es den postmortalen Persönlichkeitsschutz in der *Mephisto*-Entscheidung letztlich mit einer allgemeinen Rechtspflicht zur Achtung der Persönlichkeitsgüter Verstorbener begründet, die auf den Wertentscheidungen des Grundgesetzes beruhe[192]. Auf die Konstruktion einer solchen Rechtspflicht hätte der Bundesgerichtshof aber nicht zurückgreifen müssen, wäre er vom subjektlosen Fortbestehen des allgemeinen Persönlichkeitsrechts des Toten ausgegangen, weil sich die (*besondere*) Rechtspflicht zur Achtung seiner Persönlichkeit dann schon aus diesem Recht ergeben hätte[193]. Hinzu kommt, dass das Bundesverfassungsgericht einem Fortbestehen des allgemeinen Persönlichkeitsrechts ohne Rechtssubjekt eine Absage erteilt hat[194].

a. Subjektlose Rechte?

Die Frage, ob es ein subjektives Recht ohne Subjekt geben kann, war lange umstritten. Die Antwort hängt davon ab, wie man den Begriff des subjektiven Rechts definiert. Definiert man das subjektive Recht mit SAVIGNY und PUCHTA als von der Rechtsordnung anerkannten (psychologischen) Willen des Einzelnen[195], ist ein subjektloses subjektives Recht nicht denkbar, weil es ohne Subjekt keinen Willen gibt. Ganz in dieser Tradition hat JOSEF KOHLER sich geäußert: »Das subjektive Recht verlangt also ein Rechtssubjekt, d.h. eine P e r s ö n l i c h k e i t a l s T r ä g e r i n d e s R e c h t s und als Agens, welches innerhalb des ihm zugewiesenen Güterkreises zu wirken hat. Das subjektive Recht verlangt ferner ein Rechtsobjekt, d.h. dasjenige L e b e n s g u t , welches dem Rechtssubjekt zu seiner eigenen Bestätigung z u g e w i e s e n ist. Es gibt daher weder subjektlose noch objektlose Rechte.«[196]

---

191 BGHZ 15, 249, 259; BGHZ 50, 133, 136 – *Mephisto.*

192 BGHZ 50, 133, 137 f. – *Mephisto.*

193 Das scheinen FISCHER (a.a.O., S. 65 f.), BENDER (Krankenunterlagen, a.a.O., S. 249 f.) und SCHACK (Persönlichkeitsrecht der Urheber, a.a.O., S. 361) zu übersehen, wenn sie ohne weiteres behaupten, der Bundesgerichtshof würde die Theorie der subjektlosen Rechte vertreten. Zur Kritik an der Uneindeutigkeit der *Mephisto*-Rechtsprechung s.o.: A II 3 a.

194 BVerfG NJW 1971, 1645, 1647.

195 SAVIGNY, System, Bd. 1, a.a.O., S. 331 f.; PUCHTA: Zu welcher Klasse von Rechten gehört der Besitz ?, a.a.O., S. 297.

196 JOSEF KOHLER: Lehrbuch der Rechtsphilosophie, 3. Aufl., Berlin 1923, S. 82. Im Hinblick auf diese deutliche Aussage ist es erstaunlich, dass KOHLER zur Begründung des postmortalen Persönlichkeitsschutzes trotzdem behauptete, dass nach dem Tod von dem Persönlichkeitsrecht ein »Residuum« verbleibe (dazu s.o. A II 1 d), denn dieses »Residuum« kann schwerlich etwas anderes sein als ein subjektloser Rumpf des vorigen Persönlichkeitsrechts.

Dennoch wurden subjektlose Rechte – häufig unter großen Vorbehalten[197] – in einer begrenzten Anzahl von Fallkonstellationen anerkannt, weil sich die zum Teil vom Gesetz vorgesehenen, zum Teil erwünschten Ergebnisse anders nicht begründen ließen. Dabei handelt es sich ausnahmslos um Fallkonstellationen, in denen eine Rechtsposition aufrechterhalten werden soll, damit ein Nachfolger sie später übernehmen kann.

Als Beispiel führen WOLF / RAISER den Fall der Dereliktion eines Inhaberpapiers an, bei dem im Hinblick auf das Fortbestehen des verbrieften Rechts von einem subjektlosen Fortbestehen des Papiereigentums auszugehen sei[198]. Aus ähnlichen Gründen wird bei der Dereliktion von Grundstükken (§ 928 BGB) ein subjektloses Eigentumsrecht anerkannt; anders ließe sich das Fortbestehen dinglicher Rechte am dienenden Grundstück nur schwer begründen. Das Gleiche gilt für die Entstehung einer Eigentümergrundschuld, wenn die Entstehung einer Hypothek mangels Valutierung nach der Dereliktion des Grundstücks scheitert.

Zugleich dient die Annahme eines subjektlosen Fortbestehens des Eigentumsrechts dem Schutz Dritter, nämlich bei der Begründung eines Zahlungsanspruchs der Nachbarn gegen den neuen Eigentümer aus §§ 906 Abs. 2, 913 BGB für Beeinträchtigungen während der Zeit der Dereliktion sowie als Begründung für das Fortbestehen von Grundpfandrechten[199].

Ebenfalls zur Erhaltung einer Rechtsposition werden subjektlose Rechte angenommen bei der Blankozession bevor der Empfänger den Namen des Zessionars in die ihm überreichte Abtretungsurkunde einträgt[200], bei der Kaduzierung von GmbH-Anteilen für den Zeitraum, in dem der alte Gesell-

---

197 Vgl. schon MARTIN WOLFF / LUDWIG RAISER: Sachenrecht, 10. Bearbeitung, Tübingen 1957, S. 288, Fn. 1. LARENZ / WOLFF, a.a.O., § 14 III 4 (S. 244 f.) lehnen subjektlose Rechte als Dauerzustand kategorisch ab, halten sie für die Überbrückung eines Übergangszustandes jedoch für unvermeidlich. KARSTEN SCHMIDT spricht davon, dass das geltende Privatrecht das Entstehen subjektloser Rechte zu vermeiden suche (DERS.: Universalsukzession kraft Rechtsgeschäfts, in: AcP 191 (1991), 493, 497). Teile der Literatur wollen »subjektlose Rechte« zwar nicht anerkennen, gehen konstruktiv aber einen praktisch identischen Weg, indem sie anstelle »subjektloser Rechte« davon sprechen, dass »die Gebundenheit des Objekts« bzw. ein »objektiver Rechtsbestand« erhalten bleibe (z.B. ANDREAS VON THUR: Der Allgemeine Teil des Deutschen Bürgerlichen Rechts, 1. Bd., in: Systematisches Handbuch der Deutschen Rechtswissenschaft, hrsg. von KARL BINDING, 10. Abteilung, 1. Teil, 1. Band, Leipzig 1910, S. 76; LUDWIG ENNECCERUS / CARL NIPPERDEY: Allgemeiner Teil des Bürgerlichen Rechts, 15. Aufl., Tübingen 1959, S. 446 sowie HEINZ HÜBNER: Allgemeiner Teil des Bürgerlichen Gesetzbuches, 2. Aufl., Berlin 1996, S. 78).

198 WOLF / RAISER, a.a.O.

199 Vgl. dazu ausführlich: GEORG HOHNER: Subjektlose Rechte, Bielefeld 1969, S. 81–112 sowie HÜBNER, a.a.O.

200 Vgl. HOHNER, a.a.O., S. 184–226.

schafter seinen Anteil verloren und ein neuer sie noch nicht übernommen hat[201] sowie im Falle von Eintrittsrechten in eine OHG nach dem Tod eines Gesellschafters für die Zeit zwischen dessen Tod und der Erklärung des Berechtigten über seinen Eintritt[202]. Schließlich sollen die Rechte eines Vereins, der durch Verlust sämtlicher Mitglieder seine Rechtsfähigkeit verloren hat, subjektlos fortbestehen, damit ein Pfleger (§ 1913 BGB analog) Außenstände des Vereins einziehen, dessen Schulden berichtigen und verbleibendes Vermögen den Anfallsberechtigten zukommen lassen kann (§§ 45, 47 BGB analog)[203].

Gemeinsam ist diesen Fallgruppen, dass das subjektlose Recht jeweils nur für eine Übergangszeit anerkannt wird, nämlich entweder bis zu dem Zeitpunkt, an dem ein neues Subjekt in die vakante Rechtsstellung des alten Rechtsinhabers eintritt oder für die kurze Zeit der Abwicklung der Vermögensverhältnisse einer juristischen Person. Gemeinsam ist diesen Fallgruppen ferner, dass die Annahme des subjektlosen Rechts nie dem ursprünglichen Rechtsinhaber, sondern stets den Interessen Dritter dient.

Voraussetzung für die Anerkennung subjektloser Rechte ist die Abkehr von dem allein am Willen orientierten Begriff des subjektiven Rechts, die auf IHERING zurückgeht[204]. IHERINGS Definition des subjektiven Rechts als recht-

---

201 Vgl. HOHNER, a.a.O., S. 113–128; RGZ 98, 276, 278; BGHZ 42, 89, 92; a.A.: HOLGER ALTMEPPEN in: ROTH, GÜNTER / ALTMEPPEN, HOLGER: GmbhG, 5. Aufl., München 2005, § 21, Rn. 19.

202 Vgl. HOHNER, a.a.O., S. 145–156.

203 Vgl. HOHNER, a.a.O., S. 160–164, BGHZ 19, 51, 57; BGH WM 1965, 1132, 1133; GÜNTER WEICK in: STAUDINGER, 13. Bearbeitung, Berlin 1995, § 41, Rn. 41; WALTHER HADDING in: SOERGEL, 13. Aufl., Stuttgart 2000, § 41, Rn. 11. Im Hinblick auf die Befugnis des Pflegers, die Außenstände des Vereins einzuziehen, scheint diese Fallgruppe von den anderen abzuweichen, denn diese Forderungen gehen mit ihrer Einziehung – also *während der Phase der Subjektlosigkeit* – unter. Folglich kann im Hinblick auf diese Forderungen nicht von einer vorübergehenden Subjektlosigkeit gesprochen werden. Das ist aber nur ein scheinbarer Widerspruch, der sich aus den Vorgaben des Vereinsrechts ergibt: Denn sofern es sich bei dem Anfallsberechtigten nicht um den Fiskus handelt (§ 46 BGB), findet keine Gesamtrechtsnachfolge statt; vielmehr muss gemäß §§ 45, 47 BGB zunächst eine Liquidation des Vereinsvermögens stattfinden, bevor dem Anfallsberechtigten die verbleibenden Vermögensrechte anfallen können (vgl. HADDING in: SOERGEL, a.a.O., § 45, Rn. 3). Die Einziehung der Außenstände ist also eine unvermeidliche Voraussetzung dafür, dass der Anfallsberechtigte überhaupt in eine Vermögensposition des vormaligen Vereins eintreten kann. Folglich dient auch die Bejahung der Möglichkeit der Einziehung subjektloser Forderungsrechte dem Zweck, einem Rechtsnachfolger den Eintritt in zwischenzeitlich vakante Vermögenspositionen des Vereins zu ermöglichen.

204 IHERING selbst lehnte das Konstrukt des subjektlosen Rechts allerdings ab. Jedoch ging er davon aus, dass in den Situationen, in denen die aktive Seite eines

lich geschütztes Interesse[205] führte zu einer Erweiterung des Begriffs vom subjektiven Recht. Demnach sollte ein subjektives Recht die Willensmacht sein, die dem Einzelnen zum Zwecke der Befriedigung seiner Interessen vom objektiven Recht gewährt wird[206]. Anders als der alte, allein am Willen ausgerichtete Begriff des subjektiven Rechts steht diese Kombinationsformel der Annahme eines nur vorübergehend subjektlosen Rechts nicht entgegen. Denn wie die obigen Beispiele zeigen, können auch nach dem Wegfall eines Rechtssubjekts rechtliche Interessen den Fortbestand des von dem Subjekt innegehabten subjektiven Rechts erfordern. Zudem bleibt das Willenselement bei der Bejahung der Existenz vorübergehend subjektloser Rechte auch nicht vollkommen unberücksichtigt, weil ein vorübergehend subjektloses Recht gerade dazu dient, den Willen eines Rechtsnachfolgers an die Stelle des Willens des weggefallenen Rechtssubjekts treten zu lassen. Insofern ist der Fall des vorübergehend subjektlosen Rechts das Gegenstück zum noch nicht fälligen Recht, dessen Einordnung als subjektives Recht nicht zweifelhaft ist: Beim vorübergehend subjektlosen Recht fehlt es noch an einem Willen, der die von der objektiven Rechtsordnung eingeräumte Rechtsmacht gegenüber dem Rechtsobjekt verwirklichen könnte; beim nicht fälligen Recht fehlt es dem vorhandenen Willen noch an der von der objektiven Rechtsordnung eingeräumten Rechtsmacht gegenüber dem Rechtsobjekt. Gemeinsam ist beiden Konstellationen, dass der Wille und die von der objektiven Rechtsordnung anerkannte Rechtsmacht gegenüber einem Rechtsobjekt in der Zukunft zusammentreffen[207].

Rechts vorübergehend wegfällt, eine »objektive Gebundenheit« des Verpflichteten eintrete, mit denen die vorübergehende Subjektlosigkeit des Rechts überbrückt werde (Ders.: Passive Wirkungen des Rechts, in: Jahrbücher für die Dogmatik des heutigen römischen und deutschen Privatrechts, Bd. 10 (1871), S. 404 f.). Damit plädierte er für ein rechtliches Konstrukt, dessen Funktion derjenigen der heute anerkannten subjektlosen Rechte weitgehend entspricht. Vgl. zum Konstrukt der »objektiven Gebundenheit« außerdem die Nachweise in Fn. 197.

205 RUDOLF VON IHERING: Geist des römischen Rechts auf den verschiedenen Stufen seiner Entwicklung, 1., 2. und 3. Teil, 8. Aufl. Basel 1954, S. 328.

206 Vgl. z.B. ENNECCERUS / NIPPERDEY, a.a.O., § 71, 1. Halbband, S. 272 f.; KAUFMANN: Rechtsphilosophie, a.a.O., S. 103.

207 Im Hinblick auf diese spiegelbildliche Parallele des noch nicht fälligen Rechts zum *vorübergehend* subjektlosen Recht nimmt es Wunder, dass BENDER: Krankenunterlagen, a.a.O., S. 253 die noch nicht fälligen Rechte zur Argumentation für ein *dauerhaft* subjektloses postmortales Persönlichkeitsrecht heranzieht und sich dabei auf HANS DÖLLE: Bemerkungen zur Blankozession, in: Festschrift für Martin Wolff, hrsg. von ERNST V. CAEMMERER u.a., Tübingen 1952, 23, 28 beruft, obwohl dieser in dem zitierten Aufsatz nicht ein einziges Mal auf die noch nicht fälligen Rechte eingeht.

Georg Hohner hat in Anlehnung an H. A. Fischer die Möglichkeit vorübergehend subjektloser Rechte dogmatisch hergeleitet. Diese Herleitung beruht im Wesentlichen auf dem Nachweis der Objektqualität subjektiver Rechte. Denn nur wenn subjektive Rechte als verselbständigte Objekte unabhängig von der Inhaberschaft durch ein bestimmtes Rechtssubjekt gedacht werden können, sind subjektlose Rechte überhaupt denkbar. Hohner nennt zahlreiche Beispiele für die Objektqualität subjektiver Rechte. Das prominenteste Beispiel sei die Möglichkeit der Übertragung von Rechten. An ihr zeige sich, dass nicht das Subjekt, sondern das Objekt das entscheidende, weil dauerhafte Element des subjektiven Rechts sei. Andere Beispiele für die Objektqualität subjektiver Rechte seien die subjektiven Rechte an subjektiven Rechten (z.B. Pfandrechte an Forderungen), deren Existenz nicht von der Identität des Inhabers des belasteten Rechts abhänge. Ein wesentliches Beispiel für die Verselbständigung der subjektiven Rechte sei zudem ihr Fortbestand trotz Übergangs auf den Verpflichteten, etwa bei der nachträglichen Absonderung des Nachlasses vom sonstigen Erbenvermögen (§§ 1976, 2143 BGB), bei den Eigentümergrundpfandrechten oder beim Rückerwerb von Inhaberpapieren durch den Aussteller. In diesen Fällen werde ein Fortbestehen des Rechtsverhältnisses trotz Konfusion (Vereinigung von Recht und Verbindlichkeit) offensichtlich nur angenommen, um bei einer späteren Veräußerung an einen Dritten die Reaktivierung des Rechts begründen zu können. Schließlich setze auch die Drittwiderspruchsklage (§ 771 ZPO) die Anerkennung der Objektqualität subjektiver Rechte voraus, weil der Kläger, der sich gegen die Pfändung eines Rechts durch einen Dritten zu Wehr setzt, von der Pfändung selbst nicht betroffen sein kann.

Nachdem Hohner belegt hat, dass die Rechtsordnung eine Verselbständigung des subjektiven Rechts vom Rechtssubjekt anerkennt, ist für ihn offenkundig, dass auch die Existenz eines subjektiven Rechts ohne Subjekt begrifflich und logisch denkbar ist[208]. Von hier aus kommend untersucht er verschiedene Fallkonstellationen darauf, ob sie sich dogmatisch auch ohne die Annahme eines subjektlosen Rechts erklären lassen. Wo dies nicht der Fall ist, das heißt in den oben genannten Fallkonstellationen, schließt Hohner auf die Existenz eines subjektlosen Rechts.

Den relationalen Charakter des Rechts zweifelt er dabei nie an. Ausdrücklich weist er darauf hin, dass die seiner Lehre zu Grunde liegende Annahme der Objektqualität des subjektiven Rechts einem relationalen Charakter des Rechts nicht entgegenstehe. Anders als mitunter behauptet, bedeute die Annahme der Objektqualität subjektiver Rechte nämlich nicht, dass beim Wechsel des Rechtssubjekts an die Stelle der alten Relation eine neue trete. Vielmehr werde nur die Möglichkeit geschaffen, dass ein neues Subjekt in die

208 Hohner, a.a.O., S. 64–67, 72–75.

(fortbestehende) ursprüngliche Relation eintrete[209]. Folgerichtig weist HOHNER darauf hin, dass einer subjektlosen Forderung stets ein Schuldverhältnis zu Grunde liegen müsse, das von zwei Rechtspersönlichkeiten begründet worden sei[210].

b. Kein postmortales Persönlichkeitsrecht ohne Rechtssubjekt

Nach alldem kann es ein postmortal subjektloses Persönlichkeitsrecht nicht geben, weil die Vorstellung eines solchen Rechts in Widerspruch zum geläufigen Begriff des subjektiven Rechts und – vor allem – zum relationalen Charakter des Rechts stünde. Der Grund für diesen Konflikt besteht darin, dass es sich beim postmortal subjektlosen Persönlichkeitsrecht nicht um ein vorübergehend subjektloses Recht handeln würde, denn der ideelle Anteil des Persönlichkeitsrechts wird, wie HELDRICH zutreffend bemerkt hat, mit Sicherheit keinen neuen Träger finden[211].

aa. Begriff des subjektiven Rechts

Damit widerspricht das Postulat eines postmortal subjektlosen Persönlichkeitsrechts dem Begriff des subjektiven Rechts. Einem solchen Recht würde es nämlich an einem Willenselement fehlen und auch ein Interessenmoment ließe sich kaum begründen.

Das Willenselement würde fehlen, weil der Wille des ursprünglichen Rechtsträgers mit dessen Tod weggefallen ist und es auch zukünftig keinen Willen geben wird, der an diese Stelle tritt. Das folgt aus dem höchstpersönlichen Charakter der ideellen Komponente des Persönlichkeitsrechts, die der Grund dafür ist, dass es keine Rechtsnachfolge in das Persönlichkeitsrecht gibt. GEORG HOHNER, der einer der profiliertesten Befürworter subjektloser Rechte ist, lehnt die Anerkennung dauerhaft subjektloser Rechte schon aus diesem Grund ab, da im Begriff des subjektiven Rechts auf das Element der Macht nicht verzichtet werden könne[212]. BENDER und FISCHER scheinen dieses grundsätzliche Problem nicht zu erfassen, wenn sie dem entgegenhalten, dass es sich bei einem postmortal subjektlosen Persönlichkeitsrecht nicht um ein dauerhaft subjektloses Recht handele, weil es mit der Zeit verblasse und schließlich ganz erlösche[213]. Das Problem besteht ja nicht darin, dass ein

209 HOHNER, a.a.O., S. 72.

210 HOHNER,a.a.O., S. 76.

211 ANDREAS HELDRICH: Der Persönlichkeitsschutz Verstorbener, in: KUCHINKE, KURT (Hrsg.): Rechtsbewahrung und Rechtsentwicklung, Festschrift für Heinrich Lange, München 1970, S. 163, 168.

212 HOHNER, a.a.O., S. 78. Ebenfalls gegen dauerhaft subjektlose Rechte: JOCHEM SCHMITT in: Münchener Kommentar zum Bürgerlichen Gesetzbuch, 5. Aufl., 2006, § 1, Rn. 53; WOLFGANG GITTER in: MüKo, 3. Aufl., 1993, § 1, Rn. 59.

213 BENDER: Krankenunterlagen, a.a.O., S. 255 f. und FISCHER, a.a.O., S. 67.

postmortal subjektloses Persönlichkeitsrecht ein Recht von unbegrenzter Dauer wäre, sondern darin, dass es dauerhaft – nämlich bis zu seinem Erlöschen – subjektlos bliebe.

Darüber hinaus ist auch nicht ersichtlich, in wessen Interesse ein postmortal subjektloses Persönlichkeitsrecht angenommen werden müsste, so dass es auch an der zweiten Komponente des Begriffs vom subjektiven Recht fehlt. In allen Fällen, in denen subjektlose Rechte heute anerkannt werden, geschieht dies, um Interessen Dritter zu wahren. Dabei handelt es sich entweder um die Interessen derjenigen, die später in die vakante Rechtsposition eintreten oder um die Interessen von Personen, die Inhaber einer Rechtsstellung sind, die entfallen müsste, wenn das subjektlose Fortbestehen des fraglichen subjektiven Rechts nicht anerkannt würde. Hingegen geht es nie darum, die Interessen des vormaligen Rechtsinhabers zu wahren, wie dies bei einem postmortal subjektlosen Persönlichkeitsrecht der Fall wäre[214].

Beim postmortalen Persönlichkeitsschutz kommt hinzu, dass der vormalige Rechtsinhaber schon deshalb keine Interessen mehr hat, weil er tot ist. Interessen hat – ebenso wie einen Willen – nur ein Lebender. Das gilt auch für das Interesse an der Wahrnehmung der eigenen Persönlichkeit nach dem Tod[215]. Ein unmittelbares Interesse an der Achtung der Persönlichkeitsgüter eines Toten können daher allenfalls die hinterbliebenen Angehörigen haben. Für die Wahrung ihrer Interessen ist die Annahme des subjektlosen Fortbestehens des allgemeinen Persönlichkeitsrechts des Verstorbenen jedoch nicht erforderlich. Anders als in den Fällen anerkannter subjektloser Rechte ist nämlich nicht ersichtlich, warum die Sicherung des Interesses der Angehörigen am Andenken des Verstorbenen das Konstrukt eines subjektlosen Rechts erfordern würde, denn die persönlichen Interessen der Angehörigen werden bereits durch ihr allgemeines Persönlichkeitsrecht geschützt[216].

---

214 Aus diesem Grund lehnen auch die folgenden Autoren ein subjektloses postmortales Persönlichkeitsrecht ab: HELDRICH, a.a.O., S. 168; SCHWERDTNER, a.a.O., S. 108; ARNO BUSCHMANN: Zur Fortwirkung des Persönlichkeitsrecht nach dem Tode, in: NJW 1970, S. 2081, 2087. HANSGEORG HOCH: Fortwirken zivilrechtlichen Persönlichkeitsschutzes nach dem Tode, Köln 1975, S. 112 f.

215 Diese Analyse mag spitzfindig erscheinen; sie macht aber deutlich, dass sich aus der Anknüpfung an das Individuum nur ein eigennütziges Interesse an der Existenz eines Rechtsinstituts zum postmortalen Persönlichkeitsschutz herleiten lässt, das in der Zukunft auch dem eigenen Andenken dienen wird. Dieser Gedanke findet sich auch bei BRITA LEHMANN: Postmortaler Persönlichkeitsschutz, Bonn 1973, S. 124, wenn sie schreibt, dass die Belange des Menschen vom Zeitpunkt seines Ablebens an den Charakter eines Rechtsguts für die Lebenden gewinnen. In diesem Sinne auch HAIMO SCHACK: Weiterleben nach dem Tode – juristisch betrachtet, in: JZ 1989, S. 609, 614 sowie FISCHER, a.a.O., S. 195. Das ist ein ganz wesentlicher Aspekt, auf den unten noch ausführlich eingegangen wird.

216 Siehe dazu unten: B II.

bb. Relationaler Charakter des Rechts

Die Unvereinbarkeit eines postmortal subjektlosen Persönlichkeitsrechts mit dem heutigen Begriff des subjektiven Rechts könnte man mit dem Hinweis abtun, dass Begriffe zu revidieren seien, wenn sie zur Erklärung nicht taugen. Aber selbst mit diesem Argument könnte man sich nicht über den Einwand hinwegsetzen, dass ein dauerhaft subjektloses Recht mit dem relationalen Charakter des Rechts nicht in Einklang zu bringen ist[217].

Recht ist – unabhängig davon, wie man diesen Begriff im Einzelnen definiert – eine Gesamtheit von Normen, die das Verhältnis einer Person zu ihrer Umwelt regelt[218]. Kernaussage ist immer, dass eine Person von einer anderen etwas verlangen kann. Inhaber eines Rechts kann ein Mensch, eine juristische Person (insbesondere: der Staat) oder ein Organ einer juristischen Person sein. Aus der Befugnis einer Person, von einer anderen ein Tun, Dulden oder Unterlassen verlangen zu können, ergibt sich zwischen ihnen ein Verhältnis, ein Rechtsverhältnis[219]. Das Rechtsverhältnis ist ein Strukturelement der gesamten Rechtsordnung[220]. Daraus folgt, dass es kein Recht geben kann, wo es mangels Personenmehrheit an einem Verhältnis fehlt. Denn wo nicht mindestens zwei Personen vorhanden sind, kann niemand zu Recht etwas von einer anderen Person verlangen. Wo nicht mindestens zwei Personen vorhanden sind, kann eine Verpflichtung nur sich selbst gegenüber bestehen. Eine solche Verpflichtung ist aber nicht Gegenstand des Rechts, sondern allenfalls Gegenstand der Moral[221].

---

217 Hohner hat deutlich zum Ausdruck gebracht, dass subjektlose Rechte auch für ihn nicht im Widerspruch zum relationalen Charakter des Rechts stehen dürfen, a.a.O., S. 72.

218 Eine weitere Normgesamtheit, die das Verhältnis des Einzelnen zu seiner Umwelt regelt, ist die Moral. Moralische Normen richten sich an das Gewissen und beziehen ihre Verbindlichkeit daraus, dass sie ihrem Adressaten als inhaltlich richtig erscheinen. Die Verbindlichkeit von Rechtsnormen ergibt sich hingegen daraus, dass sie von einer dem Individuum übergeordneten Autorität (Gott, Natur, Staat, Verband etc.) gesetzt sind. Deshalb muss der Normadressat sie auch dann befolgen, wenn er sie nicht für richtig hält.

219 Vgl. dazu Larenz / Wolff, a.a.O., § 13 I 2 (S. 228 ff.); Arthur Kaufmann in: Ders. / Hassemer, Winfried / Neumann, Ulfrid (Hrsg.): Einführung in Rechtsphilosophie und Rechtstheorie der Gegenwart, 7. Aufl., München 2004, S. 102; ders.: Rechtsphilosophie, a.a.O., S. 103 sowie umfassend: Norbert Achterberg: Rechtsverhältnisse als Strukturelemente der Rechtsordnung, in: Rechtstheorie 1978, S. 385–410, zur Definition des Rechtsverhältnisses: S. 394 f.

220 So ausdrücklich Kaufmann und Achterberg, jeweils a.a.O.

221 In der Moral ist dies möglich, weil der Bezugspunkt der moralischen Pflichten – das Gewissen – in der Person des Verpflichteten selbst liegt, so dass er sich innerlich verpflichten kann. Im Recht ist das nicht möglich, weil der Bezugspunkt einer Rechtspflicht stets außerhalb des Normadressaten liegt. Rechtssätze führen

Dieser Grundeigenschaft des Rechts läuft die Annahme eines dauerhaft subjektlosen Rechts entgegen: Ein Recht, das niemand hat, kann es genauso wenig geben, wie eine Pflicht, die gegenüber niemandem besteht[222]. Hier zeigt sich nochmals der wesentliche Unterschied zwischen einem nur vorübergehend und einem dauerhaft subjektlosen Recht. Beim vorübergehend subjektlosen Recht stand dem Verpflichteten ein Berechtigter gegenüber und es wird ihm auch in Zukunft wieder ein Berechtigter gegenüberstehen. Das Recht hat nur zeitweise keinen Inhaber; die damit korrespondierenden Pflichten der Rechtsgenossen bestehen zwar derzeit gegenüber niemandem, aber sie bestehen im Hinblick auf einen künftigen Rechtsnachfolger. Die für ein Recht konstitutive Relation ist beim vorübergehend subjektlosen Recht also nur vakant. Anders ist es beim dauerhaft subjektlosen Recht: Entweder ist das Subjekt eines Rechtsverhältnisses weggefallen und nicht ersetzbar – dann ist die Relation nicht vakant sondern tot, weil einer der beiden für ein Rechtsverhältnis konstitutiven zwei Bezugspunkte unwiederbringlich entfallen ist. Oder es hat nie eine Relation gegeben, weil es mangels Rechtssubjekts von vornherein keinen Bezugspunkt gab, zu dem ein Verhältnis hätte bestehen können[223].

Zugunsten eines postmortal subjektlosen Persönlichkeitsrechts kann man noch nicht einmal davon ausgehen, dass es sich um eine Konstellation handelt, bei der ein Rechtsverhältnis zumindest einmal bestanden hat. Denn es dürfte unstreitig sein, dass der postmortale Persönlichkeitsschutz auch vor Eingriffen später Geborener oder später gegründeter juristischer Personen schützen muss; andernfalls hätte es z.B. im Fall *Mephisto* auf das Gründungsdatum der beklagten GmbH ankommen müssen. Weil sich die Existenz postmortal entstandener Rechtssubjekte mit derjenigen des Verstorbenen zeitlich nicht überschneidet, ist zwischen ihnen ein rechtliches Verhältnis nie zustande gekommen. Folglich würde ein postmortal subjektloses Persönlich-

---

deshalb nie zu einer Verpflichtung des Normadressaten gegen sich selbst. Sie können nur tatbestandlich an die Verletzung einer Pflicht gegen sich selbst anknüpfen und diese mit negativen Konsequenzen belegen. Ein Beispiel dafür ist § 254 BGB, der im Fall des Mitverschuldens des Geschädigten dazu führt, dass sein Ersatzanspruch den Schaden nicht voll ausgleicht. Im Hinblick auf die Beachtung der Pflichten gegen sich selbst geht von solchen Rechtsnormen aber höchstens ein teleologischer Zwang minderer Wirkung aus (so REIMER SCHMIDT: Die Obliegenheiten, Karlsruhe 1953, S. 110). Vgl. zu dieser Frage auch: KAUFMANN: Rechtsphilosophie, S. 214 ff.

222 Ebenso HOHNER, der der Annahme dauernd subjektloser Pflichten entgegenhält, dass diese auf einem gänzlich ausgehöhlten Pflichtbegriff beruhten, dessen Erforderlichkeit nicht ersichtlich sei, a.a.O., S. 51.

223 Gegen die Annahme subjektloser Ansprüche in diesen Fallkonstellationen ausdrücklich auch HOHNER, a.a.O., S. 76.

keitsrecht sich für die nach dem Tod des Verstorbenen entstandenen Anspruchsgegner als von *vornherein* und *dauerhaft* subjektlos darstellen.

Die Argumente der Verfechter eines postmortal subjektlosen Persönlichkeitsrechts entkräften diese Einwände nicht. Der Hinweis darauf, dass die Rechtsordnung mit der Figur der *culpa post contractum finitum* die Nachwirkung von Rechtsverhältnissen grundsätzlich anerkenne[224], trifft die Sache nicht. Denn bei der *culpa post contractum finitum* geht es um die Verletzung von vertraglichen Schutzpflichten, die in die Zeit nach der Erfüllung einer Hauptleistungspflicht fallen[225]. Insofern beschreibt diese Konstruktion nur die Spätphase eines rechtlichen Verhältnisses zwischen existierenden Rechtssubjekten. Nicht stichhaltig ist auch das Argument BENDERS, der unter Voraussetzung der Korrespondenz von Rechten und Pflichten von einer verfassungsrechtlichen Pflicht des Einzelnen auf die Existenz eines subjektlosen postmortalen Persönlichkeitsrechts schließt[226]. Mit dieser Behauptung wird das zu beweisende Ergebnis nämlich vorweggenommen – schließlich geht es gerade um die Frage, ob der verfassungsrechtlich gebotene postmortale Persönlichkeitsschutz auf die Figur eines subjektlosen postmortalen Persönlichkeitsrechts gestützt werden muss. Ähnlich fragwürdig ist die Warnung vor andernfalls drohender Schutzlosigkeit der Persönlichkeitsgüter nach dem Tod ihres Trägers[227], denn die Ablehnung subjektloser postmortaler Rechte impliziert keineswegs, dass ein wirksamer postmortaler Persönlichkeitsschutz unmöglich ist: Die §§ 168, 189 StGB und die unten[228] dargestellten Schutzkonzepte zeigen, dass es ohne weiteres möglich ist, den erforderlichen postmortalen Persönlichkeitsschutz im Rahmen von Rechtsverhältnissen zwischen existierenden Rechtssubjekten zu gewährleisten.

cc. Höchstpersönlicher Charakter des allgemeinen Persönlichkeitsrechts

Gegen die Annahme eines postmortal subjektlosen Fortbestehens der ideellen Komponente des allgemeinen Persönlichkeitsrechts spricht auch ihr höchstpersönlicher Charakter. Gegen ein subjektloses Persönlichkeitsrecht ist häufig eingewendet worden, dass die Rechtsordnung die subjektlosen Rechte ausschließlich im Bereich der Vermögensrechte anerkenne[229]. Dieser Befund ist zwar kein Argument gegen die Annahme eines subjektlosen höchstpersön-

---

224 Vgl. JUNG, a.a.O., S. 204 sowie CLAUS AHRENS: Die Verwertung persönlichkeitsrechtlicher Positionen, Würzburg 2002, S. 272 f.

225 Vgl. DIETER MEDICUS: Schuldrecht I, 15. Aufl., München 2004, S. 3.

226 BENDER: Krankenunterlagen, a.a.O., S. 255.

227 Ebenda.

228 Siehe Abschnitt B II und D.

229 JUNG, a.a.O., S. 197; LEHMANN, a.a.O., S. 114; PANAJIOTIS NIKOLETOPOULOS: Die zeitliche Begrenzung des Persönlichkeitsrechts nach dem Tode, Frankfurt a.M. 1984, S. 57.

lichen Rechts; es ist allerdings kein Zufall, dass subjektlose Rechte nur im Bereich der Vermögensrechte anerkannt sind.

Einen ersten Hinweis auf die untrennbare Verknüpfung zwischen Rechtssubjekt und Persönlichkeitsrecht liefert die Geschichte, denn seit seiner Entdeckung wurde das Persönlichkeitsrecht stets mit der Rechtssubjektivität in Verbindung gebracht: Die naturrechtlichen Lehren bezeichneten die Persönlichkeitsrechte als dem Menschen angeborenes Recht (»ius connatum«), bei KANT, VON ZEILLER und HEGEL war das Persönlichkeitsrecht untrennbar mit der Rechtsfähigkeit verbunden und NEUNER betrachtete das Recht auf Anerkennung der Rechtsfähigkeit als wesentlichen Bestandteil des Persönlichkeitsrechts. In jüngerer Zeit hat HILLGRUBER darauf hingewiesen, dass unter der Geltung des Grundgesetzes das allgemeine Persönlichkeitsrecht die prinzipielle Anerkennung des Menschen als zivilrechtliches Rechtssubjekt erzwinge[230]. Dass es sich bei diesem Zusammendenken von Persönlichkeitsrecht und Rechtssubjektivität um keinen Zufall handelt, ergibt sich aus den Ausführungen zur Unmöglichkeit dauerhaft subjektloser Rechte[231]. Ein subjektloses höchstpersönliches Recht müsste nämlich dauerhaft subjektlos sein, weil eine Rechtsnachfolge in eine höchstpersönliche Rechtsposition per Definition unmöglich ist.

Diese Herleitung der Unmöglichkeit eines subjektlosen Persönlichkeitsrechts hält auch einer Überprüfung am Zweck des Persönlichkeitsrechts stand. Der Zweck des Persönlichkeitsrechts besteht nämlich darin, dem Individuum Raum für die freie Entfaltung seiner Persönlichkeit zu geben; dieser Zweck entfällt mit dem Tod des Rechtsträgers[232]. AXEL STEIN weist daher mit Recht darauf hin, dass die Verletzung eines Persönlichkeitsrechts ohne (Fort)Bestand einer körperlich-psychisch-geistigen Existenz nicht denkbar ist[233].

---

230 CHRISTIAN HILLGRUBER: Das Vor- und Nachleben von Rechtssubjekten, JZ 1997, 975.

231 Dazu s.o.: B I 1 b aa und bb.

232 Ebenso: FRITZ WOLPERT: Persönlichkeitsrecht und Totenrecht, in: UFITA 34 (1961), S. 150, 159; JUNG, a.a.O., S. 199; HOCH, a.a.O., S. 30. Der Bundesgerichtshof hat in der *Mephisto*-Entscheidung zwar zu Recht darauf hingewiesen, dass die freie Entfaltung der Persönlichkeit nur gewährleistet sei, wenn der Mensch auf einen gewissen postmortalen Schutz seines Lebensbildes vertrauen könne (BGHZ 50, 133, 139). Aber das bedeutet keineswegs, dass das Persönlichkeitsrecht des einzelnen seinen Tod überdauern müsste, sondern lediglich, dass das allgemeine Persönlichkeitsrecht *der Lebenden* die (wie auch immer geartete) Gewährleistung eines postmortalen Persönlichkeitsschutz erfordert. Das übersieht BENDER in seiner Argumentation in: Krankenhausunterlagen, a.a.O., S. 258.

233 Ders. in: SOERGEL, a.a.O., 13. Aufl., 2001, § 1922, Rn. 25.

Der paradoxe Charakter eines subjektlosen höchstpersönlichen Rechts zeigt sich zudem aus der praktischen Perspektive. Hier erweist es sich als Problem, dass ein postmortales höchstpersönliches Recht naturgemäß nur von Dritten durchgesetzt werden könnte[234]. Wird jedoch die Durchsetzung eines höchstpersönlichen Rechts der Willkür Dritter überlassen, gehen die Rechtsmacht und die Gestaltungsspielräume, die das höchstpersönliche Recht allein seinem Träger eröffnen soll, in der Rechtswirklichkeit auf diese Dritten über. Die Theorie von den subjektlosen Persönlichkeitsrechten liefe also darauf hinaus, Dritten rechtspraktisch die Stellung von Inhabern des postmortalen Persönlichkeitsrechts einzuräumen, während sie auf der theoretischen Ebene eine Rechtsnachfolge in das allgemeine Persönlichkeitsrecht leugnet. Die Lehre von den subjektlosen Rechten würde damit in der Praxis Verhältnisse hervorbringen, die sie in der Theorie ablehnen muss. Diesen Widerspruch kann sie nur begrifflich verschleiern, indem sie den Begriff der »Ausübungsberechtigung« einführt, um ihn anstelle des Begriffs zu verwenden, mit dem die Privatrechtsordnung derartige Konstellationen gewöhnlich beschreibt, nämlich: »Rechtsnachfolge«.

Den Vertretern der Theorie subjektloser postmortaler Persönlichkeitsrechte kommt im Hinblick auf dieses Problem nur der hilflose Hinweis darauf in den Sinn, dass der Tote seine (angeblich) fortbestehenden Rechte eben nicht mehr selbst ausüben könne[235]. Das ändert aber nichts daran, dass ihr Konstrukt ungeeignet ist, die Rechtswirklichkeit widerspruchslos abzubilden, weshalb es auch kein geeignetes Muster zur dogmatischen Herleitung des zivilrechtlichen postmortalen Persönlichkeitsschutzes sein kann.

2. *Postmortale Teilrechtsfähigkeit*

Andere Verfechter eines unmittelbaren postmortalen Persönlichkeitsschutzes[236] gehen davon aus, dass die Rechtsfähigkeit eines Menschen mit seinem Tod nicht vollständig erlischt. Danach habe ein Toter den ideellen Teil seines Persönlichkeitsrechts noch inne. Dieser Ansatz hat den Vorteil, dass er das Konstrukt eines dauerhaft subjektlosen Rechts umgeht und damit – jedenfalls formal – dem relationalen Charakter des Rechts gerecht wird. Dennoch

---

234 HARM-PETER WESTERMANN: Das allgemeine Persönlichkeitsrecht nach dem Tode seines Trägers, in: FamRZ 1969, 561, 566; HOCH, a.a.O., S. 31.

235 FISCHER, a.a.O., S. 65.

236 Mit dem Begriff des unmittelbaren postmortalen Persönlichkeitsschutzes werden in dieser Untersuchung die Theorien beschrieben, die den postmortalen Persönlichkeitsschutz auf ein genuines postmortales Persönlichkeitsrecht zurückführen, das allein dem Schutz der Persönlichkeit des Toten dient. Davon zu unterscheiden sind die Schutzkonzepte, denen zufolge der postmortale Persönlichkeitsschutz nur mittelbar, nämlich als Teil des allgemeinen Persönlichkeitsrechts der Hinterbliebenen gewährleistet werden kann.

ist er kaum weniger zweifelhaft als die Annahme eines postmortal subjektlosen Persönlichkeitsrechts.

a. Inkompatibilität mit der Lehre von der Rechtsfähigkeit

Die Lehre von der postmortalen Teilrechtsfähigkeit ist problematisch, weil sie zur Begründung des postmortalen Persönlichkeitsschutzes die Vorstellung der Rechtsfähigkeit modifiziert, die eine der wichtigsten Grundlagen unseres Rechtssystems ist. Es ist nämlich unbestritten, dass die Rechtsfähigkeit des Menschen mit dem Tod endet[237]. Eine Ausnahme hiervon müsste man erklären können – und zwar entweder damit, dass der gängige Begriff von der Rechtsfähigkeit eine solche Ausnahme von vornherein zulässt oder damit, dass der gängige Begriff der Rechtsfähigkeit einer Modifizierung bedarf. Die Anhänger der postmortalen Teilrechtsfähigkeit haben dieses Erfordernis bisher ignoriert. Sie haben sich stets mit der Behauptung begnügt, dass sich der postmortale Persönlichkeitsschutz mit dem Konstrukt einer postmortalen Teilrechtsfähigkeit am besten begründen lasse. Das reicht aber nicht aus. Denn die Frage, wer Inhaber eines Rechts sein kann, steht in unmittelbarem Zusammenhang mit unseren Grundvorstellungen vom Recht. Manche betrachten die Rechtsfähigkeit sogar als apriorischen Begriff[238], was bedeutet, dass er nicht zur beliebigen Disposition rechtspolitisch motivierter Erwägungen steht. Folglich kann eine postmortale Teilrechtsfähigkeit nicht damit begründet werden, dass ein solches Konstrukt zu opportunen Ergebnissen auf der Rechtsfolgenseite führen würde. Vielmehr müsste nachgewiesen werden, dass eine postmortale Teilrechtsfähigkeit mit dem gängigen Begriff der Rechtsfähigkeit kompatibel ist oder dieser Begriff im Hinblick auf Prinzipien modifiziert werden muss, die noch grundlegender sind als die Rechtsfähigkeit. Allerdings ist nicht erkennbar, welche Prinzipien das sein könnten. Daher erstaunt es nicht, dass ein solcher Nachweis bisher nicht erbracht worden ist.

---

237 Dieser Grundsatz ist zwar nicht gesetzlich normiert, jedoch wurde er bei der Redaktion des BGB als selbstverständlich vorausgesetzt und ist seither nicht bezweifelt worden. Selbst die Anhänger der Lehre von der postmortalen Teilrechtsfähigkeit betrachten ihn als »unproblematisch« (z.B. SCHMITT in: MüKo, 5. Aufl., 2006, § 1, Rn. 18). Gegen ein Abrücken von diesem Grundsatz im Bereich des posmortalen Persönlichkeitsschutzes: GÖTTING in LMK 2006, 172015 sowie in GRUR 2004, S. 801, 802 sowie FRIEDRICH KÜBLER: Perspektiven des PersönlichkeitsschutzesAfP 2007 (Sonderheft), S. 7, 10.

238 So GUSTAV RADBRUCH: Rechtsphilosophie, Studienausgabe, hrsg. von RALF DREIER und STANLEY PAULSON, Heidelberg 1999, S. 124.

b. Inkompatibilität mit dem Begriff des subjektiven Rechts

Anstatt die Lehre von der postmortalen Teilrechtsfähigkeit auf Erwägungen zur Rechtsfähigkeit zu stützen, gehen die Vertreter dieser Lehre den umgekehrten Weg: Auf der Suche nach einer dogmatischen Konstruktion für den erwünschten postmortalen Persönlichkeitsschutz stellen sie fest, dass dieser Schutz sich mit der Annahme begründen ließe, dass das allgemeine Persönlichkeitsrecht dem Menschen (teilweise) über seinen Tod hinaus zustehe. Aus der Behauptung, dass dem Toten dieses Recht noch zukomme, schließen sie dann auf dessen Teilrechtsfähigkeit[239]. Damit wird die Frage: »Kann ein Toter rechtsfähig sein?« in die Frage: »Kann es ein postmortales Persönlichkeitsrecht geben?« umformuliert[240].

Die Vertreter der postmortalen Teilrechtsfähigkeit müssten sich folglich wenigstens mit der Frage auseinandersetzen, ob ein subjektives Recht, das einem Toten zukommen kann, überhaupt denkbar ist. Aber selbst an einer solchen Auseinandersetzung fehlt es. Das ist vermutlich kein Zufall. Denn wenn man dem heute vorherrschenden kombinierten Begriff des subjektiven Rechts folgt, müsste man diese Frage zweifellos verneinen, weil ein Toter weder einen Willen noch Interessen hat[241].

c. Der Hinweis auf den nasciturus und die juristische Person greift zu kurz

Dem Einwand, dass es dem Toten an Willen und Handlungsfähigkeit fehle, begegnen die Verfechter der postmortalen Teilrechtsfähigkeit stets mit dem Hinweis darauf, dass die Rechtsordnung die Rechtsfähigkeit der juristischen Person anerkenne und die Rechtsfähigkeit des *nasciturus* fingiere,

---

239 Diese Vorgehensweise wird zwar in der Regel nicht offengelegt, ist aber dennoch erkennbar. Denn die Argumentation zugunsten der postmortalen Teilrechtsfähigkeit geht nie von Erwägungen zur Rechtsfähigkeit des Menschen aus, sondern vielmehr von dem Konsens, dass es einen postmortalen Persönlichkeitsschutz geben müsse. Danach wird festgestellt, dass die anderen Methoden der konstruktiven Herleitung (subjektlose Rechte, allgemeine Rechtssubjektivität, indirekte Schutzkonzepte) mangelhaft seien. Darauf folgt die Aussage, dass der gewünschte postmortale Persönlichkeitsschutz sich am besten begründen ließe, wenn man davon ausginge, dass der ideelle Teil des allgemeinen Persönlichkeitsrechts über den Tod hinaus fortbesteht und der Tote Inhaber dieses Rechts ist. Vgl. dazu nur SCHMITT in: MüKo, 5. Aufl., 2006, § 1, Rn. 49 ff.; GITTER in: MüKo, 3. Aufl., 1993, § 1, Rn. 55 ff.; VOLKER BEUTHIEN: Zum postmortalen Persönlichkeitsschutz, in: ders. (Hrsg.): Persönlichkeitsgüterschutz vor und nach dem Tode, Baden-Baden 2002, S. 83, 84.

240 Hier zeigt sich die Nähe zur Theorie vom subjektlosen postmortalen Persönlichkeitsrecht, dem die Frage zu Grunde liegt: Kann es ein subjektloses postmortales Persönlichkeitsrecht geben?

241 Siehe dazu oben: B I 1 b aa.

obwohl juristische Person und *nasciturus* ebenfalls willens- und handlungsunfähig sind[242]. Damit beweisen sie jedoch nur, dass es für die Zuerkennung der Rechtsfähigkeit auf die Willens- und Handlungsfähigkeit nicht zwingend ankommt. Die Tatsache, dass die Rechtsordnung von diesen Voraussetzungen in gewissen Fällen absieht, bedeutet aber nicht, dass deshalb jede handlungs- und willensunfähige Entität rechtsfähig wäre. Der Hinweis auf diese Tatsache kann daher zur Begründung der postmortalen Teilrechtsfähigkeit nicht ausreichen. Wer die Teilrechtsfähigkeit der Toten mit dem Hinweis auf die Rechtsfähigkeit von *nasciturus* und juristischer Person begründen will, muss darlegen, warum die Rechtsordnung einen Toten wie den *nasciturus* oder die juristische Person behandeln sollte. Auch dieser Nachweis ist aus nahe liegenden Gründen bisher nicht erbracht worden[243].

d. Eine postmortale Teilrechtsfähigkeit kann der bestehenden Rechtsordnung nicht entnommen werden

Die Theorie der postmortalen Teilrechtsfähigkeit könnte die Praxis der Zivilgerichte bei der Gewährung postmortalen Persönlichkeitsschutzes nur rechtfertigen, wenn der Nachweis erbracht wäre, dass der bestehenden Rechtsordnung eine postmortale Teilrechtsfähigkeit entnommen werden kann. Dafür ist der Hinweis, dass Art. 1 Abs. 1 GG einen postmortalen Persönlichkeitsschutz erfordert, nicht ausreichend. Denn das anerkennenswerte Ziel, den von Verfassungs wegen erforderlichen postmortalen Persönlichkeitsschutz zu gewährleisten, rechtfertigt nicht jedes Mittel. Insbesondere bleibt die Rechtsprechung, auch wenn sie gemäß Art. 1 Abs. 1 GG dazu verpflichtet ist, die menschliche Würde zu achten und zu schützen, an Recht und Gesetz gebunden (Art. 20 Abs. 3 GG)[244]. Folglich dürfte sie auf das Konstrukt der postmortalen Teilrechtsfähigkeit nur zurückgreifen, wenn sich dieses Konstrukt mit den zulässigen methodischen Mitteln der geltenden Rechtsordnung entnehmen ließe.

Im geschriebenen Recht ist nur der Beginn der menschlichen Rechtsfähigkeit geregelt, der grundsätzlich mit der Vollendung der Geburt zusammenfällt (§ 1 BGB). Eine Sonderstellung hat der *nasciturus* inne, dessen Rechtsfähigkeit im Falle eines Erbfalls in § 1923 Abs. 2 BGB fingiert wird. Allerdings wird der *nasciturus* selbst nicht Träger von Rechten und Pflichten; die Fiktion des § 1923 Abs. 2 BGB bewirkt nur, dass ein Kind auch dann Erbe werden kann, wenn der Erbfall zwischen seiner Empfängnis und seiner Geburt eintritt. Darüber hinaus gibt es Regelungen zur Rechtsfähigkeit juristischer

---

242 CHRISTIAN HILLGRUBER: Das Vor- und Nachleben von Rechtssubjekten, JZ 1997, 975, 976; GITTER in: MüKo, 3. Aufl., 1993, § 1, Rn. 58; BEUTHIEN, a.a.O., S. 83, 84.

243 Dazu im Einzelnen noch unten: B I 2 d cc.

244 Vgl. ISENSEE / KIRCHHOF, a.a.O., § 111, Rn. 90 f., 151.

Personen. Das Ende der menschlichen Rechtsfähigkeit ist nicht normiert. Selbst die Verfechter einer postmortalen Teilrechtsfähigkeit räumen jedoch ein, dass die Rechtsordnung grundsätzlich davon ausgeht, dass die Rechtsfähigkeit des Menschen mit dessen Tod endet und der BGB-Gesetzgeber dieses Ende nur deshalb nicht normiert hat, weil er dies als selbstverständlich voraussetzte[245]. Es besteht also ein ungeschriebener Rechtsgrundsatz, wonach die Rechtsfähigkeit des Menschen mit seinem Tod endet. Folglich müssten die Vertreter der Theorie der postmortalen Teilrechtsfähigkeit darlegen, warum im Hinblick auf das allgemeine Persönlichkeitsrecht eine Ausnahme von diesem Grundsatz gelten sollte. Weil eine solche Ausnahme nicht ausdrücklich normiert ist, wäre darzulegen, wie sich eine solche Ausnahme aus der bestehenden Rechtsordnung herleiten lässt.

aa. Keine auslegungsfähige Norm

Bei der Beantwortung der Frage, ob die Rechtsordnung eine bestimmte Regelung enthält, ist zunächst zu prüfen, ob sich die fragliche Regelung mittels Auslegung aus einer bestehenden Norm entnehmen lässt. Die Grenze der Auslegung ist stets der mögliche Wortsinn der Norm; jenseits dieser Grenze beginnt die Rechtsfortbildung. Eine postmortale Teilrechtsfähigkeit ließe sich mittels Auslegung nur dann herleiten, wenn es eine Norm gäbe, der sich bei der weitestmöglichen Interpretation ihrer Begriffe eine entsprechende Regelung entnehmen ließe. Eine solche Norm ist nicht ersichtlich. § 1 BGB enthält lediglich eine Regelung zum Beginn der menschlichen Rechtsfähigkeit, so dass man dieser Vorschrift keine Aussage zu deren Ende entnehmen kann. Die Regelungen zum Ende der Rechtsfähigkeit der juristischen Personen lassen sich aufgrund ihres formellen Charakters ohnehin nicht auf Menschen anwenden. Auf dem Wege der Auslegung vorhandener Normen lässt sich die Theorie von der postmortalen Teilrechtsfähigkeit also nicht herleiten. Damit bleibt die Rechtsfortbildung.

bb. Keine planwidrige Regelungslücke

Anerkannte Methoden der richterlichen Rechtsfortbildung sind die Analogie und die freie richterliche Rechtsfortbildung. Beide dürfen im Hinblick auf Art. 20 Abs. 3 GG nur im Fall einer planwidrigen Regelungslücke angewendet werden[246]. Im Hinblick auf die fehlende Normierung einer postmortalen Teilrechtsfähigkeit ist schon zweifelhaft, ob diese Grundvoraussetzung vorliegt. Eine zur Rechtsfortbildung berechtigende Regelungslücke liegt nämlich keineswegs immer dann vor, wenn das Gesetz zu einer bestimmten Fallge–

---

245 Schmitt in: MüKo, 5. Aufl., 2006, § 1, Rn. 18.

246 BVerfGE 82, 6, 12 f.; Karl Larenz / Claus-Wilhelm Canaris: Methodenlehre der Rechtswissenschaft, 3. Aufl., Heidelberg 1995, S. 189.

staltung schweigt. Denn in vielen Fällen nimmt der Gesetzgeber eine denkbare Rechtsfigur nicht in das Gesetz auf, weil er sie ablehnt – LARENZ / CANARIS bezeichnen diese Erscheinung als »beredtes Schweigen« des Gesetzgebers[247]. In derartigen Fällen entspricht das Fehlen einer Regelung dem gesetzgeberischen Plan. Das Gericht darf sich über diesen Plan nicht hinwegsetzen. Vielmehr muss es aus dem Fehlen der denkbaren Regelung den Umkehrschluss ziehen, dass es eine solche Regelung nicht geben soll.

Im Hinblick auf das Konstrukt einer postmortalen Teilrechtsfähigkeit spricht vieles dafür, das Fehlen einer planwidrigen Regelungslücke zu verneinen. Der BGB-Gesetzgeber hat das Ende der menschlichen Rechtsfähigkeit nämlich nur deshalb nicht normiert, weil er als selbstverständlich voraussetzte, dass die Rechtsfähigkeit mit dem Tod endet[248]. Demnach hätte es dem Plan des Gesetzgebers entsprochen, die Rechtsfähigkeit des Menschen nicht über den Tod hinaus auszudehnen, so dass die fehlende Normierung einer postmortalen Teilrechtsfähigkeit nicht als planwidrig, sondern als folgerichtig erscheint.

Aber selbst wenn man davon ausginge, dass der Gesetzgeber im Hinblick auf eine postmortale Teilrechtsfähigkeit nicht »beredt geschwiegen« hat, wäre positiv darzulegen, warum das Fehlen einer solchen Regelung planwidrig sein sollte. Dazu müsste dargelegt werden, dass der Plan des Gesetzes bzw. die Gesamtrechtsordnung eine entsprechende Regelung erfordern. Das wäre der Fall, wenn eine andere (meist übergeordnete) Norm bzw. außergesetzliche Werte eine entsprechende Regelung erfordern[249]. Häufig ergibt sich die Planwidrigkeit einer Regelungslücke aus Art. 3 GG, denn im Hinblick auf das Gleichbehandlungsgebot erweist es sich häufig als planwidrig, wenn der Gesetzgeber einen Fall regelt und einen ihm im Wesentlichen gleichen Fall nicht regelt. Eine Planwidrigkeit kann sich auch daraus ergeben, dass der Gesetzgeber eine Fallkonstellation nicht regelt, obwohl er im Hinblick auf andere übergeordnete Normen dazu verpflichtet wäre[250].

Im Hinblick auf die Nichtregelung einer postmortalen Teilrechtsfähigkeit kann eine Planwidrigkeit nicht mit Art. 3 GG begründet werden, weil es in der Rechtsordnung keinen vergleichbaren Fall gibt, der in entsprechender Weise geregelt wäre[251]. Allerdings könnte man in Erwägung ziehen, die Planwidrigkeit des Fehlens einer Regelung für eine postmortale Teilrechtsfähigkeit damit zu begründen, dass der Gesetzgeber diese Fallkonstellation im Hinblick auf Art. 1 Abs. 1 GG hätte regeln müssen. Eine solche Argumentation ist jedoch zweifelhaft. Denn im Hinblick auf das hier zu behandelnde

247 LARENZ / CANARIS: Methodenlehre, a.a.O., S. 191.
248 SCHMITT in: MüKo, 5. Aufl., 2006, § 1, Rn. 18.
249 LARENZ / CANARIS: Methodenlehre, a.a.O., S. 191 (insbes. auch Fn. 9), 246.
250 LARENZ / CANARIS: Methodenlehre, a.a.O., S. 193.
251 Siehe dazu in diesem Kapitel: cc.

Thema ergibt sich aus Art. 1 Abs. 1 GG lediglich, dass der Gesetzgeber postmortalen Persönlichkeitsschutz gewährleisten muss. Eine Verpflichtung des Gesetzgebers zur Anerkennung einer postmortalen Teilrechtsfähigkeit würde sich daraus nur ergeben, wenn der erforderliche postmortale Schutz sich auf andere Weise nicht gewährleisten ließe. Das ist aber nicht der Fall[252]. Weil sich die Notwendigkeit der Anerkennung einer postmortalen Teilrechtsfähigkeit auch nicht auf anderem Wege begründen lässt, ist das Fehlen einer entsprechenden Rechtsnorm nicht planwidrig. Die Frage kann aber letztlich dahinstehen, denn eine Rechtsfortbildung würde jedenfalls an den weiteren Voraussetzungen scheitern[253].

cc. Keine postmortale Teilrechtsfähigkeit durch Analogie

Eine Analogie ist die Übertragung der für einen Tatbestand im Gesetz vorgesehenen Rechtsfolge auf einen im Gesetz nicht geregelten, ihm ähnlichen Tatbestand. Dabei muss sich die geforderte Ähnlichkeit gerade auf die Aspekte des geregelten Falls beziehen, die für seine rechtliche Bewertung maßgeblich sind[254]. Im Hinblick auf eine postmortale Teilrechtsfähigkeit gibt es einen in diesem Sinne ähnlichen Fall nicht. Insbesondere sind die Fälle des *nasciturus* und der juristischen Person der Situation des Toten nicht hinreichend ähnlich, um einen Analogieschluss auf dessen (Teil)Rechtsfähigkeit zu begründen. Die Ähnlichkeit der juristischen Person und des *nasciturus* mit dem Toten beschränkt sich auf die Willens- und Handlungsunfähigkeit. Die Ähnlichkeit, auf der eine Rechtsanalogie beruht, muss sich aber gerade auf die Kriterien beziehen, die den Normgeber zur Normierung des geregelten Falls bewogen haben. Der Tote müsste dem *nasciturus* bzw. der juristischen Person also im Hinblick auf die Kriterien ähneln, die den Gesetzgeber dazu bewogen haben, deren Rechtsfähigkeit zu fingieren bzw. anzuerkennen. Zu diesen Kriterien gehört die Handlungs- und Willensunfähigkeit von *nasciturus* und juristischer Person aber nicht, im Gegenteil: In aller Regel sind handlungs- und willensunfähige Entitäten nämlich *nicht* rechtsfähig. Die Anerkennung bzw. Fiktion der (Teil)Rechtsfähigkeit von juristischer Person und *nasciturus* muss also auf anderen Aspekten als ihrer Willens- und Handlungsunfähigkeit beruhen.

Die Fiktion der Teilrechtsfähigkeit des *nasciturus* dient der Privilegierung eines werdenden Menschen. Kennzeichnend für die fingierte Teilrechtsfähigkeit des *nasciturus* ist, dass dessen Rechtserwerb nicht endgültig ist, sondern unter der Bedingung einer späteren Lebendgeburt steht[255]. Sie hat die Funkti-

---

252 Siehe dazu in diesem Kapitel: dd.

253 Siehe dazu die folgenden Abschnitte cc. und dd.

254 LARENZ / CANARIS: Methodenlehre, a.a.O., S. 202.

255 H.M. vgl. nur HELMUT HEINRICHS in: PALANDT: Bürgerliches Gesetzbuch, 67. Aufl., München 2008, § 1, Rn. 7.

on, einem späteren Menschen bestimmte Rechtspositionen zu sichern. Ähnlich wie die von der Rechtsordnung anerkannten Fälle subjektloser Rechte dient sie also der vorübergehenden Sicherung einer Rechtsposition[256]. Bei der postmortalen Teilrechtsfähigkeit wäre das Gegenteil der Fall: Sie würde die Rechtsposition eines gewesenen Menschen dauerhaft aufrechterhalten[257]. Damit liegen die Kriterien, die für die Fiktion der Teilrechtsfähigkeit des *nasciturus* sprechen, beim Toten gerade nicht vor.

Entsprechendes gilt im Hinblick auf juristische Personen. Zwar ist die theoretische Herleitung ihrer Rechtsfähigkeit nach wie vor umstritten[258], jedoch muss in diesem Streit hier nicht Position bezogen werden. Denn unabhängig davon welcher Ansicht man folgt – zwischen den Kriterien, die zur Anerkennung der Rechtsfähigkeit juristischer Personen führen und den Kriterien, die zur Anerkennung der postmortalen Teilrechtsfähigkeit führen sollen, besteht keine Ähnlichkeit: Die Kriterien, die der angeblichen Teilrechtsfähigkeit des Toten zu Grunde gelegt werden, sind der Schutz seiner Persönlichkeit und damit der Schutz der menschlichen Würde. Diese Kriterien werden im Zusammenhang mit der Rechtsfähigkeit juristischer Personen nicht angeführt. Darüber hinaus ist unstreitig, dass juristische Personen keine menschliche Würde haben. Folglich kommt eine Analogie zur Rechtsfähigkeit der juristischen Person zur Herleitung einer postmortalen Teilrechtsfähigkeit nicht in Betracht.

dd. Keine freie richterliche Rechtsfortbildung

Damit bleibt zu prüfen, ob eine postmortale Teilrechtsfähigkeit der Rechtsordnung auf dem Wege freier richterlicher Rechtsfortbildung entnommen werden kann. Eine solche Rechtsfortbildung ist nur unter zwei Voraussetzungen zulässig: Sie muss mit dem Gesetz vereinbar sein und sie muss

---

256 Vgl. dazu bei HOHNER, a.a.O., S. 133, wo er darauf hinweist, dass sich der für den *nasciturus* bezweckte Schutz auch mittels subjektloser Rechte gewährleisten ließe.

257 Etwas anderes würde nur gelten, wenn man die postmortale Teilrechtsfähigkeit explizit befristen würde. Davon zu unterscheiden ist die Frage, wie lange sich der Tote vor Gericht erfolgreich auf sein Persönlichkeitsrecht berufen kann. Denn unstrittig muss der postmortale Persönlichkeitsschutz mit der Zeit abnehmen, so dass er sich in der vom Gericht vorzunehmenden Abwägung mit den Rechtsgütern des Lebenden, der die Persönlichkeit des Toten verletzt, irgendwann nicht mehr durchsetzen kann. In einer solchen Abwägung dürfte es aber stets nur um die Frage gehen, *wie stark* das Persönlichkeitsrecht des Toten im Verhältnis zu den Rechten des Gegners ist, aber nicht um die Frage, ob das Persönlichkeitsrecht des Toten (und damit seine Teilrechtsfähigkeit) noch existiert.

258 Zu erwähnen sind hier vor allem die auf SAVIGNY zurückgehende Fiktionstheorie, die auf VON GIERKE zurückgehende Lehre von der realen Verbandsperson sowie die Theorie vom Zweckvermögen.

sich mit spezifisch juristischen Argumenten – also nicht etwa mit rechtspolitischen Zweckmäßigkeitserwägungen – herleiten lassen[259]. Die Herleitung der postmortalen Teilrechtsfähigkeit auf dem Wege freier richterlicher Rechtsfortbildung scheitert an der zweiten Voraussetzung. Denn die Anerkennung einer postmortalen Teilrechtsfähigkeit ist zur Verwirklichung des verfassungsrechtlichen Gebots, die Persönlichkeit postmortal zu schützen, allenfalls zweckmäßig, aber nicht zwingend erforderlich.

Die Beantwortung der Frage, ob Art. 1 Abs. 1 GG die Anerkennung einer postmortalen Teilrechtsfähigkeit erfordert, erscheint auf den ersten Blick schwierig, weil auf diesem Feld zwei wesentliche Fragen noch sehr umstritten sind – nämlich die Frage, ob Tote noch Träger der menschlichen Würde sind sowie die Frage nach der Grundrechtsqualität von Art. 1 Abs. 1 GG. Bei näherer Betrachtung zeigt sich allerdings, dass es im hier zu erörternden Zusammenhang auf diese Streitfragen nicht ankommt.

Auf die Frage nach der Teilhabe Toter an der menschlichen Würde kommt es nicht an, denn auch die hier vertretene Meinung[260], die eine solche Teilhabe verneint, leugnet nicht den Zusammenhang zwischen Art. 1 Abs. 1 GG und der Notwendigkeit eines postmortalen Persönlichkeitsschutzes. Im Unterschied zur herrschenden Meinung leitet sie dieses Erfordernis nur nicht aus der Würde der Toten, sondern aus der Würde der Lebenden her[261]. Wenn die menschliche Würde die Anerkennung einer postmortalen Teilrechtsfähigkeit erfordern würde, müssten also beide Ansichten zu diesem Ergebnis kommen.

Auch auf die Frage, ob Art. 1 Abs. 1 GG ein Grundrecht oder nur ein Staatsprinzip enthält[262], kommt es nicht an. Selbst wenn man die Frage nach der Grundrechtsqualität des Art. 1 Abs. 1 GG mit der herrschenden Meinung bejahte, würde daraus nicht folgen, dass Tote Inhaber dieses Grundrechts und insofern teilrechtsfähig sind[263]. Umgekehrt würde sich auch aus der Vernei-

---

259 LARENZ / CANARIS: Methodenlehre, a.a.O., s. 246 f.

260 Dazu s.u.: C I 2 a.

261 Vgl. zur h.M. nur beispielhaft: MATTHIAS HERDEGEN in: MAUNZ / DÜRIG: Grundgesetz, Art. 1, Abs. 1, Rn. 53; HORST DREIER in: DERS.: Grundgesetz-Kommentar, 2. Aufl., Art. 1 I, Rn. 72; CHRISTIAN STARCK in: VON MANGOLDT / KLEIN / STARCK: Kommentar zum Grundgesetz, 5. Aufl., 2005, Art. 1 Abs. 1, Rn. 22. Dagegen: HOCH, a.a.O., S. 57 ff., 63 (der unter Rückgriff auf den Menschenwürdebegriff KANTS die Erforderlichkeit eines postmortalen Persönlichkeitsschutz nur auf die Würde der Lebenden zurückführt).

262 Vgl. zum Streitstand exemplarisch CHRISTIAN STARCK in: V. MANGOLDT / KLEIN / STARCK (Hrsg.): Kommentar zum Grundgesetz, 5. Aufl., 2005, Art. 1 Abs. 1, Rn. 28 ff.

263 Die Rechtsordnung kann schließlich ohne weiteres einen Belang unter ihren Schutz stellen, ohne deshalb der begünstigten Entität die Rechtsfähigkeit zuzuerkennen. Diesen Umstand nimmt KNUT MÜLLER nicht wahr: Statt dessen schließt er von seiner Ansicht, dass den Toten menschliche Würde zukomme und sie da-

nung der Grundrechtsqualität von Art. 1 Abs. 1 GG keine Implikation für die Frage nach der Teilrechtsfähigkeit der Toten ergeben. Denn weil der Staat jedenfalls aus Art. 1 Abs. 1 S. 2 GG zum Schutz der menschlichen Würde verpflichtet ist, müsste er die postmortale Teilrechtsfähigkeit anerkennen, wenn die Menschenwürde anders nicht geschützt werden könnte.

Die Frage, ob Art. 1 Abs. 1 GG die Anerkennung einer postmortalen Teilrechtsfähigkeit erfordert, ist also allein danach zu entscheiden, ob der aufgrund von Art. 1 Abs. 1 GG zu gewährleistende Umfang des postmortalen Persönlichkeitsschutzes rechtstechnisch eine postmortale Teilrechtsfähigkeit erfordert oder nicht. Das ist nicht der Fall. Denn auch wenn es im Einzelnen stets zweifelhaft sein mag, wie weit der aufgrund von Art. 1 Abs. 1 GG zu gewährende postmortale Persönlichkeitsschutz gehen muss, ist doch eines offensichtlich: Der postmortale Persönlichkeitsschutz kann mit unterschiedlichen Mitteln gewährleistet werden. Jedenfalls ist dafür die Annahme einer postmortalen Teilrechtsfähigkeit nicht erforderlich, denn die zugehörigen Abwehransprüche könnten ohne weiteres den Angehörigen oder den Erben des Toten, einer von diesem benannten Person oder dem Staat zuerkannt werden[264].

Die Wahl zwischen diesen Gestaltungsmöglichkeiten ist denknotwendig eine rechtspolitische Entscheidung, zu der ein Richter nach dem gerade Gesagten nicht berufen ist[265]. Verfassungsrechtliche Schutzpflichten sind daher generell auf die Verwirklichung durch ein Gesetz angewiesen[266]. So sieht es

---

her von Art. 1 Abs. 1 GG geschützt würden, unmittelbar darauf, dass sie deshalb auch Inhaber des Grundrechts aus Art. 1 Abs. 1 GG und folglich Rechtssubjekte sein müssten (ders., a.a.O., S. 176 ff.). Den unzulässigen Schluss vom rechtlich gewährten Schutz der Toten auf deren Rechtssubjektivität vollzieht er – in abgeschwächter Form – noch einmal a.a.O. S. 250 f., wenn er den in § 35 Abs. 5 S. 2 SGB I vorgesehenen postmortalen Schutz von Sozialdaten als Argument für die Theorie von der postmortalen Teilrechtsfähigkeit heranzieht.

264 Deshalb spricht der – zutreffende – Hinweis BEUTHIENS, dass niemand in Würde leben und sterben könne, wenn er damit rechnen müsse, dass sein Lebensbild und Lebenswerk nach seinem Tod den Zugriffen und Angriffen Dritter schutzlos ausgesetzt wäre (DERS.: Zum postmortalen Persönlichkeitsschutz, a.a.O., S. 84) nicht unbedingt für die Anerkennung einer postmortalen Teilrechtsfähigkeit.

265 Im Hinblick auf die *Soraya*-Entscheidung des Bundesverfassungsgerichts (Billigung des vom BGH zuerkannten und im BGB nicht vorgesehenen Schadensersatzes für Beeinträchtigungen des allgemeinen Persönlichkeitsrechts) ebenso: HERMANN LANGE / GOTTFRIED SCHIEMANN: Schadensersatz, Handbuch des Schuldrechts, Bd. 1, 3. Aufl., Tübingen 2003, § 7 VI, S. 452 f.; WOLFGANG GRUNSKY in: MüKo, 3. Aufl., 1994, § 253, Rn. 6; GOTTFRIED SCHIEMANN in: STAUDINGER, Neubearbeitung 2005, § 253, Rn. 52.

266 Vgl. HAGER: Schutz der Ehre im Zivilrecht, a.a.O., S. 176; ISENSEE / KIRCHHOF, a.a.O., § 111, Rn. 90 f., 151; GEORG HERMES: Das Grundrecht auf Schutz von Leben und Gesundheit, Heidelberg 1987, S. 209 u. 212 f.; WERNER HEUN: Funk-

auch das Bundesverfassungsgericht, das sich nicht einmal selbst dazu befugt sieht, »neues Recht, das ein Verfassungsgebot erst voll realisieren würde, aber keinen eindeutig bestimmten Inhalt hat, also näherer Präzisierung durch den Gesetzgeber bedarf, selbst [zu] setzen, indem es einen ihm vorliegenden Fall entscheidet, wie wenn dieses Recht schon gelte. Das hieße, der Gestaltungsfreiheit des Gesetzgebers vorzugreifen. Das Bundesverfassungsgericht kann allenfalls feststellen, daß der Gesetzgeber seine Pflicht, solches Recht zu schaffen, nicht erfüllt hat.«[267]

Diese Haltung hat das Bundesverfassungsgericht im Hinblick auf den postmortalen Persönlichkeitsschutz in einem Nichtannahmebeschluss aus dem Jahr 2006 noch einmal bekräftigt. Der Beschwerdeführer hatte die Ansicht vertreten, aus Art. 1 Abs. 1 und Art. 2 Abs. 1 GG und den damit einhergehenden Schutzpflichten des Staates müsse ein Anspruch auf Geldentschädigung wegen postmortaler Verletzung nichtvermögenswerter Persönlichkeitsrechte folgen, weil nur so eine wirksame Prävention gegen rechtswidrige Eingriffe der Medien in die Privat- und Intimsphäre von Toten gewährleistet werden könne. Das Bundesverfassungsgericht folgte dieser Ansicht nicht:

> »Die aus Art. 1 Abs. 1 GG folgende Schutzpflicht ist jedoch grundsätzlich unbestimmt. Die Aufstellung und normative Umsetzung eines angemessenen Schutzkonzepts ist Sache des Gesetzgebers, dem grundsätzlich auch dann ein Einschätzungs-, Wertungs- und Gestaltungsspielraum zukommt, wenn er verpflichtet ist, Maßnahmen zum Schutz eines Rechtsguts zu ergreifen. [...] Nur ausnahmsweise lassen sich aus den Grundrechten konkrete Regelungspflichten ableiten (vgl. BVerfGE 96, 56 <64>). [...] Der aus der Garantie der Menschenwürde folgende Schutzauftrag gebietet nicht die Bereitstellung einer bestimmten Sanktion für Würdeverletzungen.«[268]

Wenn sich aus dem Schutzauftrag des Art. 1 Abs. 1 GG nicht einmal eine bestimmte Sanktion postmortaler Eingriffe in ideelle Persönlichkeitswerte ergibt, folgt daraus erst recht keine Vorgabe für eine bestimmte dogmatische Konstruktion wie eine postmortale Teilrechtsfähigkeit. Eine solche lässt sich der heutigen Rechtsordnung daher weder direkt noch im Rahmen zulässiger

---

tional-rechtliche Schranken der Verfassungsgerichtsbarkeit, Baden-Baden 1992, S. 67 u. 70; Gertrude Lübbe-Wolf: Die Grundrechte als Eingriffsabwehrrechte, Baden-Baden 1988, S. 40 f.

267 BVerfGE 20, S. 162, 219; ähnlich auch: BVerfGE 56, S. 54, 71; 77, S. 170, 177.

268 BVerfG 1 BvR 402/06 vom 19. Oktober 2006, veröffentlicht unter http://www.bundesverfassungsgericht.de/entscheidungen/rk20061019_1bvr040206.html, Rz. 19–21 – *Mordkommission Köln.*

richterlicher Rechtsfortbildung entnehmen[269]. Folglich ist den Gerichten der Rückgriff auf dieses Konstrukt durch Art. 20 Abs. 3 GG verwehrt.

3. Allgemeine Rechtssubjektivität

BUSCHMANN hat versucht, die Schwächen der Lehre vom postmortal subjektlosen Persönlichkeitsrecht und der Lehre von der postmortalen Teilrechtsfähigkeit durch die Einführung des Begriffs einer »allgemeinen Rechtssubjektivität« zu umgehen. Dieser Begriff soll über den der Rechtsfähigkeit hinausgehen, indem er auch die Fälle umfasst, in denen die Rechtsordnung einem nicht rechtsfähigen Subjekt Rechte zuordnet. Den Toten komme eine »allgemeine Rechtssubjektivität« zu, weil der Gesetzgeber ihnen bereits in § 22 KUG und § 83 UrhG a.F. Rechte zugeordnet habe. Deshalb sollen sie auch Inhaber des allgemeinen Persönlichkeitsrechts sein können[270].

Diese Theorie ist in der Literatur stark kritisiert worden. Ihre wesentliche Schwäche besteht darin, dass der Unterschied zwischen Rechtsfähigkeit und »allgemeiner Rechtssubjektivität« nicht zu erkennen ist. BUSCHMANN wurde daher nicht nur »terminologischer Eskapismus«[271] vorgeworfen, sondern auch, dass er den Begriff der »allgemeinen Rechtssubjektivität« in Wahrheit als Synonym für den Begriff Rechtsfähigkeit verwendet habe[272]. Problematisch ist jedenfalls, dass er die »allgemeine Rechtssubjektivität« des Toten nur damit begründet, dass der Tote Zuordnungsobjekt von § 83 UrhG a.F. und § 22 KUG sei[273] und dann den Schluss zieht, dass der Tote deshalb auch Inhaber eines postmortalen Persönlichkeitsrechts sei. Denn der Unterschied zwischen Rechtsfähigkeit und »allgemeiner Rechtssubjektivität« sollte ja gerade darin bestehen, dass die Subjekte, denen nur eine »allgemeine Rechtssubjektivität« zukommt, nur in einzelnen Fällen Zuordnungsobjekt eines Rechts sind[274]. Aus dem Nachweis, dass ein Subjekt Zuordnungsobjekt eines Rechts ist, folgt dann aber gerade nicht, dass es auch Zuordnungsobjekt eines anderen Rechts ist. Folglich hätte BUSCHMANN nachweisen müssen, wie der Rechtsordnung entnommen werden kann, dass der Tote Inhaber eines

---

269 So auch AXEL STEIN in: SOERGEL, a.a.O., 13. Aufl., § 1922, Rn. 25; H.P. WESTERMANN, NJW 1969, S. 561, 563 f.

270 BUSCHMANN, a.a.O., S. 2081, 2087 f.

271 SCHWERDTNER: Persönlichkeitsrecht, a.a.O., S. 109.

272 LEHMANN, a.a.O., S. 77. Auch KNUT MÜLLER, der offensichtlich mit der Auffassung BUSCHMANNS sympathisiert, gelingt es nicht, zwischen diesen Begriffen zu unterscheiden. So spricht er a.a.O. S. 243 von der »allgemeinen Rechtssubjektivität« der Toten, während er die Toten a.a.O. S. 250 für rechtsfähig erklärt.

273 Schon das ist strittig, vgl. dazu CLAUS, a.a.O., S. 58 m.w.N.

274 Das folgt nicht nur aus BUSCHMANNS Definition des »allgemeinen Rechtssubjekts« als Einheit, die Zuordnungsobjekt mindestens eines Rechtssatzes ist (a.a.O., S. 2087), sondern auch daraus, dass er dafür eintrat, mit diesem Begriff den Begriff der Teilrechtsfähigkeit zu ersetzen (a.a.O., S: 2088).

postmortalen Persönlichkeitsrechts ist. Dabei würden sich dieselben Hindernisse ergeben wie bei der Herleitung einer postmortalen Teilrechtsfähigkeit (s.o. B I 2 d). Es bleibt daher unklar, welche Vorzüge die Theorie einer »allgemeinen Rechtssubjektivität« gegenüber derjenigen von einer postmortalen Teilrechtsfähigkeit haben sollte.

II. Angehörigentheorie

Mit Hinweis darauf, dass sich ein genuines postmortales Persönlichkeitsrecht der Rechtsordnung nicht entnehmen lasse, wird vertreten, dass es einen unmittelbaren postmortalen Persönlichkeitsschutz im Zivilrecht nicht gebe. Danach wird die Persönlichkeit des Verstorbenen nur im Rahmen des allgemeinen Persönlichkeitsrechts der Angehörigen, also mittelbar, geschützt[275]. Dieser Ansatz hat den großen Vorteil, dass er die für den postmortalen Persönlichkeitsschutz erforderlichen Schutzansprüche problemlos einem Subjekt zuordnen kann. Zudem spricht die Tatsache, dass Tote gewöhnlich vor allem im Andenken ihrer Angehörigen fortexistieren dafür, beim postmortalen Persönlichkeitsschutz an die Angehörige anzuknüpfen[276].

1. Postmortale Persönlichkeitsverletzung als Verletzung des Persönlichkeitsrechts der Angehörigen

Ein erstes Problem der Angehörigentheorie besteht darin, nachzuweisen, dass das allgemeine Persönlichkeitsrecht den Angehörigen eine Rechtsposition verleiht, die es ihnen erlaubt, den postmortalen Persönlichkeitsschutz des Toten zu gewährleisten. Voraussetzung für einen Anspruch aus dem allgemeinen Persönlichkeitsrecht ist stets ein unzulässiger Eingriff in die Individual-, Privat- oder Intimsphäre seines Inhabers. Folglich wäre das allgemeine Persönlichkeitsrecht der nahen Angehörigen des Toten nur dann hinreichend für die Verwirklichung des postmortalen Persönlichkeitsschutzes, wenn jede Verletzung der Persönlichkeit des Toten zugleich ein unzulässiger Eingriff in

---

275 H. P. WESTERMANN, a.a.O., S. 566 f.; CLAUS, a.a.O., S. 66 ff.; JOHANN BIZER: Postmortaler Persönlichkeitsschutz? – Rechtsgrund und Länge der Schutzfristen für personenbezogene Daten Verstorbener nach den Archivgesetzen des Bundes und der Länder, in: NVwZ 1993, 653, 654 f.; ESTHER KNELLWOLF: Postmortaler Persönlichkeitsschutz – Andenkenschutz der Hinterbliebenen, Zürich 1991, S. 144 ff.; DIETHELM KLIPPEL: Der zivilrechtliche Schutz des Namens, Paderborn 1985, S. 553 f.; LEHMANN, a.a.O., S. 120 ff.; ERICH MAY: Zum Schutz der Persönlichkeit nach dem Tode, in: NJW 1958, 2101, 2103; NIKOLETOPOULOS, a.a.O., S. 101 ff.; AXEL STEIN: Der Schutz von Ansehen und Geheimsphäre Verstorbener, in: FamRZ 1986, 7, 8 ff.; JOCHEN TAUPITZ: Privatrechtliche Rechtspositionen um die Genomanalyse: Eigentum, Persönlichkeit, Leistung, in: JZ 1992, 1089, 1093 f.

276 H. P. WESTERMANN, a.a.O., S. 566, BIZER, a.a.O., S. 655.

das allgemeine Persönlichkeitsrecht seiner nahen Hinterbliebenen wäre. Das ist zweifelhaft.

Zwar ist es möglich, dass mit einem Angriff auf die Persönlichkeit eines Toten eine unzulässige Beeinträchtigung der Persönlichkeit eines überlebenden Angehörigen einhergeht. Unstreitig ist das jedoch nur, wenn der Abwehranspruch des Angehörigen auch dann bestünde, wenn der Tote noch nicht tot wäre. Schulbeispiel dafür ist die unzutreffende Behauptung eines Zerwürfnisses zwischen einem verstorbenen Vater und seinem Sohn[277]. Gegen diese Behauptung könnte der Sohn auch dann vorgehen, wenn sein Vater noch am Leben wäre, weil sie ihn (den Sohn) in seinem allgemeinen Persönlichkeitsrecht verletzt.

Dass der postmortale Persönlichkeitsschutz nicht auf solche Fälle beschränkt sein kann, wird von den Vertretern der Angehörigentheorie anerkannt. Daher argumentieren sie, dass sich der Schutzbereich des allgemeinen Persönlichkeitsrechts der Hinterbliebenen mit dem Tod eines nahen Angehörigen erweitere und nunmehr auch das Andenken an dessen Person, Werk und Lebensleistung umfasse[278]. Fraglich ist nur, wie eine solche Vergrößerung begründet werden könnte. Die erbrechtliche Rechtsnachfolge kommt nicht in Betracht, weil sie nur vermögensrechtliche Positionen umfasst und der hier in Rede stehende Zuwachs an rechtlichen Befugnissen nur den nicht vermögenswerten Teil des Persönlichkeitsrechts betreffen würde. Die Verfechter der Angehörigentheorie erklären die Erweiterung des Persönlichkeitsrechts der Angehörigen daher auch nicht mit einem Rechtsübergang, sondern erschließen sie aus der vermeintlichen »Natur der Persönlichkeitsrechte«[279]; der Tod des nahen Angehörigen führe bei nahen Hinterbliebenen zu einer Erweiterung der vom allgemeinen Persönlichkeitsrecht geschützten persönlichen Angelegenheiten: Schon zu Lebzeiten des Verstorbenen seien Angehörige von einer Beeinträchtigung seiner Persönlichkeit stets mitbetroffen gewesen, hätten aber nicht klagen können, weil es Sache des Verstorbenen gewesen sei, sein Persönlichkeitsrecht durchzusetzen. Mit seinem Tod werde dies jedoch zur persönlichen Angelegenheit der nahen Hinterbliebenen. Das folge daraus, dass das Lebensbild des Toten vor allem zum Gegenstand der Erinnerung seiner Hinterbliebenen werde[280]. Außerdem sei die persönliche Betroffenheit bei postmortalen Angriffen auf die Persönlichkeit eines Angehörigen auch deshalb höher als bei lebzeitigen, weil diese in dem Bewusst-

---

277 Vgl. dazu HAGER in: STAUDINGER, a.a.O., 13. Bearb. 1999, § 823, Rn. C 36; SCHWERDTNER in: MüKo, 3. Aufl., 1993, § 12, Rn. 197 sowie LG Berlin, GRUR 1959, 452, 453; BGH LM Nr. 51 zu § 847 BGB.

278 CLAUS, a.a.O., S. 66.

279 CLAUS, a.a.O., S. 67.

280 BIZER, a.a.O., S. 655; LEHMANN, a.a.O., S. 124; H. P. WESTERMANN, a.a.O., S. 566; KÜBLER, AfP 2007 (Sonderheft), S. 7, 10.

sein wahrgenommen würden, dass sich der verstorbene Angehörige nicht mehr zur Wehr setzen kann[281].

Dem ist entgegenzuhalten, dass aus der Tatsache, dass das Lebensbild eines Toten vor allem im Andenken seiner nächsten Angehörigen fortexistiert, nicht folgt, dass der Schutz dieses Andenkens rechtlich zu deren Sache gemacht werden müsste. Diese Behauptung ist ein methodisch unzulässiger Schluss von einem Sein auf ein Sollen. Allerdings ist zu berücksichtigen, dass der Schutzbereich des allgemeinen Persönlichkeitsrechts nur durch eine wertgeleitete Betrachtung der Wirklichkeit bestimmt werden kann. Die Reichweite des Schutzes ideeller Interessen durch das allgemeine Persönlichkeitsrecht ist namentlich unter Berücksichtigung des Schutzauftrages der Art. 1 Abs. 1, 2 Abs. 1 GG zu bestimmen[282]. Die Annahme, der Schutzbereich des allgemeinen Persönlichkeitsrechts Hinterbliebener erweitere sich mit dem Tod eines nahen Angehörigen, könnte im Rahmen herkömmlicher Dogmatik also nur begründet werden, wenn eine im Sinne der Art. 1 Abs. 1, 2 Abs. 1 GG wertende Betrachtung ergäbe, dass der Tod des nahen Angehörigen die Lebensverhältnisse der Hinterbliebenen derartig verändert, dass ihnen eine Vergrößerung ihres rechtlichen Handlungsspielraums zugebilligt werden muss. Mit der Schutzpflicht des Staates kann man die Erweiterung des allgemeinen Persönlichkeitsrechts der Hinterbliebenen hingegen nicht begründen, weil die Schutzpflicht des Staates sich auf die Lebensverhältnisse der Hinterbliebenen nicht unmittelbar auswirkt.

Für die Behauptung, dass sich die vom allgemeinen Persönlichkeitsrecht zu schützenden Belange der Hinterbliebenen beim Tod eines Angehörigen erweitern, fehlt es bisher leider an einem fundierten, an den Art. 1 Abs. 1, 2 Abs. 1 GG orientierten Nachweis. Das ist bedauerlich, denn es ist nicht offensichtlich, dass diese Behauptung zutrifft. Insbesondere ist in diesem Zusammenhang der nahe liegende Fehlschluss zu vermeiden, dass sich die persönlichen Belange der Hinterbliebenen schon deshalb erweiterten, weil es nunmehr an ihnen sei, sich anstelle des wehrlosen Toten um den Schutz von dessen Persönlichkeit zu kümmern. Das wäre eine *petitio principii.* Denn die Angehörigentheorie soll ja gerade dem Nachweis dienen, *dass* der postmortale Persönlichkeitsschutz von nahen Hinterbliebenen als eigene Angelegenheit wahrzunehmen ist. Folglich wäre es unzulässig, eine Vorfrage (Umfang der persönlichen Angelegenheiten der Hinterbliebenen) mit Verweis auf das unbewiesene Endergebnis (postmortaler Persönlichkeitsschutz als Angelegenheit der Angehörigen) zu begründen. Eine zulässige Begründung einer durch den Tod eines nahen Angehörigen bedingten Ausweitung der persönlichen Angelegenheiten muss daher von der möglichen rechtlichen Gestaltung

281 MAY, a.a.O., S. 2103; CLAUS, a.a.O., S. 67.

282 ROLAND RIXECKER in: MüKo, 5. Aufl., 2006, Allg. PersönlR., Rn. 3; EHMANN in: ERMAN, a.a.O., Anh § 12, Rn. 1–3.

eines postmortalen Persönlichkeitsschutzes abstrahieren. Folglich müsste diese Begründung in dem Nachweis bestehen, dass eine postmortale Beeinträchtigung der Persönlichkeit eines Menschen die Persönlichkeit seiner nahen Hinterbliebenen *a priori* stärker betrifft als eine entsprechende Persönlichkeitsbeeinträchtigung zu Lebzeiten es getan hätte.

Die Behauptung, eine postmortale Beeinträchtigung der Persönlichkeit des Toten treffe die Angehörigen besonders hart, weil diese sich der Wehrlosigkeit bewusst seien[283], ist ein prinzipiell geeignetes Argument. Allerdings ist nicht ohne weiteres ersichtlich, dass es in seiner Pauschalität der Realität entspricht[284]. Mit derselben Berechtigung könnte man nämlich behaupten, eine Beeinträchtigung der Persönlichkeit eines nahen Verwandten zu seinen Lebzeiten sei für dessen Angehörigen schmerzhafter als eine postmortale, weil ein lebzeitiger Angriff von dem betroffenen Verwandten noch wahrgenommen wird und ihn in seinen Gefühlen verletzt. Demgegenüber kann sich ein Sohn, dessen Mutter nach ihrem Tod beleidigt wird, zumindest damit trösten, dass sie »das nicht mehr erleben musste«.

Es drängt sich daher der Eindruck auf, dass sich die Situation naher Hinterbliebener bei einem Angriff auf die Persönlichkeit des Toten nicht grundsätzlich von der Situation der Angehörigen bei einem lebzeitigen Angriff auf einen nahen Verwandten unterscheidet: In beiden Fällen beeinträchtigt der Angriff ihr Rechtsgefühl, in beiden Fällen sind die Angehörigen daran interessiert, dass weitere Angriffe auf den Verwandten rechtlich unterbunden werden. Stets geht es ihnen also vor allem um einen effektiven Schutz der Persönlichkeit des Verwandten. Das Interesse Hinterbliebener an einem effektiven postmortalen Persönlichkeitsschutz kann den Schutzbereich ihres Persönlichkeitsrechts nach dem oben Gesagten aber ebenso wenig erweitern wie der Hinweis auf die Schutzlosigkeit des Toten. Denn man würde wiederum in unzulässiger Weise von einem Sein auf ein Sollen schließen, wenn man behaupteten wollte, dass sich aus dem Interesse der Hinterbliebenen an einem effektiven postmortalen Persönlichkeitsschutz bzw. der Schutzlosigkeit des Toten für die Hinterbliebenen die Möglichkeit ergeben müsse, diesen Schutz als eigenes Recht durchsetzen zu können. Dem entspricht es, dass man auch in anderen Zusammenhängen (z.B. Umwelt- oder Denkmalschutz) vom Interesse des Einzelnen an der Integrität eines schutzwürdigen Gutes nicht auf eine Erweiterung seines allgemeinen Persönlichkeitsrechts schließt.

Es bleibt festzuhalten, dass es an einer dogmatisch stichhaltigen Begründung dafür fehlt, wieso das allgemeine Persönlichkeitsrecht der nahen Hinterbliebenen mit dem Tod ihres Angehörigen auch den postmortalen Schutz seiner Persönlichkeit umfassen soll.

283 MAY, a.a.O., S. 2103; CLAUS, a.a.O., S. 67.

284 So auch BENDER: Krankenunterlagen, a.a.O., S. 233.

2. Divergierende Interessenlagen der Angehörigen

Unabhängig von diesen Einwänden wäre ein postmortaler Persönlichkeitsschutz auf der Grundlage der Angehörigentheorie nicht hinreichend. Die Angehörigentheorie weist nämlich zwei systemimmanente Schutzlücken auf: Zum einen schützt sie die Persönlichkeit des Toten nicht vor Beeinträchtigungen durch seine nahen Angehörigen. Denn wenn der postmortale Persönlichkeitsschutz ausschließlich ein Recht der Angehörigen ist, können diese für ihren Umgang mit der Persönlichkeit des Toten nicht belangt werden, weil sie nicht rechtswidrig in ihr eigenes Recht eingreifen können. Zum anderen wäre die Persönlichkeit eines Toten, der keine nahen Angehörigen hinterlässt, nach der Angehörigentheorie von vornherein ohne Schutz.

Weil es zu solchen Schutzlücken nicht kommen soll, sind sich Rechtsprechung und Literatur weithin darüber einig, dass ein Mensch, der seinen Angehörigen misstraut oder keine Angehörigen hat, Dritte mit dem postmortalen Schutzes seiner Persönlichkeit betrauen kann[285]. Das ist auf der Grundlage der Angehörigentheorie aber nicht möglich, weil sich die Persönlichkeitssphäre eines beliebigen Dritten nicht schon dadurch erweitert oder reduziert, dass ein anderer ihn mit dem postmortalen Schutz seiner Persönlichkeit betraut oder ihm diese Aufgabe wieder entzieht.

Ungeachtet dieser Mängel ist der Grundgedanke der Angehörigentheorie, beim postmortalen Persönlichkeitsschutz an diejenigen anzuknüpfen, die des Toten noch gedenken, praxis- wie auch interessengerecht. Daher lohnt es sich, auf diesen Gedanken zurückzugreifen, wenn es um die Regelung der Befugnisse beim postmortalen Persönlichkeitsschutz geht[286].

III. Allgemeine Rechtspflicht zur Achtung der Toten

Die Rechtsprechung sowie Teile der Literatur[287] leiten den postmortalen Persönlichkeitsschutz aus einer allgemeinen Rechtspflicht zur Achtung der Toten her.

---

285 BGHZ 15, 249, 259 – *Cosima Wagner*, BGHZ 50, 133, 140 – *Mephisto*, BGH, NJW 1990, 1986, 1987 – *Emil Nolde*; FISCHER, a.a.O., S. 143 ff.; HAGER in: STAUDINGER, a.a.O., § 823, Rn. C 40; GREGORITZA, a.a.O., S. 64; HELDRICH, a.a.O., S. 171; HUBMANN, a.a.O., S. 347 f.; LANGE / KUCHINKE, a.a.O., § 5 III 5b (S. 104); LARENZ / CANARIS, a.a.O., § 80 VI 2a (S. 535); SCHACK: Der Persönlichkeitsschutz der Urheber und ausübenden Künstler, a.a.O., S. 361. Anders: JÖRG SOEHRING: Presserecht, 3. Aufl., Stuttgart 2000, Rn. 13.11, der unter den Wahrnehmungsberechtigten nur Angehörige aufführt.

286 Vgl. dazu unten C II 2 a.

287 BGHZ 50, 133, 137 f. – *Mephisto* und seitdem in ständiger Rechtsprechung unter Bezugnahme auf dieses Urteil; HELDRICH, a.a.O., S. 169; JUNG, a.a.O., S. 203 ff.; RIXECKER in: MüKo, 5. Aufl., 2006, Allg. PersönlR, Rn. 33; LAMBERT SCHULZE WESSEL: Die Vermarktung Verstorbener, Berlin 2001, S. 54 ff.; LARENZ /

1. Herleitung einer allgemeinen Rechtspflicht zur Achtung der Toten

Eine Rechtspflicht zur Achtung der Toten ist nicht normiert. Daher kann von der Existenz einer solchen Rechtspflicht nur ausgegangen werden, wenn diese methodengerecht aus dem geltenden Recht hergeleitet werden kann.

a. Herleitung des BGH

Der Bundesgerichtshof hat die Existenz einer allgemeinen Rechtspflicht zur Achtung der Toten im *Mephisto*-Urteil wie folgt begründet:

> »Die Rechtsordnung kann Gebote und Verbote für das Verhalten der Rechtsgenossen zum Schutz verletzungsfähiger Rechtsgüter auch unabhängig vom Vorhandensein eines lebenden Rechtssubjektes vorsehen und namentlich Unterlassungsansprüche der in Rede stehenden Art durch jemanden wahrnehmen lassen, der nicht selbst Subjekt des entsprechenden Rechtes ist, wenn der ursprüngliche Träger dieses Rechts durch den Tod die Rechtsfähigkeit verloren hat. Seit langer Zeit sieht die Rechtsordnung diese Lösung bereits für besonders wichtige Fallgruppen vor, in denen es um an sich unübertragbare Persönlichkeitsrechte geht. So ist die Verbreitung von Abbildungen nach dem Tode des Abgebildeten von der Einwilligung seiner Angehörigen abhängig (§ 22 des Kunsturhebergesetzes vom 9. Januar 1907). Auch zu der Strafvorschrift über die Verunglimpfung des Andenkens Verstorbener (§ 189 StGB) wird heute die Auffassung vertreten, daß hier nicht allein das Pietätsgefühl und die Familienehre der antragsberechtigten Angehörigen, sondern auch die eigene Ehre des Verstorbenen in Gestalt eines fortbestehenden Achtungsanspruchs im sozialen Raum geschützt wird [...]. § 361 StPO läßt die Wiederaufnahme des Strafverfahrens zugunsten des Verstorbenen auf Antrag bestimmter Angehöriger zu. Ferner können die Angehörigen eines ausübenden Künstlers nach dem Tode Entstellungen der Darbietungen des Verstorbenen untersagen (§ 83 UrhG). Wenn derartige Regelungen zum Teil schon nach früherem Recht galten, dann kann erst recht nach der verfassungsrechtlichen Wertordnung des Grundgesetzes nicht mehr angenommen werden, daß nach dem Tode einer Person zwar deren übertragbare Rechte an materiellen Gütern fortbestehen, dagegen das durch ihre Leistungen erworbene, u. U. viel nachhaltiger im Gedächtnis der Nachwelt fortlebende Ansehen Eingriffen Dritter schutzlos preisgegeben wäre. [...] Nach Anerkennung des allgemeinen Persönlichkeitsrechts sind vielmehr die erwähnten näher geregelten Einzelfälle des Schutzes von Persönlichkeitsgütern Verstorbener als Ausdruck einer all-

---

CANARIS: Schuldrecht II / 2, § 80 VI 1 c, S. 532; JENS PETERSEN: Medienrecht, 3. Aufl., München 2006, § 4, Rn. 42, S. 64 f.; DERS: Postmortaler Persönlichkeitsschutz, JURA 2008, S. 271, 272; HAGER in: Staudinger, Bearbeitung 1999, a.a.O., § 823, C 39.

gemeinen Rechtspflicht aufzufassen, wonach Persönlichkeitsgüter der hier strittigen Art – allerdings in dem durch das Ableben der Person bedingten eingeschränkten Umfang – auch nach dem Tode ihres Inhabers von den Rechtsgenossen zu beachten sind, da andernfalls die Wertentscheidung des Grundgesetzes nicht ausreichend zur Geltung käme.«[288]

Diese Ausführungen lassen an Klarheit zu wünschen übrig. Denn aus der Feststellung, dass die Rechtsordnung Ge- und Verbote zum Schutz von Rechtsgütern aufstellen *kann*, folgt nicht, dass sie dies im Falle des postmortalen Persönlichkeitsschutzes auch getan hat. Weil es an einer positiven Normierung des postmortalen Persönlichkeitsschutzes fehlt, hätte der Bundesgerichtshof im Hinblick auf seine Bindung an Recht und Gesetz (Art. 20 Abs. 3 GG) darlegen müssen, wie sich dem Gesetz eine allgemeine Rechtspflicht zur Achtung der Toten entnehmen lässt. Die Anknüpfung an die §§ 22 S. 3 KUG, 83 UrhG a.F.[289], 189 StGB und 361 StPO erweckt den Eindruck, dass der Bundesgerichtshof die allgemeine Rechtspflicht zur Achtung der Toten mit einer Analogie zu diesen Normen begründen wollte.

aa. Keine Gesamtanalogie zu §§ 22 S. 3 KUG, 83 UrhG a.F., 189 StGB und 361 StPO

Der Rückgriff auf vier verschiedene Normen deutet auf eine Gesamtanalogie hin. Bei einer Gesamtanalogie wird mehreren gesetzlichen Bestimmungen, die an verschiedene Tatbestände die gleiche Rechtsfolge knüpfen, ein »allgemeiner Rechtsgrundsatz« entnommen, der auf einen im Gesetz nicht geregelten Tatbestand ebenso zutrifft wie auf die geregelten Tatbestände[290]. Musterbeispiel einer Gesamtanalogie war im alten Schuldrecht die Folgerung, dass die bei verschiedenen Dauerschuldverhältnissen als unabdingbar normierte »Kündigung aus wichtigem Grund« bei allen Dauerschuldverhältnissen möglich sein müsse[291].

---

288 BGHZ 50, 133, 137 f. – *Mephisto.*

289 § 83 Schutz gegen Entstellung

(1) Der ausübende Künstler hat das Recht, eine Entstellung oder eine andere Beeinträchtigung seiner Darbietung zu verbieten, die geeignet ist, sein Ansehen oder seinen Ruf als ausübender Künstler zu gefährden.

(2) [...]

(3) Das Recht erlischt mit dem Tode des ausübenden Künstlers, jedoch erst fünfundzwanzig Jahre nach der Darbietung, wenn der ausübende Künstler vor Ablauf dieser Frist verstorben ist; die Frist ist nach § 69 zu berechnen. Nach dem Tode des ausübenden Künstlers steht das Recht seinen Angehörigen (§ 60 Abs. 3) zu.

290 LARENZ / CANARIS: Methodenlehre, a.a.O., S. 204.

291 Vgl. dazu GAIER in: MüKo, 5. Aufl., 2007, § 314, Rn. 1. Nachdem die Rechtsprechung das Recht zur Kündigung aus wichtigem Grund im alten Schuldrecht

Bei näherer Betrachtung zeigt sich allerdings, dass die Voraussetzungen einer Gesamtanalogie bei den vom Bundesgerichtshof herangezogenen Normen (§ 22 KUG, § 83 UrhG a.F., § 189 StGB, § 361 StPO) nicht vorliegen, denn diese Normen weichen sowohl aufseiten des Tatbestandes als auch aufseiten der Rechtsfolgen stark voneinander ab:

Schon die Tatbestände unterscheiden sich erheblich: § 189 StGB setzt eine Verunglimpfung des Verstorbenen, also eine postmortale Beeinträchtigung, voraus. § 83 UrhG a.F. erfordert die Entstellung eines urheberrechtlich geschützten Werkes des Toten, wobei es nicht darauf ankommt, ob diese postmortal oder zu Lebzeiten begangen und erst postmortal bekannt wurde. § 361 StPO ermöglicht die Wiederaufnahme eines Strafverfahrens nach dem Tod des Verurteilten; damit ermöglicht er die postmortale Wiedergutmachung einer zu Lebzeiten des Verstorbenen begangenen Persönlichkeitsverletzung durch ein Fehlurteil. Dagegen setzt der Tatbestand des § 22 KUG keine Persönlichkeitsbeeinträchtigung des Toten voraus, sondern lediglich das Begehren eines Dritten, sein Bild zu veröffentlichen. Hier geht es also nicht um das Abstellen oder die Wiedergutmachung einer Persönlichkeitsverletzung, sondern um deren Prävention durch ein repressives Verbot mit Genehmigungsvorbehalt.

Hinzu kommt, dass sich die vier Normen auch auf der Rechtsfolgenseite erheblich unterscheiden: § 22 S. 3 KUG räumt bestimmten Hinterbliebenen die Befugnis ein, anstelle des Verstorbenen die Genehmigung zu erteilen, ohne die das Bild des Verstorbenen in den ersten zehn Jahren nach seinem Tod nicht veröffentlicht werden darf[292]. Es geht also um die Prävention postmortaler Beeinträchtigungen. Bei § 83 UrhG a.F. geht es dagegen um die Repression der Verunstaltung eines Werks des Toten. Anders als dies beim allgemeinen postmortalen Persönlichkeitsrecht der Fall ist, üben die Erben im Fall des § 83 UrhG a.F. ein eigenes Recht aus, weil das Urheberpersönlichkeitsrecht anders als das allgemeine Persönlichkeitsrecht auf die Erben übergeht. Wiederum anders ist die Rechtsfolge von § 189 StGB, die in einem staatlichen Strafanspruch besteht. § 361 StPO ist dagegen eine reine Verfahrensnorm und ähnelt schon deshalb auf der Rechtsfolgenseite keiner der vorgenannten materiellen Vorschriften.

Die einzige Ähnlichkeit der vier durch den Bundesgerichtshof beigezogenen Normen besteht darin, dass der Gesetzgeber in unterschiedlichen Situa-

---

bei allen Dauerschuldverhältnissen anerkannt hatte, wurde sie im neuen Schuldrecht in § 314 BGB normiert.

292 Vgl. Thomas Dreier in: Ders. / Gernot Schulze: Urheberrechtsgesetz, 2. Aufl., München 2006, § 22 KUG, Rn. 28, 31; Michael Fricke in: Artur-Axel Wandtke / Winfried Bullinger: Praxiskommentar Urheberrecht, 2. Aufl., München 2006, § 22 KUG, Rn. 12 sowie Anna Gregoritza: Die Kommerzialisierung von Persönlichkeitsrechten Verstorbener, Berlin 2003, S. 47 m.w.N.

tionen und auf unterschiedliche Weise die Absicht verfolgte, die persönlichen Belange eines Menschen postmortal zu berücksichtigen. Mangels Ähnlichkeit der Tatbestände und Rechtsfolgen dieser Normen reicht das aber nicht aus, um im Wege der Gesamtanalogie auf einen neuen Rechtssatz zu schließen.

bb. Keine Einzelanalogie zu § 22 S. 3 KUG

Die mangelnde Ähnlichkeit der genannten vier Vorschriften schließt es allerdings nicht aus, den postmortalen Persönlichkeitsschutz auf eine Einzelanalogie zu *einer* dieser vier Vorschriften zu stützen. Bei der Einzelanalogie wird eine einzelne Gesetzesnorm auf einen von ihr nicht geregelten Sachverhalt angewendet, weil er dem geregelten Sachverhalt gleicht. Für eine Einzelanalogie kommt vorliegend nur § 22 S. 3 KUG in Betracht. § 361 StPO und § 189 StGB scheiden aus, weil es sich bei ihnen um eine Verfahrens- bzw. eine Strafnorm handelt, denen es an einer hinreichenden Ähnlichkeit mit der Materie eines zivilrechtlichen postmortalen Persönlichkeitsschutzes erkennbar fehlt; das Gleiche gilt für § 83 UrhG a.F., der die Wahrnehmung eines vererblichen Rechts regelt.

§ 22 S. 3 KUG hat mit dem Recht am eigenen Bilde hingegen ebenfalls ein unvererbliches Persönlichkeitsrecht zum Gegenstand und enthält damit eine positivrechtliche Regelung des postmortalen Persönlichkeitsschutzes[293]. Eine Einzelanalogie von § 22 S. 3 KUG auf eine allgemeine Rechtspflicht zur Achtung der Toten kann nicht damit abgetan werden, dass dabei von einem spezielleren Rechtssatz (Recht am eigenen Bild) auf einen allgemeineren Rechtssatz (allgemeine Rechtspflicht zur Achtung der Toten) geschlossen würde. Zwar wird teilweise behauptet, ein solcher Schluss sei nicht zulässig[294]. Dabei wird jedoch übersehen, dass die Analogie von einem Einzelfall auf den anderen notwendig eine allgemeinere Regel hervorbringt. Denn der analogen Anwendung eines Rechtssatzes liegt stets der (induktive) Schluss zu Grunde, dass diesem Rechtssatz im Hinblick auf seine *ratio legis* eine über seinen Wortlaut hinausweisende, sprich: allgemeinere Geltung zukommt[295]. Für die Richtigkeit eines Schlusses kann es aber nicht darauf

---

293 Aus diesem Grunde plädiert auch PETER SCHWERDTNER dafür, den postmortalen Persönlichkeitsschutz auf eine »vorsichtige Analogie« zu § 22 KUG zu stützen; vgl. DERS. in: MüKo, 3. Aufl. 1993, § 12, Rn. 195.

294 Z.B. BGH NJW 1989, S. 227 sowie das Schweizerische Bundesgericht BGE 116 II, S. 428, 431.

295 Vgl. HANS-MARTIN PAWLOWSKI: Methodenlehre für Juristen, 3. Aufl., Heidelberg 1999, S. 215 ff.; DIETER SCHMALZ: Methodenlehre für das juristische Studium, Baden-Baden 1998, S. 128; ERNST KRAMER: Juristische Methodenlehre, 2. Aufl., Bern 2005, S. 180; LARENZ / CANARIS: Methodenlehre, S. 202, allerdings wird auf S. 205 der induktive Charakter der Einzelanalogie dann wieder relativiert.

ankommen, ob man von dem induzierten allgemeineren Rechtssatz wieder auf einen besonderen, nicht geregelten Einzelfall schließt (gewöhnliche Einzelanalogie) oder es bei dem Schluss auf diesen allgemeineren Rechtssatz belässt. Richtig ist die analoge Anwendung eines Rechtssatzes also immer, wenn sich die Analogie im Rahmen der *ratio legis* der Ausgangsnorm bewegt[296].

SCHWERDTNER hält es für möglich, den allgemeinen postmortalen Persönlichkeitsschutz auf § 22 KUG zurückzuführen. Er meint, den postmortalen Bildnisschutz auf dem Wege eines Erst-Recht-Schlusses auf die postmortale Namensnennung, Charakter- und Lebensbilddarstellung ausweiten zu können, weil diese im Vergleich zur Bildveröffentlichung ein »Mehr« darstellten, vor dem die Persönlichkeit des Toten erst recht zu schützen sei[297]. Weil es sich bei einem solchen Schluss *a minore ad maius* um eine Sonderform der Analogie handelt[298], ist auch er nur tragfähig, wenn die neu gefundene Regelung eine Ausweitung der Anwendung der Ausgangsnorm ist, die sich im Rahmen ihrer *ratio legis* bewegt. Daran bestehen Zweifel. Zwar ist unumstritten, dass § 22 S. 3 KUG dem postmortalen Schutz eines besonderen Persönlichkeitsrechts (Recht am eigenen Bild) dient[299] und damit dem gleichen Zweck wie der allgemeine postmortale Persönlichkeitsschutz.

Allerdings kann man schwerlich behaupten, dass es sich beim allgemeinen postmortalen Persönlichkeitsschutz um eine Ausweitung des Anwendungsbereichs von § 22 KUG handelt. Bei näherer Betrachtung erweist sich der allgemeine postmortale Persönlichkeitsschutz eher als ein *aliud*, da er weder die Struktur noch die wesentlichen Ausübungsvoraussetzungen von § 22 KUG übernimmt. Der postmortale Bildnisschutz ist vorbehaltlich der Ausnahmen in § 23 KUG absolut: Jede Veröffentlichung eines Bildes des Toten, die innerhalb von zehn Jahren nach seinem Tod ohne die Einwilligung der in § 22 S. 4 KUG genannten Angehörigen erfolgt, ist per se rechtswidrig und kann mit den Mitteln der §§ 33 ff. KUG sowie des § 823 Abs. 2 BGB i.V.m. § 22 KUG unterbunden werden.

---

296 Im Ergebnis wie hier: KRAMER, a.a.O., S. 185 f.; EGON SCHNEIDER / FRIEDRICH E. SCHNAPP: Logik für Juristen, 6. Aufl., München 2006, S. 155; REINHOLD ZIPPELIUS: Juristische Methodenlehre, 10. Aufl., München 2006, S. 69.

297 SCHWERDTNER in: MüKo, 3. Aufl., 1993, § 12, Rn. 195.

298 Es handelt sich um eine verstärkte Form der Analogie, denn beim Schluss a minore ad maius wird die geforderte Gleichbehandlung des ungeregelten mit dem geregelten Fall nicht nur auf die Behauptung gestützt, dass diese Fälle im Hinblick auf die ratio der Regelung gleich seien, sondern auf die Behauptung, dass die ratio der Regelung ihre Anwendung auf den ungeregelten Fall erst recht erfordert (also noch mehr als ihre Anwendung auf den geregelten Fall).

299 DREIER in: DERS. / SCHULZE, a.a.O., § 22 KUG, Rn. 28; EKKEHARD GERSTENBERG / HORST-PETER GÖTTING in: GERHARD SCHRICKER (Hrsg.): Urheberrecht, 2. Aufl., München 1999, § 60 UrhG / § 22 KUG, Rn. 24.

Beim allgemeinen postmortalen Persönlichkeitsschutz wäre eine vergleichbare Gestaltung aus verfassungsrechtlichen Gründen nicht denkbar, weil der Schutzbereich des postmortalen Persönlichkeitsschutzes zu groß und seine Dauer nicht klar begrenzt ist. Das zeigt sich z.B. am Recht am eigenen Namen, das Gegenstand des postmortalen Persönlichkeitsschutzes ist. Eine analoge Anwendung von § 22 KUG auf den postmortalen Schutz des Namens würde dazu führen, dass jede ungenehmigte namentliche Erwähnung des Toten in der Öffentlichkeit rechtswidrig wäre, solange dessen Andenken noch nicht verblasst ist. Wegen seines weiten Schutzbereiches und seiner längeren Dauer darf der postmortale Persönlichkeitsschutz anders als der postmortale Bildnisschutz nur zur Anwendung kommen, wenn er die kollidierenden Grundrechte der Lebenden überwiegt. Diese Abwägung muss auf der Seite des Tatbestandes erfolgen, weil der postmortale Persönlichkeitsschutz allein auf die Menschenwürde zurückzuführen ist, die gemäß Art. 1 Abs. 1 GG unantastbar ist[300]. Damit unterscheidet sich der postmortale Persönlichkeitsschutz strukturell grundlegend vom postmortalen Bildnisschutz.

Ein weiterer Unterschied betrifft die Wahrnehmungsbefugnis, die § 22 S. 4 KUG den Ehegatten, Lebenspartnern und Kindern des Abgebildeten und nur hilfsweise seinen Eltern überträgt. Im Hinblick auf den allgemeinen postmortalen Persönlichkeitsschutz ist es hingegen weithin unumstritten, dass die Wahrnehmungsbefugnis vorrangig einer vom Verstorbenen benannten Person oder wenn eine Benennung fehlt, seinen nahen Angehörigen zustehen soll. Der Kreis der Angehörigen wird dabei weiter gezogen als in § 22 S. 4 KUG, da auch Geschwister und Enkelkinder als wahrnehmungsberechtigt gelten[301]. Das bedeutet, dass beim allgemeinen postmortalen Persönlichkeitsschutz weder der Schutzmechanismus noch die Schutzfristen noch die Regelungen zur Wahrnehmungsbefugnis übernommen werden, die § 22 KUG für den postmortalen Bildnisschutz vorsieht. Folglich kann die allgemeine Rechtspflicht zur Achtung der Toten, die Grundlage des allge-

300 Diese Abwägung findet daher bei der Prüfung des Eingriffs statt. Sie entspricht materiell derjenigen, die beim allgemeinen Persönlichkeitsrecht zur Feststellung der Rechtswidrigkeit vorgenommen wird. Vgl. dazu oben: A III 1.

301 Für eine solche Ausweitung sind namentlich auch die literarischen Vertreter der Theorie von einer allgemeinen Rechtspflicht, nämlich: JUNG, a.a.O., S. 215, RIXECKER in: MüKo, 5. Aufl., 2006, Allg. PersönlR, Rn. 33 sowie SCHULZE WESSEL, a.a.O., S. 59 f. Außerdem dafür: HAGER in: Staudinger, a.a.O., § 823, Rn. C 40; SCHACK: Das Persönlichkeitsrecht der Urheber und ausübenden Künstler, a.a.O. S. 361 (Fn. 169). Die Rechtsprechung weist die Wahrnehmungsbefugnis durchgehend und bisher ohne nähere Präzisierung den »nahen Angehörigen« zu: BGHZ 50, 133, 140 – *Mephisto*; BGHZ 107, 384, 389 – *Nolde*; BGH GRUR 1984, 907, 908 – *Frischzellenkosmetik*; OLG Hamburg, AfP 1993, 595, 596; LG München UFITA 20 (1955), 230, 233. Auch diese Formulierung spricht eher dafür, Geschwister und Enkel nicht auszunehmen.

meinen postmortalen Persönlichkeitsschutzes sein soll, nicht mit einer Einzelanalogie zu § 22 S. 3 KUG begründet werden. Mit der Heranziehung von § 22 KUG, § 83 UrhG a.F., § 189 StGB und § 361 StPO lässt sich eine allgemeine Rechtspflicht zur Achtung der Toten daher nicht begründen.

b. Art. 1 Abs. 1 S. 1 GG als Grundlage einer allgemeinen Rechtspflicht zur Achtung der Toten

Eine allgemeine Rechtspflicht zur Achtung der Toten könnte sich allerdings aus Art. 1 Abs. 1 S. 1 GG ergeben. Das darin enthaltene Gebot, die Menschenwürde nicht anzutasten, richtet sich nach einer weit verbreiteten Literaturansicht nämlich nicht nur an den Staat, sondern entfaltet auch gegenüber allen anderen Rechtssubjekten unmittelbare Wirkung[302]. Im Hinblick darauf, dass der postmortale Persönlichkeitsschutz vom Bundesverfassungsgericht aus Art. 1 Abs. 1 S. 1 GG hergeleitet wird, könnte sich aus dessen unmittelbarer Drittwirkung eine allgemeine Rechtspflicht zur Achtung der Toten ergeben.

Allerdings wäre auch diese Herleitung einer allgemeinen Rechtspflicht zur Achtung der Toten verschiedenen Einwänden ausgesetzt. Umstritten ist nämlich nicht nur, ob Art. 1 Abs. 1 GG unmittelbare Drittwirkung entfaltet, sondern auch die Vorfrage, ob Art. 1 Abs. 1 GG überhaupt ein subjektives Recht vermittelt[303]. Die Klagbarkeit von Art. 1 Abs. 1 S. 1 GG wurde von GÜNTER DÜRIG mit dem Verweis darauf abgelehnt, dass es sich bei dieser Norm systematisch nur um das oberste Prinzip allen objektiven Rechts handele, das in den folgenden Normen des Grundgesetzes schrittweise realisiert werde[304]. Die unmittelbare Klagbarkeit von Art. 1 Abs. 1 S. 1 GG ist zum Schutz des Individuums auch nicht erforderlich, weil eine Würdeverletzung stets die Verletzung der allgemeinen Handlungsfreiheit aus Art. 1 Abs. 1 i.V.m. Art. 2 Abs. 1 GG beinhaltet[305] und schon deshalb immer klagbar ist.

Unabhängig von diesem Streit spricht bereits der Wortlaut von Art. 1 Abs. 1 GG gegen eine unmittelbare Drittwirkung dieser Norm. Wäre das Verbot der Antastung der Menschenwürde in Art. 1 Abs. 1 S. 1 GG nämlich

---

302 MATTHIAS HERDEGEN in: MAUNZ, THEODOR / DÜRIG, GÜNTER (Hrsg.): Grundgesetz, Kommentar, München 1962 ff., Stand: 50. Ergänzungslieferung, Oktober 2002, Art. 1 Abs. 1, Rn. 4 f.

303 Beides wird mit überzeugenden Argumenten verneint von TATJANA GEDDERT-STEINACHER: Menschenwürde als Verfassungsbegriff, Berlin 1990, S. 93 ff., 167 ff.

304 GÜNTER DÜRIG in: MAUNZ, THEODOR / DÜRIG, GÜNTER (Hrsg.): Grundgesetz, Kommentar, München 1962 ff., bis 41. Ergänzungslieferung, Oktober 2007, Art. 1 Abs. 1, Rn. 70; ebenso: DREIER in: DERS.: Grundgesetz Kommentar, 2. Aufl., a.a.O., Art. 1, Rn. 128.

305 DÜRIG, a.a.O., Rn. 88; DREIER, a.a.O., Rn. 129.

tatsächlich an alle Rechtssubjekte gerichtet, wäre es nicht erforderlich gewesen, in Art. 1 Abs. 1 S. 2 GG (nur) den Staat zur Achtung der Menschenwürde zu verpflichten.

Der Streit um die unmittelbare Drittwirkung von Art. 1 Abs. 1 S. 1 GG braucht hier allerdings nicht entschieden zu werden. Denn selbst wenn man von einer unmittelbaren Drittwirkung des Art. 1 Abs. 1 S. 1 GG und einer sich daraus ergebenden allgemeinen Rechtspflicht zur Achtung der Toten ausginge, würde sich daraus kein klagbarer Anspruch ergeben[306].

2. *Kein klagbarer Abwehranspruch aus einer allgemeinen Rechtspflicht zur Achtung der Toten*

Sofern sich aus Art. 1 Abs. 1 S. 1 GG eine allgemeine Rechtspflicht zur Achtung der Toten ergeben sollte, wäre jede Zuwiderhandlung gegen diese Pflicht rechtswidrig. Aus der Rechtswidrigkeit einer Handlung ergeben sich allerdings weder unmittelbare Rechtsfolgen noch ergibt sich daraus, welchem Rechtssubjekt das Recht eingeräumt werden soll, gegen eine solche Handlung vorzugehen. Deshalb reicht es nicht aus, wenn zur Begründung des zivilrechtlichen postmortalen Persönlichkeitsschutzes allein auf die angebliche Existenz einer allgemeinen Rechtspflicht zur Achtung der Toten verwiesen wird. Es reicht auch nicht aus festzustellen, dass die Rechtsordnung auf die Zuwiderhandlung gegen eine allgemeine Rechtspflicht mit Unterlassungsansprüchen reagieren und diese einem Subjekt zuordnen kann, das selbst nicht Träger des geschützten Rechtsgutes ist[307]. Vielmehr müsste nachgewiesen werden, dass die Rechtsordnung dies getan hat. Dieser Nachweis ist bisher nicht erbracht worden.

a. Art. 1 Abs. 1 S. 1 GG als Schutzgesetz im Sinne des § 823 Abs. 2 BGB

Als Grundlage eines Anspruchs auf Abwehr von Verstößen gegen eine Rechtspflicht zur Achtung der Toten kommen kommt insbesondere § 823 Abs. 2 BGB in Betracht[308]. Der Rückgriff auf diese Anspruchsgrundlage ist nahe liegend. Schutznorm im Sinne des § 823 Abs. 2 BGB ist nämlich jede

---

306 Dazu sogleich.

307 So allerdings BGHZ 50, 133, 137 – *Mephisto* und sich daran anschließend RIXECKER in: MüKo, 5. Aufl., 2006, Allg. PersönlR., Rn. 33. Kritisch demgegenüber auch: OLIVER BRÄNDEL in: GÖTTING, HORST PETER / SCHERTZ, CHRISTIAN / SEITZ, WALTER (Hrsg.): Handbuch des Persönlichkeitsrechts, München 2008, § 37, Rn. 29.

308 HELDRICH, a.a.O., S. 169, LARENZ / CANARIS: Schuldrecht II/2, a.a.O., § 80 VI 1c, S. 532 und PETERSEN, a.a.O., § 4, Rn. 42, S. 64 f. wollen Abwehransprüche bei postmortalen Eingriffen in den ideellen Teil des Persönlichkeitsrechts ausdrücklich auf diese Anspruchsgrundlage stützen.

Norm, die auch dem Schutz von Individualinteressen dient[309]. Grundrechte dienen immer dem Schutz von Individualinteressen, so dass ein Grundrecht, das unmittelbare Drittwirkung entfaltet, stets eine Schutznorm im Sinne des § 823 Abs. 2 BGB ist[310]. Im Hinblick auf eine allgemeine Schutzpflicht zur Achtung der Toten muss allerdings danach differenziert werden, auf wessen Würde der postmortale Persönlichkeitsschutz beruht[311].

aa. Postmortaler Persönlichkeitsschutz als Ausfluss der Würde des Toten

Sofern man mit der herrschenden Meinung davon ausgeht, dass dem Toten selbst noch menschliche Würde zukommt[312] und die allgemeine Rechtspflicht zur Achtung der Toten dem Schutz seiner Würde dient, ist die Lehre von der allgemeinen Rechtspflicht keine Alternative zu den Lehren von den subjektlosen Rechten bzw. der postmortalen Teilrechtsfähigkeit. Der Anspruch aus § 823 Abs. 2 BGB kommt nämlich nur demjenigen zu, der von dem verletzten Schutzgesetz geschützt wird. Wenn sich die allgemeine Rechtspflicht zur Achtung der Toten daraus ergibt, dass Art. 1 Abs. 1 S. 1 GG die Würde der Toten schützt, könnte nur der Tote Inhaber des Abwehranspruchs aus § 823 Abs. 2 BGB sein. Damit würde sich wiederum die Frage stellen, wie ein solcher Anspruch existieren kann, und diese Frage ließe sich nur damit beantworten, dass dieser Anspruch postmortal subjektlos fortexistiert oder damit, dass der Tote teilrechtsfähig ist. Sofern man davon ausgeht, dass eine allgemeine Rechtspflicht zur Achtung der Toten auf der Würde der Toten beruht, trägt die Lehre von der allgemeinen Rechtspflicht zur Lösung des zentralen Problems des zivilrechtlichen postmortalen Persönlichkeitsschutzes also nichts bei, sondern fügt den Problemen der bestehenden Lösungsansätze nur zusätzliche Probleme hinzu.

---

309 Allgemeine Ansicht, vgl. dazu beispielhaft GERHARD WAGNER in: MüKo, 4. Aufl., 2004, § 823, Rn. 340.

310 Deshalb ist das in Art. 9 Abs. 3 GG Recht auf Koalitionsfreiheit, dem unstreitig Drittwirkung zukommt auch ein Schutzgesetz i.S.d. § 823 Abs. 2 BGB. Vgl. dazu WAGNER in MüKo, a.a.O., § 823, Rn. 360; MANFRED LÖWISCH / VOLKER RIEBLE in: RICHARDI, REINHARD / WLOTZKE, OTFRIED (Hrsg.): Münchener Handbuch zum Arbeitsrecht, Bd. 3, 2. Aufl., München 2000, § 246, Rn. 268; BAG NJW 1983, 1098 f.

311 Siehe dazu auch unten C I 2.

312 BVerfGE 30, 173, 194 = BVerfG NJW 1971, 1645, 1647 – *Mephisto*; KUNIG in: VON MÜNCH/ KUNIG, a.a.O., Art. 1, Rn. 15; ZIPPELIUS in: Bonner Kommentar zum Grundgesetz, Art. 1, Rn. 29; STARCK in: VON MANGOLDT / KLEIN / STARCK: Kommentar zum Grundgesetz, 5. Aufl., 2005, Art. 1 Abs. 1, Rn. 22; HERDEGEN in: MAUNZ / DÜRIG: Grundgesetz, Art. 1 Abs. 1, Rn. 54.

bb. Postmortaler Persönlichkeitsschutz zum Schutz der Würde der Lebenden

Ein eigenständiger Ansatz zur Beantwortung der Frage nach dem Rechtssubjekt beim zivilrechtlichen postmortalen Persönlichkeitsschutz ergibt sich aus der Lehre von der allgemeinen Rechtspflicht nur, wenn man davon ausgeht, dass die allgemeine Rechtspflicht zur Achtung der Toten ein Ausfluss der Würde der Lebenden ist[313]. In diesem Fall wäre zumindest das Problem des mangelnden Rechtssubjekts gelöst. Wenn die allgemeine Rechtspflicht zur Achtung der Toten Ausfluss eines (hier einmal unterstellten) Grundrechts der Lebenden aus Art. 1 Abs. 1 GG wäre, würde diese Rechtspflicht nämlich dem Schutz ihrer Würde dienen. Als Schutzadressaten könnten sich die Lebenden grundsätzlich auf § 823 Abs. 2 BGB in Verbindung mit der allgemeinen Rechtspflicht zur Achtung der Toten berufen.

Ein tragfähiges Fundament für einen zivilrechtlichen postmortalen Persönlichkeitsschutz ergibt sich aber auch aus diesem Ansatz nicht. In der Praxis würde sich im Falle einer postmortalen Persönlichkeitsverletzung aus § 823 Abs. 2 BGB i.V.m. einer auf der Würde der Lebenden beruhenden Rechtspflicht zur Achtung der Toten nämlich kein klagbarer Anspruch ergeben. Ein Anspruch aus § 823 Abs. 2 BGB i.V.m. Art. 1 Abs. 1 S. 1 GG würde nämlich voraussetzen, dass der Anspruchsinhaber vom Anspruchsgegner in seiner Würde verletzt wurde. Dass ein Lebender durch die Verletzung des postmortalen Persönlichkeitsrechts eines Toten in seiner individuellen Würde verletzt wird, ist jedoch kaum denkbar. Nach allgemeiner Ansicht erfordern die Unantastbarkeit der Menschenwürde und die Unabänderlichkeitsgarantie des Art. 79 Abs. 3 GG nämlich eine restriktive Auslegung der tatbestandlichen Voraussetzungen von Art. 1 Abs. 1 S. 1 GG[314]. Demnach liegt ein Eingriff in die Würde des Menschen nur vor, wenn dessen Wert an sich verneint wird und er zum Objekt bloßer Willkür wird[315]. Ein Lebender hätte also nur dann einen Abwehranspruch gegen den Verstoß gegen eine allgemeine Rechtspflicht zur Achtung der Toten, wenn sein Wert durch diesen Verstoß verneint bzw. er selbst durch diesen Verstoß zu einem Objekt der Willkür wurde. Dass eine postmortale Persönlichkeitsverletzung bei einem Lebenden diese Schwelle einmal übersteigt ist beinahe undenkbar. Folglich ergibt sich aus der Lehre von der allgemeinen Rechtspflicht zur Achtung der Toten auch dann kein klagbarer zivilrechtlicher Anspruch, wenn unterstellt wird, dass diese Rechtspflicht auf der Würde der Lebenden beruht.

---

313 Zu der Frage ob es die Würde des Toten oder die Würde der Überlebenden ist, die den postmortalen Persönlichkeitsschutz erfordert, siehe unten C I 2.

314 Vgl. nur HERDEGEN in MAUNZ / DÜRIG, a.a.O., Art. 1 Abs. 1, Rn. 41; FRIEDHELM HUFEN: Staatsrecht II – Grundrechte, München 2007, Rn. 29 ff.; WOLFRAM HÖFLING in: SACHS, MICHAEL (Hrsg.): Grundgesetz Kommentar, 3. Aufl., München 2003, Art. 1, Rn. 17 f.

315 Vgl. BVerGE 1, 97, 104.

b. Art. 1 Abs. 1 S. 1 GG als eigene zivilrechtliche Anspruchsgrundlage?

Denkbar wäre, Art. 1 Abs. 1 S. 1 GG nicht nur als Grundlage einer allgemeinen Rechtspflicht zur Achtung der Toten, sondern darüber hinaus auch als Grundlage für Abwehransprüche gegen Zuwiderhandlungen gegen diese Rechtspflicht heranzuziehen. Allerdings lassen sich die Probleme eines postmortalen Persönlichkeitsschutzes im Zivilrecht auch auf diesem Weg nicht lösen.

Es ist bereits zweifelhaft, ob Art. 1 Abs. 1 S. 1 GG in struktureller Hinsicht als Anspruchsgrundlage in Betracht kommt, weil diese Norm keine Rechtsfolgen benennt, sondern allein die Aussage enthält, dass die menschliche Würde nicht angetastet werden darf. Gegen die Annahme, dass Art. 1 Abs. 1 S. 1 GG eine zivilrechtliche Anspruchsgrundlage ist, spricht zudem die Einordnung von Art. 9 Abs. 3 GG, der als einzige Grundrechtsnorm unstreitig unmittelbare Drittwirkung entfaltet. Art. 9 Abs. 3 GG ist nämlich keine eigenständige zivilrechtliche Anspruchsgrundlage, sondern nur ein Schutzgesetz im Sinne des § 823 Abs. 2 BGB[316], so dass sich die Frage stellt, warum dies bei Art. 1 Abs. 1 S. 1 GG anders sein sollte

Unabhängig von diesen Einwänden wäre ein Rückgriff auf Art. 1 Abs. 1 S. 1 GG als Anspruchsgrundlage schon deshalb vergebens, weil ein solches Vorgehen mit den selben Problemen behaftet wäre, wie ein Rückgriff auf § 823 Abs. 2 BGB i.V.m. der allgemeinen Rechtspflicht zur Achtung der Toten: Wenn man den Anspruch aus Art. 1 Abs. 1 S. 1 GG dem Toten zuordnen würde, wäre man wiederum gezwungen auf die Lehren von den postmortal subjektlosen Rechten bzw. der postmortalen Teilrechtsfähigkeit zurückzugreifen, und bei einer Anknüpfung an die Lebenden wären die Voraussetzungen eines Eingriffs in Art. 1 Abs. 1 GG nicht erfüllt.

c. Zivilrechtlicher Abwehranspruch aus Rechtsfortbildung?

Weil eine zivilrechtliche Anspruchsgrundlage für die Abwehr von Verstößen gegen eine allgemeine Rechtspflicht zur Achtung der Toten im geschriebenen Recht nicht ersichtlich ist, bleibt zu prüfen, ob die Rechtsprechung einen solche im Rahmen der Rechtsfortbildung schaffen konnte.

aa. Keine analoge Anwendung der §§ 823, 1004 BGB

Die Hinterbliebenen oder andere Individuen könnten eine allgemeine Rechtspflicht zur Achtung der Toten durchsetzen, wenn ihnen aus einer analogen Anwendung der §§ 823, 1004 BGB ein Abwehranspruch zukäme. Voraussetzung einer Analogie ist die Übertragung der für einen Tatbestand im Gesetz vorgesehenen Rechtsfolge auf einen nicht geregelten, ihm ähnli-

316 Vgl. dazu WAGNER in MüKo, a.a.O., § 823, Rn. 360; LÖWISCH / RIEBLE a.a.O.; BAG NJW 1983, 1098 f.

chen Tatbestand. Dabei muss sich die Ähnlichkeit der Fälle auf die Aspekte beziehen, die für die rechtliche Bewertung des geregelten Falls maßgeblich sind[317]. Eine analoge Anwendung der §§ 823, 1004 Abs. 1 BGB zur Durchsetzung einer allgemeinen Rechtspflicht scheitert in zweifacher Hinsicht: Zum einen fehlt es an der erforderlichen Ähnlichkeit der Fälle. Zum anderen passt die Rechtsfolge der §§ 823, 1004 Abs. 1 BGB nicht zum postmortalen Persönlichkeitsschutz.

Zweifelhaft ist bereits, ob die Fälle des postmortalen Persönlichkeitsschutzes den von §§ 823, 1004 Abs. 1 BGB erfassten Fällen auf tatbestandlicher Seite hinreichend ähneln. Wesentliche Voraussetzung aller deliktsrechtlichen Ansprüche ist ein Schaden des Anspruchsinhabers, der darauf beruht, dass der Anspruchsgegner ein Rechtsgut des Anspruchstellers verletzt oder gegen ein Gesetz verstoßen hat, das den Anspruchsteller schützt. Die Verletzung von Rechtsgütern und Schutzpositionen Dritter kann daher nur verfolgt werden, wenn eine Abtretung, Stellvertretung oder Prozessstandschaft vorliegt. Deshalb kann ein Kläger gegen die Verletzung kollektiver Rechtsgüter nur vorgehen, wenn diese Rechtsgüter ihm eigene Rechts- und Schutzpositionen verleihen[318]. Hierin kommt die Ausgleichsfunktion des Deliktsrechts zum Ausdruck: Sinn des Deliktsrechts ist es, dem Geschädigten als Kompensation für den erlittenen Schaden einen Ersatzanspruch zu verschaffen[319]. Eine analoge Anwendung der §§ 823, 1004 Abs. 1 BGB als Anspruchsgrundlage für die Durchsetzung einer allgemeinen Rechtspflicht wäre mit der Ausgleichsfunktion des Deliktsrechts nicht vereinbar. Der Anspruchsteller würde nämlich keinen Ausgleich für die Verletzung einer eigenen Rechtsposition geltend machen, sondern allein für den Toten oder die Öffentlichkeit tätig werden, ohne dazu bevollmächtigt zu sein. Wie ein Popularkläger würde er nicht seine Rechtsposition, sondern nur die Rechtsordnung als solche verteidigen. Weil solche Möglichkeiten im Deliktsrecht nicht vorgesehen sind, fehlt es an der für eine Analogie erforderlichen Vergleichbarkeit der Fälle. Hier deutet sich bereits an, dass man das Problem der Durchsetzung einer allgemeinen Rechtspflicht nicht löst, indem man die damit verbundenen Abwehransprüche einem Individuum zuordnet.

Aus diesem Grund passen die Rechtsfolgen der deliktsrechtlichen Ansprüche auch nicht zum postmortalen Persönlichkeitsschutz. Das Deliktsrecht dient dem Rechtsgüterschutz, indem es dem Geschädigten einen Ausgleich für den Schaden verschafft, der aus der Verletzung eines Rechtsgutes oder

317 LARENZ / CANARIS: Methodenlehre, a.a.O., S. 202.

318 Vgl. zum ähnlich gelagerten Problem eines deliktsrechtlichen Umweltschutzes WAGNER in: MüKo, 4 Aufl., § 823, Rn. 168.

319 Vgl. HAGER in: STAUDINGER, 13. Bearbeitung, a.a.O., Vorbem zu §§ 823 ff., Rn. 9 sowie HANS-JOACHIM MERTENS in: MüKo, 3. Aufl., 1997, vor §§ 823–853, Rn. 41.

dem Verstoß gegen ein Schutzgesetz resultiert. Die Kompensation des Schadens ist der deliktsrechtliche Anspruch; dieser Anspruch ersetzt im Vermögen des Anspruchsinhabers den Verlust, den er an dem geschädigten Rechtsgut erlitten hat. Wie über sein restliches Vermögen kann der Anspruchsinhaber auch über diesen Anspruch frei verfügen; er kann ihn durchsetzen, ihn aufrechnen, ihn abtreten oder ihn erlassen. Wenn man einem Rechtssubjekt in analoger Anwendung der §§ 823, 1004 Abs. 1 BGB zubilligen würde, eine allgemeine Rechtspflicht zur Achtung der Toten im eigenen Namen durchzusetzen, müsste der daraus resultierende Abwehranspruch dem klagenden Subjekt zukommen. Der Kläger könnte über diesen Anspruch ebenso frei verfügen wie über seine sonstigen zivilrechtlichen Ansprüche. Im Hinblick auf diesen Anspruch stünde er dann, als hätte er den nichtvermögenswerten Teil des Persönlichkeitsrechts des Toten geerbt. Das soll aber gerade nicht passieren. Niemand soll sich die höchstpersönlichen Rechtspositionen eines anderen aneignen und darüber verfügen können. Wenn der Gesetzgeber dies anders gesehen hätte, hätte er die Rechtsnachfolge von Todes wegen nicht auf das Vermögen beschränkt. Schon deshalb passt die Rechtsfolge der §§ 823, 1004 Abs. 1 BGB auf den postmortalen Persönlichkeitsschutz nicht. Hinzu kommt, dass sich die Rechtsposition des Lebenden, der den postmortalen Persönlichkeitsschutz durchsetzt, durch die postmortale Persönlichkeitsverletzung verbessern würde: Er würde den Abwehranspruch aus §§ 823, 1004 Abs. 1 BGB hinzugewinnen, ohne dass für ihn damit ein entsprechender Schaden einherginge. Die analoge Anwendung von §§ 823, 1004 Abs. 1 BGB zur Durchsetzung einer allgemeinen Rechtspflicht würde damit auch noch gegen das Ausgleichsprinzip des Deliktsrechts verstoßen.

Daraus ergibt sich, dass das Problem der Durchsetzung einer allgemeinen Rechtspflicht nicht gelöst werden kann, indem einem Individuum zugebilligt wird, in analoger Anwendung der §§ 823 und 1004 Abs. 1 BGB die damit verbundenen Ansprüche im eigenen Namen durchzusetzen. Schon aus dem Begriff der allgemeinen Rechtspflicht ergibt sich, dass es bei diesem Konzept um eine Pflicht des Einzelnen gegenüber der Allgemeinheit geht. Folglich können die Abwehransprüche, die aus einem Pflichtverstoß resultieren auch nicht einem Einzelnen, sondern nur der Allgemeinheit zukommen. Daraus folgt, dass die Durchsetzung der allgemeinen Rechtspflicht durch ein Individuum allenfalls auf dem Weg der Stellvertretung oder Prozessstandschaft gelöst werden kann. Eine analoge Anwendung der §§ 823, 1004 Abs. 1 BGB, mit der das Recht der Allgemeinheit zum Recht des Individuums gemacht würde, wird dieser Prämisse nicht gerecht. Das ist letztlich der Grund dafür, dass sie aus methodischen Gründen ausscheidet.

bb. Keine freie richterliche Rechtsfortbildung

Fraglich ist, ob eine Anspruchsgrundlage für die Durchsetzung einer allgemeinen Rechtspflicht zur Achtung der Toten im Rahmen freier richterlicher Rechtsfortbildung geschaffen werden könnte. Die Rechtsprechung hat sich mit dieser Frage offenbar bisher noch nicht auseinandergesetzt. Jedenfalls hat sich der Bundesgerichtshof auf die Herleitung der allgemeinen Rechtspflicht zur Achtung der Toten beschränkt und ist nie darauf eingegangen, welches Rechtssubjekt auf welcher Rechtsgrundlage gegen eine Missachtung einer solchen Pflicht soll einschreiten können[320].

Ein Anspruch auf Unterlassung von Verstößen gegen eine allgemeine Rechtspflicht zur Achtung der Toten lässt sich auch nicht im Wege freier richterlicher Rechtsfortbildung herleiten. Voraussetzung zulässiger richterlicher Rechtsfortbildung ist nämlich, dass sich die neu zu schaffende Rechtsfigur mit spezifisch rechtlichen Argumenten herleiten lässt[321]. Zwar ergibt sich aus Art. 1 Abs. 1 S. 2 GG eine staatliche Pflicht zum postmortalen Persönlichkeitsschutz, so dass der Gesetzgeber verpflichtet ist, die rechtlichen Voraussetzungen für den postmortalen Schutz der Persönlichkeit zu schaffen. Allerdings hat der Gesetzgeber regelmäßig mehrere Möglichkeiten, einen staatlichen Schutzauftrag umzusetzen. Wenn der Gesetzgeber mehrere Möglichkeiten zur Umsetzung des Schutzauftrages hat, ist die Wahl zwischen den verschiedenen Gestaltungsmöglichkeiten denknotwendig eine rechtspolitische Entscheidung, die nicht allein auf spezifisch rechtlichen Argumenten beruht. Folglich liegen die Voraussetzungen einer richterlichen Rechtsfortbildung in diesen Fällen nicht vor, sodass sie von den Gerichten zu unterlassen ist. Beim postmortalen Persönlichkeitsschutz ist dies der Fall, weil der Gesetzgeber ihn auf verschiedenen Wegen umsetzen könnte: Er könnte eine postmortale Teilrechtsfähigkeit kodifizieren, er könnte die fehlende Anspruchsgrundlage für die Durchsetzung einer allgemeinen Rechtspflicht schaffen oder bei der Kodifikation eines postmortalen Persönlichkeitsschutzes den Vorschlägen in Teil D dieser Abhandlung folgen. Aus diesem Grund lässt sich eine Anspruchsgrundlage für die Durchsetzung einer allgemeinen Rechtspflicht zur Achtung der Toten auf dem Wege richterlicher Rechtsfortbildung ebenso wenig herleiten wie eine postmortale Teilrechtsfähigkeit[322].

---

320 Vgl. BGHZ 50, 133, 138 f. – *Mephisto*. In späteren Entscheidungen hat sich der BGH nicht mehr zu den Grundlagen des postmortalen Persönlichkeitsschutzes geäußert.

321 Vgl. zu diesem Erfordernis die Ausführungen unter B I 2 d dd sowie LARENZ / CANARIS: Methodenlehre, a.a.O., S. 246 f.

322 Vgl. dazu oben B I 2 d dd. Die dortige Argumentation gilt im Hinblick auf die Möglichkeit der Herleitung einer Anspruchsgrundlage zur Abwehr von Verstößen gegen eine allgemeine Rechtspflicht entsprechend.

d. Keine gewohnheitsrechtliche Anerkennung eines zivilrechtlichen Abwehranspruchs

Ungeachtet der Tatsache, dass die *Mephisto*-Rechtsprechung des Bundesgerichtshofs seit rund 40 Jahren zur Anwendung kommt, kann ein Anspruch auf Durchsetzung einer allgemeinen Rechtspflicht zur Achtung der Toten auch nicht auf Gewohnheitsrecht gestützt werden. Gewohnheitsrecht wird nämlich nicht allein dadurch begründet, dass die Gerichte eine bestimmte Rechtsprechung über einen bestimmten Zeitraum beibehalten. Erforderlich ist zusätzlich die Bildung einer gemeinsamen Überzeugung von der Richtigkeit des entsprechenden Rechtssatzes in den beteiligten Kreisen. Es reicht nicht, wenn eine Judikatur widerspruchslos oder nahezu widerspruchslos hingenommen wird. Entscheidend ist vielmehr, ob die betreffende Gerichtspraxis im Schrifttum und in der Öffentlichkeit überwiegend Zustimmung oder Ablehnung erfährt[323]. Im Hinblick auf die Vielfalt der kontroversen Ansätze, die seit dem Fall BISMARCK zum Gegenstand des postmortalen Persönlichkeitsschutzes vertreten werden, kann nicht davon gesprochen werden, dass es jemals eine gemeinsame Überzeugung von der Richtigkeit der Lehre von der allgemeinen Rechtspflicht und der Existenz einer damit korrespondierenden Anspruchsgrundlage gegeben hat.

IV. Zwischenergebnis

Seit der *Mephisto*-Entscheidung hat es die unterschiedlichsten Versuche gegeben, aus der geltenden Rechtsordnung einen postmortalen Persönlichkeitsschutz herzuleiten, der den verfassungsrechtlichen Vorgaben entspricht und eine Grundlage für die Judikatur der Zivilgerichte bietet. Seit der *Marlene*-Entscheidung des Bundesgerichtshofs steht fest, dass der vermögenswerte Teil des allgemeinen Persönlichkeitsrechts in den Nachlass fällt und fortan von den Erben als eigenes Recht verteidigt werden kann. Mit dem Übergang auf die Erben fallen diese Persönlichkeitsrechte aus dem Bereich des im rechtstechnischen Sinne genuinen postmortalen Persönlichkeitsschutzes heraus.

Für die nichtvermögenswerten Persönlichkeitsrechte kommt eine vergleichbare Lösung nicht in Betracht, weil es sich bei ihnen um höchstpersönliche Rechte handelt, die nicht auf andere Personen übergehen können. Ein schlüssiges Konzept, wie der postmortale Schutz dieser Rechte im Zivilrecht verankert werden und der vom Grundgesetz erforderte umfassende Schutz gewährleistet werden kann, steht aus.

Geht man mit dem Bundesgerichtshof und der wohl überwiegenden Lehre davon aus, dass es in diesem Bereich ein genuines postmortales Persönlichkeitsrecht gibt, hat man zwar geringere Probleme damit, die verfassungs-

323 Vgl. LARENZ / CANARIS: Methodenlehre, a.a.O., S. 258.

rechtlichen Vorgaben zu erfüllen, weil man die Grenzen eines solchen Rechts den Vorgaben des Grundgesetzes anpassen kann. Problematisch ist dagegen, wie sich ein solches postmortales Persönlichkeitsrecht der Zivilrechtsordnung entnehmen lassen soll. Die Schwierigkeit besteht darin, dass der Mensch mit dem Tod seine Rechtsfähigkeit verliert, so dass es an einem Rechtssubjekt mangelt, dem die höchstpersönlichen Bestandteile seines Persönlichkeitsrechts zugeordnet werden können. Dem Problem kann auf zwei Wegen begegnet werden: Durch die Behauptung, dass der nicht vermögenswerte Teil des Persönlichkeitsrechts nach dem Tod seines Inhabers dauerhaft subjektlos fortexistiert oder durch die Behauptung, dass der Tote im Hinblick auf ein solches Recht noch rechtsfähig sei. Beide Ansätze lassen sich mit der bestehenden Rechtsordnung nicht in Einklang bringen.

Die Annahme von einem postmortal subjektlosen Persönlichkeitsrecht ist nicht haltbar, weil ein solches Recht dauerhaft subjektlos wäre. Das ist mit dem Begriff des subjektiven Rechts nicht vereinbar. Ein subjektives Recht ist die Willensmacht, die einem Einzelnen zum Zwecke der Befriedigung seiner legitimen Interessen vom objektiven Recht gewährt wird. Mit dem Tod entfallen aber sowohl der Wille als auch die Interessen des Menschen. Anders als bei den vorübergehend subjektlosen Rechten wird es beim höchstpersönlichen Teil des allgemeinen Persönlichkeitsrechts auch niemanden geben, der später in diese Position eintritt. Ein Recht, das niemand mehr innehaben kann, ist unwiederbringlich erloschen. Jede davon abweichende Einschränkung stellt den relationalen Charakter in Abrede, der allem Recht zu Grunde liegt. Gegenstand des Rechts kann nur sein, was eine Person von einer anderen verlangen kann. Wo ein solches Verhältnis fehlt, gibt es kein Recht, sondern nur noch Moral.

Auch mit dem Konstrukt einer postmortalen Teilrechtsfähigkeit lässt sich der postmortale Persönlichkeitsschutz nicht im Zivilrecht verankern. Zum einen fehlt der Nachweis, dass dieser Ansatz mit der gängigen Lehre von der Rechtsfähigkeit und der Lehre vom subjektiven Recht vereinbar ist. Zum anderen lässt sich eine postmortale Teilrechtsfähigkeit dem geltenden Recht mit methodisch zulässigen Mitteln nicht entnehmen. Im Hinblick auf Art. 20 Abs. 3 GG wäre es daher rechtswidrig, würde ein Gericht eine Entscheidung auf diese Denkfigur stützen.

Die Angehörigentheorie vermeidet diese Probleme, indem sie den postmortalen Persönlichkeitsschutz im allgemeinen Persönlichkeitsrecht der hinterbliebenen Angehörigen verankert. Allerdings lässt sich nicht nachvollziehen, wieso die postmortale Verletzung der Persönlichkeit eines Toten die Persönlichkeit seiner Hinterbliebenen verletzen soll. Zudem gewährt die Angehörigentheorie der Persönlichkeit des Toten keinen Schutz, wenn er keine Angehörigen hat oder wenn es die Angehörigen sind, die seine Persönlichkeit verletzen.

Auch mit der Behauptung einer allgemeinen Rechtspflicht zur Achtung der Persönlichkeit Verstorbener lässt sich ein zivilrechtlicher postmortaler Persönlichkeitsschutz nicht begründen. Insbesondere liefert dieser Ansatz keine Antwort darauf, wer das durch die allgemeine Rechtspflicht berechtigte Subjekt sein sollte. Die »Allgemeinheit« als solche ist kein Rechtssubjekt und wenn mit der »Allgemeinheit« der Staat gemeint sein sollte, ist der Bereich des öffentlichen Rechts betreten. Auch die Anknüpfung an § 823 Abs. 2 BGB hilft nicht weiter. Sofern man davon ausgeht, dass die allgemeine Rechtspflicht zur Achtung der Toten dazu dient, die Würde des Toten zu schützen, fehlt es wiederum an einem Rechtssubjekt. Geht man davon aus, dass Art. 1 Abs. 1 GG ein Grundrecht enthält, das unmittelbare Drittwirkung entfaltet und geht man zugleich davon aus, dass die allgemeine Rechtspflicht zur Achtung der Toten die Würde der Lebenden schützt, könnte den Lebenden aus § 823 Abs. 2 BGB i.V.m. Art. 1 Abs. 1 GG zwar ein Abwehranspruch zustehen. Dessen Tatbestandsvoraussetzungen werden im Fall einer postmortalen Persönlichkeitsverletzung jedoch so gut wie nie vorliegen, denn es ist kaum denkbar, dass durch die Verletzung der Persönlichkeit eines Verstorbenen die individuelle Würde eines Lebenden verletzt wird. Weil sich auch mit den Mitteln der Rechtsfortbildung nicht begründen lässt, wie ein Einzelner eine allgemeine Rechtspflicht durchsetzen kann, liefert die Lehre von der allgemeinen Rechtspflicht dem gegenwärtig praktizierten postmortalen Persönlichkeitsschutz ebenfalls keine Grundlage.

C. Normierung eines postmortalen Persönlichkeitsschutzes

Die Untersuchung des postmortalen Persönlichkeitsschutzes hat ergeben, dass es in der juristischen Literatur seit der frühen Neuzeit eine sich stetig verstärkende Tendenz gegeben hat, die Persönlichkeit des Einzelnen unter den Schutz der Rechtsordnung zu stellen. Die Zivilrechtsprechung folgte dem erst, nachdem das Grundgesetz in Kraft getreten war; im Hinblick auf dessen Art. 1 und 2 erkannte der Bundesgerichtshof die Persönlichkeit als schutzwürdiges Rechtsgut im Sinne des § 823 Abs. 1 BGB an. Dieser Schutz wurde in der *Mephisto*-Entscheidung auf die Zeit nach dem Tod ausgedehnt. Der zivilrechtliche postmortale Persönlichkeitsschutz ist damit Rechtswirklichkeit geworden.

Gleichwohl hat sich aus der Untersuchung ergeben, dass es für einen zivilrechtlichen postmortalen Persönlichkeitsschutz derzeit keine rechtliche Grundlage gibt. Nimmt man die in Art. 20 Abs. 3 GG verankerte Gewaltentrennung ernst, so darf der zur Zeit von der Rechtsprechung praktizierte postmortale Schutz nichtvermögenswerter Persönlichkeitsrechte nur fortgesetzt werden, wenn der Gesetzgeber dafür eine normative Grundlage schafft. Der folgende Abschnitt setzt sich mit der Normierung des postmoralen Schutzes nichtvermögenswerter Persönlichkeitsrechte auseinander[324].

I. Verfassungsrechtliche Implikationen für die Normierung eines postmortalen Persönlichkeitsschutzes

Dabei muss zunächst der verfassungsrechtliche Rahmen abgesteckt werden, in dem sich der Normgeber beim postmortalen Persönlichkeitsschutz bewegt. Im Hinblick darauf, dass das Bundesverfassungsgericht von einer Pflicht des Staates zum postmortalen Schutz der Persönlichkeit spricht[325], muss insbesondere geklärt werden, inwieweit der Gesetzgeber dazu verpflichtet ist, dem derzeit praktizierten postmortalen Persönlichkeitsschutz eine normative Grundlage zu geben.

---

324 Im Hinblick auf die Frage der Rechtsfindung bei der Normsetzung orientiert sich diese Arbeit an der Untersuchung von ARTHUR KAUFMANN: Das Verfahren der Rechtsgewinnung, München 1999, S. 84–89.

325 BVerfGE 30, 173, 194 = BVerfG NJW 1971, 1645, 1647 – *Mephisto*.

1. Schutzpflichten des Staates

Verfassungsrechtlich kann sich die Notwendigkeit der Normierung eines Rechtssatzes aus einer grundrechtlichen Schutzpflicht des Staates gegenüber dem Bürger ergeben. Die Existenz grundrechtlicher Schutzpflichten des Staates gegenüber seinen Bürgern bzw. Einwohnern ist unstreitig, unklar ist allenfalls ihre Herleitung: Das Bundesverfassungsgericht verweist auf den objektiv-rechtlichen Gehalt einzelner Grundrechte sowie auf die in Art. 1 Abs. 1 S. 2 GG normierte Pflicht zum Schutz der menschlichen Würde[326]. In der Literatur wird die Existenz von Schutzpflichten auch darauf gestützt, dass der Rechtsstaat seinen Bürgern zum Schutz verpflichtet ist, weil er ihnen durch sein Gewaltmonopol das natürliche Recht auf eigenmächtige Verteidigung ihrer Rechtsgüter genommen habe[327].

Voraussetzung einer grundrechtlichen Schutzpflicht des Staates ist ein (drohender) rechtswidriger Eingriff eines Privaten in ein grundrechtliches Schutzgut[328]. Zu Lebzeiten eines Menschen lässt sich eine staatliche Pflicht zum Schutz seiner Persönlichkeit vor Dritten aus dem allgemeinen Persönlichkeitsrecht (Art. 2 Abs. 1 i.V.m. Art. 1 Abs. 1 GG) herleiten. Weil mit dem Tod die Rechtssubjektivität des Menschen endet, kann eine staatliche Pflicht zum postmortalen Persönlichkeitsschutz nicht ohne weiteres auf das allgemeine Persönlichkeitsrecht zurückgeführt werden. Denn Rechte des Verstorbenen, die bei seinem Tod nicht auf Dritte übergehen, entfallen mangels Rechtssubjekts. Weil Grundrechte nicht übertragbar sind, könnte der postmortale Persönlichkeitsschutz nur dann auf die aus Art. 2 Abs. 1, 1 Abs.1 GG beruhende Schutzpflicht des Staates zurückgeführt werden, wenn man davon ausginge, dass dieses Grundrecht nach dem Tod seines Inhabers subjektlos fortbesteht oder der Tote im Hinblick auf dieses Grundrecht noch rechtsfähig ist. Die Einwände gegen die Lehre von den postmortal subjektlosen Rechten und die Lehre von der postmortalen Teilrechtsfähigkeit wurden bereits dargelegt. Gegen die Annahme, dass einem Toten das Grundrecht aus Art. 2 Abs. 1, 1 Abs. 1 GG zusteht, spricht zudem, dass der Sinn des allgemeinen Persönlichkeitsrechts darin besteht, seinem Inhaber einen Freiraum zu gewähren, innerhalb dessen er sein Leben frei gestalten kann. Dieser Zweck entfällt mit dem Tod[329]. Deshalb ist der postmortale Persönlichkeitsschutz im Verhältnis zum allgemeinen Persönlichkeitsrecht nicht nur ein Minus, sondern ein *aliud*, denn anders als beim Persönlichkeitsrecht geht es beim postmortalen Persönlichkeitsschutz nicht

---

326 BVerfGE 39, 1, 41; BVerfGE 46, 160, 164.

327 Vgl. ECKART KLEIN: Grundrechtliche Schutzpflicht des Staates, NJW 1989, S. 1633, 1635 f. mit Differenzierungen im Einzelnen sowie mit weiteren Nachweisen.

328 Vgl. ISENSEE / KIRCHHOF, a.a.O., § 111, Rn. 89.

329 So auch HOCH, a.a.O., S. 29 ff.

um die Entfaltungsmöglichkeiten eines Menschen, sondern um die Integrität des Bildes, das sich Dritte von einem Verstorbenen machen. Deshalb lehnt auch das Bundesverfassungsgericht das Fortwirken des allgemeinen Persönlichkeitsrechts nach dem Tode seines Trägers ab und führt den postmortalen Persönlichkeitsschutz nur auf Art. 1 Abs. 1 GG zurück[330].

Dieser Standpunkt ist wegen der mit ihm verbundenen Rechtsfolgen zum Teil auf Ablehnung gestoßen. Art. 1 Abs. 1 GG sei als Basis für die Gewährleistung eines postmortalen Persönlichkeitsschutzes ungeeignet, weil sein Schutzbereich nicht weit genug reiche und Art. 1 Abs. 1 GG wegen der Unantastbarkeit der Menschenwürde nicht flexibel genug gehandhabt werden könne[331]. Dem ist zuzugeben, dass Art. 1 Abs. 1 GG eine sperrige Norm ist und es für die Praxis tatsächlich opportuner wäre, wenn sie sich beim postmortalen Persönlichkeitsschutz auf das allgemeine Persönlichkeitsrecht stützen könnte. Dessen ungeachtet können Opportunitätserwägungen im Hinblick auf die Rechtsfolgen einer Norm erst in Betracht kommen, wenn der Nachweis erbracht ist, dass die jeweiligen Tatbestandsvoraussetzungen vorliegen. An dem Nachweis, dass sich aus Art. 2 Abs. 1, 1 Abs. 1 GG eine staatliche Pflicht zum postmortalen Schutz der Persönlichkeit ergibt, fehlt es bisher: DIETLEIN beschränkt sich auf die Behauptung, dass eine isolierte objektive Schutzpflicht des Staates angenommen werden muss, sofern »grundrechtlich geschützte Güter und Freiheiten über den Tod des Rechtsinhabers hinaus Folgewirkungen zeitigen«[332]. Auf eine Begründung verzichtet er jedoch; insbesondere setzt er sich nicht damit auseinander, welche Folgewirkungen das allgemeine Persönlichkeitsrecht nach dem Tod haben sollte und wie man solche Wirkungen aus der geltenden Rechtsordnung herleiten könnte. Noch weniger überzeugt es, wenn PABST vorschlägt, den Toten als Grundrechtssubjekt zu betrachten, und sogleich einräumt, dass dem Toten »gleichwohl« die Rechtssubjektivität fehle[333]. Kein schlüssiges Argument dafür, einem Toten Grundrechte zuzusprechen ist auch sein Hinweis darauf, dass der postmortale Persönlichkeitsschutz der sozialen Anschauung zahlreicher Kulturkreise entspreche und es Ausdruck der Menschenwürde sei, sich zu Lebzeiten (!) dieses Schutzes gewiss sein zu können[334]. Auch HERDEGEN führt für die Existenz eines postmortal wirkenden allgemeinen Persönlichkeitsrechts lediglich das »Aufgehobensein des Einzelnen im Wissen um den fortwirkenden Schutz seines Lebensbildes und [den] Würdeanspruch der in

330 BVerfGE 30, 173, 194 = BVerfG NJW 1971, 1645, 1647 – *Mephisto*. Zustimmend: HOCH, a.a.O., S. 27 ff.

331 Vgl. PABST, NJW 2002, 999, 1000 f. Ähnlich auch DREIER in: DERS. (Hrsg.): Grundgesetz Kommentar, 2. Aufl. Art. 1 I, Rn. 74.

332 JOHANNES DIETLEIN: Die Lehre von den grundrechtlichen Schutzpflichten, Berlin 1992, S. 124.

333 DERS., NJW 2002, 999 f.

334 Ebenda.

der unmittelbaren Erinnerungsfähigkeit der Lebenden – noch – präsenten Persönlichkeit« an[335]. Eine methodisch tragfähige Herleitung des postmortalen Persönlichkeitsschutzes aus dem allgemeinen Persönlichkeitsrecht ist das nicht. Solange aber der Nachweis nicht erbracht ist, dass sich der postmortale Persönlichkeitsschutz methodengerecht auf das allgemeine Persönlichkeitsrecht zurückführen lässt, ist ein Rückgriff auf die opportunen Rechtsfolgen der Art. 2 Abs. 1, 1 Abs. 1 GG versperrt.

2. Garantie der Menschenwürde, Art. 1 Abs.1 GG

Derartige Probleme stellen sich nicht, wenn man die staatliche Pflicht zum postmortalen Persönlichkeitsschutz allein auf Art. 1 Abs. 1 GG zurückführt. Denn weil Art. 1 Abs. 1 GG unstreitig das oberste objektive Prinzip der Verfassung enthält, gilt die in Art. 1 Abs. 1 S. 2 GG enthaltene Pflicht zur Achtung und zum Schutz der Menschenwürde unabhängig von der Existenz eines entsprechenden Grundrechtsträgers. Entscheidend ist allein, ob einem Objekt menschliche Würde zukommt. Ist das der Fall, ist der Staat zum Schutz dieser Würde verpflichtet, auch wenn das betreffende Objekt nicht rechtsfähig sein sollte[336].

Wesentlich ist daher die Frage, ob die menschliche Würde den postmortalen Persönlichkeitsschutz erfordert oder nicht. Dass dies der Fall ist, wird in Literatur und Rechtsprechung nicht bestritten, denn die Vorstellung, dass ein Mensch in der Furcht leben müsste, nach seinem Tod in beliebiger Weise diffamiert zu werden, lässt sich mit den gängigen Vorstellungen von menschlicher Würde nicht vereinbaren. Streitig ist allein die Frage, wessen menschliche Würde den postmortalen Persönlichkeitsschutz erfordert: die des Toten oder die der Lebenden? Eine Anknüpfung an die Person des Verstorbenen würde voraussetzen, dass auch ein Toter noch an der menschlichen Würde teilhat. Die Beantwortung dieser Frage ist schwierig, weil es im deutschen Recht kaum einen Begriff gibt, dessen inhaltliche Konturierung so stark von außerrechtlichen Wertvorstellungen und individuellen Evidenzerlebnissen geprägt ist wie der Begriff der menschlichen Würde.

a. Keine Teilhabe des Toten an der Garantie des Art. 1 Abs. 1 GG

Das Bundesverfassungsgericht[337] und die herrschende Meinung in der Literatur vertreten die Ansicht, dass dem Toten selbst noch menschliche Würde

---

335 DERS. in: MAUNZ / DÜRIG: Grundgesetz, Art. 1, Rn. 53.

336 So ausdrücklich auch STARCK in: VON MANGOLDT / KLEIN / STARCK: Kommentar zum Grundgesetz, 5. Aufl., 2005, Art. 1 Abs. 1, Rn. 32; ZIPPELIUS in: Bonner Kommentar zum Grundgesetz, Art. 1, Rn. 29; HÖFLING in: SACHS (Hrsg.): Grundgesetz Kommentar, a.a.O., Art. 1, Rn. 54.

337 BVerfGE 30, 173, 194 = BVerfG NJW 1971, 1645, 1647 – *Mephisto*.

zukomme. Das wird damit begründet, dass Art. 1 Abs. 1 GG entsprechende Sozialvorstellungen aufnehme und verfassungsrechtlich überhöhe[338], oder damit, dass die Würde, die dem Menschen zu Lebzeiten zukomme, auch nach seinem Tod wirke[339]. Dem liegt erkennbar das unterstützenswerte Ziel zu Grunde, den Tatbestand von Art. 1 Abs. 1 GG möglichst weit auszudehnen, um Schutzlücken in diesem sensiblen Bereich zu vermeiden[340]. Dennoch sollte die Frage erlaubt sein, ob es dazu einer Ausdehnung der menschlichen Würde auf den Toten bedarf und / oder ob eine solche Ausdehnung aus dogmatischen Gründen geboten ist. Letzteres scheint nicht der Fall zu sein. Zumindest ergibt sich aus der Auslegung des Begriffs der menschlichen Würde nicht, dass auch Tote daran teilhaben. Mit dem Begriff der menschlichen Würde wurden im Laufe der Geschichte sehr unterschiedliche Konzepte verbunden, die an dieser Stelle nicht im einzelnen dargestellt werden müssen[341]. Festzuhalten ist hier nur, dass die Vorstellung von der menschlichen Würde insbesondere von zwei Sichtweisen geprägt wurde.

Die eine Sichtweise führt die Würde des Menschen auf die seiner Vernunftbegabung entsprechende Fähigkeit zur Selbstbestimmung zurück, während die andere auf der jüdisch-christlichen Vorstellung beruht, dass der Mensch Gottes Ebenbild sei. Für beide Sichtweisen ist die Vernunft die Eigenschaft, die den Menschen gegenüber anderen Geschöpfen auszeichnet. Denn auch in der *imago-dei*-Lehre beruht die Vorstellung einer besonderen menschlichen Würde darauf, dass dem Menschen aufgrund seines Verstandes und freien Willens eine Sonderstellung in der göttlichen Schöpfung zukomme. Dementsprechend durchziehen die Kriterien des Denkvermögens und der Handlungsfreiheit den Begriff der Würde bei PICO DELLA MIRANDOLA, BLAISE PASCAL, PUFENDORF und KANT. Mit Rücksicht auf diese geistesge-

---

338 KUNIG in: VON MÜNCH / KUNIG, a.a.O., Art. 1, Rn. 15; ZIPPELIUS in: Bonner Kommentar zum Grundgesetz, Art. 1, Rn. 29.

339 STARCK in: VON MANGOLDT / KLEIN / STARCK: Kommentar zum Grundgesetz, 5. Aufl., 2005, Art. 1 Abs. 1, Rn. 22, KUNIG in: VON MÜNCH, INGO / KUNIG, PHILIP (Hrsg.): Grundgesetz-Kommentar, 5. Aufl., München 2000, Art. 1, Rn. 15; HERDEGEN in: MAUNZ / DÜRIG: Grundgesetz, Art. 1 Abs. 1, Rn. 54.

340 So ausdrücklich: STARCK in: VON MANGOLDT / KLEIN / STARCK: Kommentar zum Grundgesetz, 5. Aufl., 2005, Art. 1 Abs. 1, Rn. 18, der davon spricht, dass es nicht das Amt des Menschen sei, per definitionem Würde zu versagen. Dem ist allerdings entgegenzusetzen, dass man den Begriff der menschlichen Würde dann streng genommen gar nicht definieren dürfte, weil jede Definition eine Ab- und damit eine Ausgrenzung enthält.

341 Ein prägnanter Abriss zur geistesgeschichtlichen Entwicklung des Würdebegriffs findet sich bei DREIER in: DERS. (Hrsg.): Grundgesetz Kommentar, 2. Aufl., Art. 1 I, Rn. 1–16, bei STARCK in: VON MANGOLDT / KLEIN / STARCK: Kommentar zum Grundgesetz, 5. Aufl., 2005, Art. 1 Abs. 1, Rn. 3–9 und bei HERDEGEN in: MAUNZ / DÜRIG: Grundgesetz, Art. 1 Abs. 1, Rn. 7–12.

schichtliche Entwicklung haben sich zu Art. 1 Abs. 1 GG die so genannten Wert- bzw. Mitgifttheorien gebildet. Danach beruht die Würde des Menschen auf dessen geistigen Qualitäten, wobei es allerdings nicht entscheidend sein soll, ob diese Qualitäten von einem Individuum tatsächlich aktualisiert werden oder auch nur aktualisiert werden können. Im Unterschied dazu begreifen die Leistungstheorien die Würde als etwas, das der Mensch durch die Anwendung seiner spezifisch menschlichen Eigenschaften erst erwerben muss, indem er selbstbestimmt eine Identität bildet[342]. Schließlich wird die menschliche Würde auch unter dem Aspekt der Kommunikation definiert; danach soll sich die Würde des Menschen aus »sozialer Anerkennung durch positive Bewertung von sozialen Achtungsansprüchen« ergeben. Die Würde müsse daher als Kategorie der Mitmenschlichkeit des Individuums betrachtet werden[343].

Alle genannten Kriterien sprechen eher gegen die Annahme, dass ein Toter noch an der menschlichen Würde teilhat. Denn mit seinem Tod verliert der Mensch seine spezifische, auf Geist, Verstand und Willen beruhende Autonomie. Er verliert damit auch die Fähigkeit zur Selbstfindung und Identitätsbildung und nimmt auch nicht mehr an der mitmenschlichen Kommunikation teil. Das ist zwar auch beim werdenden menschlichen Leben nicht der Fall; anders als beim Toten ist im werdenden Menschen jedoch die Möglichkeit angelegt, diese Kerneigenschaften menschlicher Würde zu begründen. Der werdende Mensch – und seien es nur einige Zellen – enthält gleichsam eine biologische Anwartschaft auf den Erwerb jener Eigenschaften, die die menschliche Würde ausmachen. Demgegenüber hat der Tote die spezifische Konstitution, die die menschliche Würde ausmacht, endgültig verloren[344].

Gegen die Annahme, dass der Tote noch an der menschlichen Würde teilhat, spricht zudem, dass der Menschenwürde sonst zeitliche Grenzen gesetzt werden müssten, die nur schwer zu begründen wären. Es müsste erklärt werden, wie der Schutz Toter vor Verunglimpfungen im Zeitablauf entfallen kann, so dass es verboten ist, einen gerade Verstorbenen öffentlich auszustellen, während es erlaubt ist, einen toten Bronzezeitmenschen aus dem Ötztal dem Medienspektakel preiszugeben. Solange mit der herrschenden Meinung

---

342 Vgl. dazu NIKLAS LUHMANN: Grundrechte als Institution, Berlin 1965, S. 68 ff.; ähnlich: WERNER KRAWIETZ: Gewährt Art. 1 Abs. 1 GG dem Menschen ein Grundrecht auf Achtung und Schutz seiner Würde ?, in: WILKE, DIETER (Hrsg.): Gedächtnisschrift für Friedrich Klein, München 1977, S. 245 ff.

343 HASSO HOFMANN: Die versprochene Menschenwürde, in: AöR 118 (1993), 353, 364.

344 Ebenso: ROLF GRÖSCHNER: Menschenwürde und Sepulkralkultur in der grundgesetzlichen Ordnung, Stuttgart 1995, S. 34 f. Mit einer ausführlichen Begründung wendet sich auch HOCH, a.a.O., S. 40–57 gegen die Annahme der Teilhabe Toter an der menschlichen Würde. Ebenso: V. MANGOLDT / KLEIN: Das Bonner Grundgesetz, 2. Aufl., Berlin 1966, Art. 1 GG, III 3 c und WOLPERT, a.a.O., S. 159.

davon ausgegangen wird, dass die menschliche Würde des Art. 1 Abs. 1 GG einer Abwägung mit anderen Grundrechtspositionen nicht zugänglich ist, ist schwer nachzuvollziehen, wie und wann der Tote seiner menschlichen Würde verlustig geht, so dass er schließlich zum schutzlosen Objekt der Wissbegierde Nachgeborener werden kann.

In der Literatur wird im Hinblick auf den Toten häufig von einem Nachwirken der Würde gesprochen, die ihm zu Lebzeiten zukam[345]. Diese Herangehensweise scheint von den Einwänden gegen die Teilhabe des Toten an der menschlichen Würde nicht betroffen zu sein, denn terminologisch vermittelt sie den Eindruck, als würde sie ausschließlich an die Würde der Lebenden anknüpfen. Bei näherer Betrachtung zeigt sich jedoch, dass es sich bei dieser These nur um eine terminologische Umgehung der Probleme handelt, die mit der Behauptung der Teilhabe Toter an der Menschenwürde einhergehen. Denn was bedeutet der unkonturierte Begriff des Nachwirkens anderes, als die Behauptung, dass auch dem Toten noch ein (nachwirkender) Teil der Würde zukomme, die er zu Lebzeiten innehatte?

Schließlich kann auch das Argument, Tote hätten an der menschlichen Würde im Sinne des Art. 1 Abs. 1 GG teil, weil diese Bestimmung eine entsprechende Sozialvorstellung aufnähme und sie verfassungsrechtlich überhöhe[346], nicht überzeugen. Denn die in diesem Zusammenhang existierende Sozialvorstellung bezieht sich wohl kaum auf den juristischen Begriff der menschlichen Würde im Sinne des Art. 1 Abs. 1 GG, sondern eher darauf, wie man mit Toten umgehen soll – nämlich würdevoll. Ich wage daher die Behauptung, dass es der Bevölkerung gleichgültig ist, ob die Pflicht zum würdevollen Umgang mit den Toten mit der Würde der Toten begründet wird oder damit, dass die Würde der Lebenden einen würdevollen Umgang mit den Toten erfordert.

b. Anknüpfung an die Menschenwürde der Lebenden

Die Annahme einer Pflicht des Staates zur Gewährleistung postmortalen Persönlichkeitsschutzes setzt nicht voraus, dass die Toten selbst an der menschlichen Würde teilhaben. Die staatliche Schutzpflicht ergibt sich nämlich schon daraus, dass der Staat die Menschenwürde der Lebenden schützen muss. Der Bundesgerichtshof hat diesen Gesichtspunkt in der *Mephisto*-Entscheidung wie folgt zum Ausdruck gebracht:

---

345 STARCK in: VON MANGOLDT / KLEIN / STARCK: Kommentar zum Grundgesetz, 5. Aufl., 2005, Art. 1 Abs. 1, Rn. 22, KUNIG in: VON MÜNCH, INGO / KUNIG, PHILIP (Hrsg.): Grundgesetz-Kommentar, 5. Aufl., München 2000, Art. 1, Rn. 15; HERDEGEN in: MAUNZ / DÜRIG: Grundgesetz, Art. 1 Abs. 1, Rn. 54.

346 KUNIG in: VON MÜNCH/ Kunig, a.a.O., Art. 1, Rn. 15; ZIPPELIUS in: Bonner Kommentar zum Grundgesetz, Art. 1, Rn. 29.

> »Der Senat ist der Überzeugung, daß Menschenwürde und freie Entfaltung zu Lebzeiten nur dann im Sinne des Grundgesetzes zureichend gewährleistet sind, wenn der Mensch auf einen Schutz seines Lebensbildes wenigstens gegen grobe ehrverletzende Entstellungen nach dem Tode vertrauen und in dieser Erwartung leben kann.«[347]

An dieser Formulierung zeigt sich, dass der postmortale Persönlichkeitsschutz den Interessen der Lebenden dient[348]. Denn es sind die Lebenden, die nicht in einem Staat leben wollen, der es erlaubt, ihre toten Angehörigen zu verunglimpfen, und es sind die Lebenden, die sicher sein wollen, dass *ihnen* dieses Schicksal nach dem Tod nicht widerfährt[349]. Hieraus ergibt sich der Bezug des postmortalen Persönlichkeitsschutzes zur Würde der Lebenden. Die sittliche Autonomie des Individuums, die bei KANT die menschliche Würde ausmacht, wäre nämlich erheblich beeinträchtigt, wenn der handelnde Mensch fürchten müsste, dass seine Lebensleistung, also die Summe der von ihm getroffenen sittlich-autonomen Entscheidungen, nach seinem Tod beliebig verzerrt werden dürfte[350]. Allein aus diesem Bedürfnis der Lebenden folgt die Pflicht des Staates zum postmortalen Persönlichkeitsschutz[351]. Entspräche

---

347 BGHZ 50, 133, 139 – *Mephisto.*

348 Ebenso: BEATER in: SOERGEL, a.a.O., 13. Aufl., § 823 Anh IV, Rn. 26; FISCHER, a.a.O., S. 195.

349 Dem entspricht es auch, dass bis 1933 von der herrschenden Meinung in der Strafrechtswissenschaft angenommen wurde, dass der Tote keine Ehre habe. Vgl. dazu oben A II 2.

350 Ebenso: KARL-NIKOLAUS PEIFER: Individualität im Zivilrecht, Tübingen 2001, S. 102 und SCHACK: Der Persönlichkeitsschutz der Urheber und ausübenden Künstler, a.a.O., S. 36.

351 Das entspricht weitgehend der Formulierung von HASSO HOFMANN, wonach »die Ehrung des Andenkens derjenigen, die einmal unter uns oder vor uns waren, zur eigenen, wechselseitig anzuerkennenden Identität und Selbstachtung gehört.« (DERS.: Die versprochene Menschenwürde, AöR 1993, S. 353, 375). Ungeachtet der Tatsache, dass HOFMANN die Ehrung der Toten auf die Identität und Selbstachtung der Lebenden zurückführt, verwendet er diesen Gedanken als Argument dafür, dass den Toten selbst Würde zukomme. Ähnlich argumentieren PABST (siehe dazu Fn. 154) und HARTMUT MAURER, der die Achtung, die dem Verstorbenen entgegengebracht wird, auf die Achtung vor dem Lebenden zurückführt (DERS.: in: Die medizinische Organtransplantation in verfassungsrechtlicher Sicht, DÖV 1983, S. 7, 9). Auch JOHANNES HAGER begründet die Ansicht, dass Schutzgut beim postmortalen Persönlichkeitsschutz die nachwirkenden Interessen des Toten seien damit, dass es ohne ein Vertrauen der Lebenden auf ein Nachwirken ihrer Persönlichkeitsrechte um den Schutz der Persönlichkeit zu Lebzeiten schlecht bestellt sei (DERS.: Die Mephisto-Entscheidung des Bundesverfassungsgerichts, JURA 2000, 186, 190). Die Tatsache, dass alle vier Autoren die Würde der Toten letztlich auf die Würde und die Bedürfnisse der Lebenden

der postmortale Persönlichkeitsschutz nicht einem Bedürfnis der Lebenden, wäre der Staat nicht nur nicht verpflichtet, solchen Schutz zu gewährleisten, sondern er müsste es sogar unterlassen. Das folgt wiederum aus Art. 1 Abs. 1 GG, der unter anderem besagt, dass der Staat nur um der Menschen willen existiert[352]. Menschen in diesem Sinn sind nur die Lebenden, denn es sind die Lebenden, die sich zu einem Staat zusammenschließen und sie tun dies ausschließlich zu ihrem Nutzen. Deswegen ist es nicht nur sachlich unangemessen, sondern ein idealistischer Fehltritt, wenn versucht wird, den postmortalen Persönlichkeitsschutz mit dem pathetischen Hinweis darauf zu begründen, dass der Tote in seinen Werten und Werken fortlebt[353]. Solange der Staat nur um der Lebenden willen existiert, kann er nicht zugleich Vollstrecker der Ideale nicht mehr existierender Menschen sein. Vielmehr darf der Staat die Toten nur insoweit schützen, wie sich dies mit seiner Existenzberechtigung, nämlich den Interessen seiner Bürger, verträgt. Das hat mit einer angeblichen Fortexistenz Toter in ihren Werken nichts zu tun.

Zudem spricht die Betrachtung der Rechtsfolgenseite dafür, den postmortalen Persönlichkeitsschutz auf die Würde der Lebenden zurückzuführen. Wenn der postmortale Schutz nichtvermögenswerter Persönlichkeitsrechte nur mit der Würde der Lebenden begründet wird, geht er stets nur soweit, wie es der Gemeinschaft der Lebenden zuträglich ist. Zwar ist davon auszugehen,

---

zurückführen, spricht entgegen ihrer Intention jedoch eher dafür, dass dem Toten keine originäre eigene Würde zukommt.

352 EKKEHART STEIN / GÖTZ FRANK: Staatsrecht, 20. Aufl., Tübingen 2007, S. 234, 236; KLAUS STERN: Das Staatsrecht der Bundesrepublik Deutschland, Bd. III/1, München 1988, § 58 III 3 a, S. 37.

353 Denn der Tote *war* ein Mensch – er ist keiner mehr. Schon die Behauptung, der Tote sei in seinen Werken, persönlichen Gegenständen und der Erinnerung Dritter noch existent, bestätigt ungewollt, dass es nicht ein Mensch ist, der fortexistiert, sondern lediglich die Erinnerung an ihn (vgl. dazu HUBMANN, a.a.O., S. 340 f.).
KNUT MÜLLER unternimmt den zweifelhaften Versuch, rein begrifflich über diese Tatsache hinwegzukommen, indem er zwar zugesteht, dass die Rechtsfähigkeit *des Menschen* mit dem Tod ende, aber gleichzeitig behauptet, dass *seine Persönlichkeit* fortexistiere und weiterhin (oder an seiner Stelle ?) rechtsfähig sei (DERS., a.a.O., S. 250). Noch zweifelhafter werden seine Ausführungen dadurch, dass er die angebliche Fortexistenz der Persönlichkeit nach dem Tod nicht mit juristischen Argumenten begründet, sondern stattdessen ganz auf idealistisches Pathos setzt: »Die irdische Existenz dieses Bezugssubjektes mag verloren gehen können, die persönlichen Güter aber bleiben bestehen und vermögen weiterhin die Individualität einer Rechtspersönlichkeit in der Gemeinschaft hervorzuheben und zu kennzeichnen. Dieses passive Element des Persönlichkeitsbegriffs macht deutlich, daß die potentielle Inhaberschaft von persönlichen Gütern nicht an die irdische Existenz des einzelnen Rechtssubjekts gebunden ist.« (DERS., a.a.O., S. 81).

dass die Richter, die über die Grenzen des postmortalen Persönlichkeitsschutzes zu urteilen haben, sich bei ihren Entscheidungen schon heute daran orientieren, welches Maß an postmortalem Persönlichkeitsschutz der Gesellschaft zuträglich ist. Allerdings dürfen sie diese Bewertungen nicht offen legen. Vielmehr müssen sie für sich in Anspruch nehmen, im jeweiligen Einzelfall die nebulösen Grenzen der Menschenwürde eines Toten entdeckt zu haben. Ginge man davon aus, dass der postmortale Persönlichkeitsschutz nicht auf einer angeblichen Würde der Toten, sondern auf der Würde der Lebenden beruht, wäre die Argumentation transparenter. Denn sofern anerkannt würde, dass der postmortale Persönlichkeitsschutz allein dem Schutz der sittlichen Autonomie der Lebenden dient, könnte man den postmortalen Persönlichkeitsschutz offen mit den Grundrechten der Lebenden abwägen, weil auch diese nur dazu dienen, den Lebenden Raum für sittlich-autonome Entscheidungen zu sichern. Man würde nicht mehr über die Grenzen der Würde eines Toten streiten, sondern um die Frage, ob der Würde der Lebenden besser gedient ist, wenn der postmortale Persönlichkeitsschutz Vorrang vor einem kollidierenden Grundrecht bekommt oder ob das Gegenteil der Fall ist.

Auf diese Weise ließe sich auch einfach erklären, warum der postmortale Persönlichkeitsschutz mit der Zeit nachlässt: Für die sittliche Autonomie der Lebenden ist es besonders wichtig zu wissen, dass ihre Persönlichkeit postmortal geschützt ist, solange die Mehrzahl ihrer sozialen Bezugspersonen lebt. Die Aussicht auf spätere Verletzungen der Persönlichkeit beeinträchtigt ihre sittliche Autonomie hingegen weniger. Aus diesem Grund wird der postmortale Schutz der Persönlichkeit mit zunehmendem zeitlichen Abstand vom Todeszeitpunkt schwächer und die kollidierenden Grundrechte, die ebenfalls Ausfluss der Menschenwürde sind, gewinnen an Gewicht. Dass dem so ist, wird in Schrifttum und Rechtsprechung nicht bestritten. Die Lehre von der eigenständigen Würde der Toten kann dieses Ergebnis aber nicht schlüssig begründen. Anstelle einer nachvollziehbaren Begründung kann sie nur die nicht überprüfbare Behauptung hervorbringen, dass die unantastbare Menschenwürde des Toten mit der Zeit eben schwächer werde; wann und wieso dies geschehen soll, bleibt unklar.

3. Menschenwürde und postmortaler Persönlichkeitsschutz

Wie sich aus dem bisher Gesagten ergibt, ist der Staat auch im Hinblick auf den Umgang mit den Toten zum Schutz der Menschenwürde verpflichtet. Sofern man mit der Rechtsprechung davon ausgeht, dass derzeit ein zivilrechtlicher Anspruch zur Abwehr von postmortalen Persönlichkeitsverletzungen existiert, der auf einer aus Art. 1 Abs. 1 GG hervorgehenden allgemeinen Rechtspflicht beruht, ist der postmortale Persönlichkeitsschutz zugleich auf den Schutzbereich von Art. 1 Abs. 1 GG beschränkt. Daher ist es erforderlich festzustellen, wie weit die Menschenwürdegarantie im postmortalen Bereich reicht.

a. Schutzbereich von Art. 1 Abs. 1 GG unter Lebenden

Bei allen Differenzen über die genaue Definition des Begriffs der menschlichen Würde sind sich Staatsrechtslehre und Bundesverfassungsgericht darüber einig, dass an einen Eingriff in die menschliche Würde hohe Ansprüche zu stellen sind[354]. Die Menschenwürde soll keine »kleine Münze« des Verfassungsrechts sein[355] und daher nur den Kernbereich menschlicher Existenz vor schweren Beeinträchtigungen schützen[356]. Dem entspricht es, von einer Verletzung der Menschenwürde nur dort auszugehen, wo »der konkrete Mensch zum Objekt, zum bloßen Mittel, zur vertretbaren Größe herabgewürdigt wird«[357] bzw. der Wert, der ihm kraft seines Menschseins zukommt, verachtet wird[358]. Systematisch spricht für die restriktive Auslegung des Art. 1 Abs. 1 GG, dass diese Norm in den Anwendungsbereich von Art. 79 Abs. 3 GG fällt und damit sogar den verfassungsändernden Gesetzgeber bindet[359]. Hinzu kommen die Probleme bei der Anwendung Art. 1 GG, die sich aus der Schwierigkeit der Definition menschlicher Würde und dem Gebot ihrer Unantastbarkeit ergeben. Diese Probleme stehen in engem Zusammenhang, denn weil die menschliche Würde mit anderen Verfassungsgütern nicht abgewogen werden kann, muss jede Entscheidung über das Eingreifen von Art. 1 Abs. 1 GG von den Grenzen der menschlichen Würde handeln.

Die Rechtsprechung hält sich mit dem Rückgriff auf Art. 1 Abs. 1 GG deshalb stark zurück. Das gilt insbesondere bei Verletzungen der Persönlichkeit. Beschränkungen der Freiheit von Wissenschaft und Kunst resultieren in aller Regel allein aus einer Abwägung mit dem kollidierenden allgemeinen Persönlichkeitsrecht des Betroffenen. Art. 1 Abs. 1 GG kommt hingegen nur in schweren Ausnahmefällen zur Anwendung[360].

---

354 Vgl. nur HERDEGEN in MAUNZ / DÜRIG, a.a.O., Art. 1 Abs. 1, Rn. 41; FRIEDHELM HUFEN: Staatsrecht II – Grundrechte, München 2007, Rn. 29 ff.; WOLFRAM HÖFLING in: SACHS, MICHAEL (Hrsg.): Grundgesetz Kommentar, 4. Aufl., München 2007, Art. 1, Rn. 17 f.

355 GÜNTER DÜRIG in: MAUNZ, THEODOR / DÜRIG, GÜNTER (Hrsg.): Grundgesetz, Kommentar, München 1962 ff., bis 41. Ergänzungslieferung, Oktober 2007, Art. 1 Abs. 1, Rn. 29.

356 HÖFLING in: SACHS: Grundgesetzkommentar, 4. Aufl., a.a.O., Art. 1, Rn. 17.

357 DÜRIG in: MAUNZ, THEODOR / DÜRIG, GÜNTER (Hrsg.): Grundgesetz, Kommentar, München 1962 ff., bis 41. Ergänzungslieferung, Oktober 2007, Art. 1 Abs. 1, Rn. 28.

358 BVerfGE 30, 1, 26.

359 HÖFLING in: SACHS: Grundgesetzkommentar, 4. Aufl., a.a.O., Art. 1, Rn. 18.

360 Beispiel für eine solche Ausnahme ist ein Fall, in dem ein Politiker in einer Zeitschrift als kopulierendes Schwein dargestellt wurde, BVerfGE 75, 369 ff.

b. Schutzbereich von Art. 1 Abs. 1 GG im postmortalen Bereich

Im Bereich des postmortalen Persönlichkeitsschutzes ist der Befund weniger eindeutig. Hier greifen die Gerichte tendenziell eher auf Art. 1 Abs. 1 GG zurück als beim Persönlichkeitsschutz Lebender.

aa. Standpunkt des Bundesverfassungsgerichts

Die Rechtsprechung des Bundesverfassungsgerichts ist im Hinblick auf die Reichweite der Menschenwürdegarantie nicht immer einheitlich. Ausgangspunkt dieser Rechtsprechung war die *Mephisto*-Entscheidung. Wie oben dargestellt wurde[361], hatte der Bundesgerichtshof die vorinstanzliche Untersagung der Verbreitung des *Mephisto*-Romans bestätigt. Diese Entscheidung beruhte auf einer Abwägung der Kunstfreiheit des Verlegers mit dem vermeintlich nachwirkenden allgemeinen Persönlichkeitsrecht GUSTAV GRÜNDGENS'[362]. Auf die Verfassungsbeschwerde des Verlegers stellte das Bundesverfassungsgericht fest, dass der postmortale Persönlichkeitsschutz nicht auf einem Nachwirken des allgemeinen Persönlichkeitsrechts, sondern allein auf Art. 1 Abs. 1 GG beruhen könne[363]. Dessen ungeachtet befanden drei der sechs Verfassungsrichter, dass der Bundesgerichtshof bei der »in Rede stehenden Abwägung zwischen den nach Art. 1 Abs. 1 und Art. 5 Abs. 3 Satz 1 GG geschützten Bereichen zweier Parteien eines Zivilrechtsverhältnisses«[364] Umfang und Bedeutung der Grundrechte nicht falsch erfasst habe. Dieses Ergebnis erstaunt in zweifacher Hinsicht. Erstaunlich ist, dass das Bundesverfassungsgericht von einer Abwägung mit Art. 1 Abs. 1 GG spricht, die aus praktischer Sicht zwar wünschenswert, im Hinblick auf die Unantastbarkeit der Menschenwürde aber nicht möglich ist. Nicht weniger erstaunlich ist, dass das Bundesverfassungsgericht das Ergebnis der Abwägung der Zivilgerichte zwischen dem allgemeinen Persönlichkeitsrecht und der Freiheit der Kunst offenbar für geeignet hält, um im postmortalen Bereich eine Würdeverletzung festzustellen. Diese Rechtsprechung könnte den Eindruck nahe legen, dass das Bundesverfassungsgericht im postmortalen Bereich geringere bzw. andere Anforderungen an eine Verletzung der Menschenwürde stellt als allgemein üblich ist.

Diesen Eindruck korrigierte das Bundesverfassungsgericht in dem Nichtannahmebeschluss zur Verfassungsbeschwerde der Witwe WILLY BRANDTS wegen der Verwendung des Bildes BRANDTS auf einer Münze. In dem Beschluss aus dem Jahr 2000 wiederholten die Verfassungsrichter, dass das allgemeine Persönlichkeitsrecht als Prüfungsmaßstab für das postmortale

---

361 Vgl. Abschnitt A II 3.

362 BGHZ 50, 133, 143 ff – *Mephisto.*

363 BVerfGE 30, 174, 194 f. – *Mephisto.*

364 BVerfGE 30, 174, 197 – *Mephisto.*

Persönlichkeitsrecht ausscheide. Darüber hinaus stellten sie fest, dass die Schutzwirkung des auf Art. 1 Abs. 1 GG beruhenden postmortalen Persönlichkeitsrechts nicht mit den Schutzwirkungen des allgemeinen Persönlichkeitsrechts identisch seien. Eine solche Annahme liefe auf eine Gleichsetzung der Menschenwürde mit dem allgemeinen Persönlichkeitsrecht hinaus, die der normativen Bedeutung von Art. 1 Abs. 1 nicht gerecht würde[365].

Ebenfalls im Jahr 2000 erging der Nichtannahmebeschluss in der Angelegenheit WILHELM KAISEN. In diesem Beschluss bestätigte das Bundesverfassungsgericht die *Willy-Brandt*-Rechtsprechung und betonte, dass eine Beeinträchtigung der Menschenwürde auch im postmortalen Bereich nicht durch die Gewährung kollidierender Grundrechte gerechtfertigt werden könne[366]. Folglich konnten die Verfassungsrichter die besonderen Umstände der Äußerung, die dem Rechtsstreit zu Grunde lag, nur bei der Bestimmung des Schutzbereichs von Art. 1 Abs. 1 GG berücksichtigen. Die dabei verwendete terminologische Unterscheidung zwischen einer noch zulässigen »Berührung« und einer unzulässigen »Verletzung« der Menschenwürde rief die Mutmaßung hervor, die Verfassungsrichter betrieben eine Relativierung der Unantastbarkeit der Menschenwürde[367]. Mit solchen Mutmaßungen wird die vom Bundesverfassungsgericht verwendete Terminologie jedoch überstrapaziert. Auch aus der Tatsache, dass die Richter bei der Prüfung eines Eingriffs in die Menschenwürde die Einzelheiten des Falls wertend heranzogen, ergibt sich keine Relativierung der Menschenwürde. Der Entscheidung über die Erfüllung eines Normtatbestandes wohnt nämlich immer ein wertendes Element inne, weil es dabei um den Abgleich eines Seins mit einem Sollen geht[368]. Die Tatsache, dass das wertende Element bei der Anwendung von Art. 1 Abs. 1 GG stärker in den Vordergrund tritt als bei anderen Normen, beruht allein darauf, dass es für die Menschenwürde keine griffige Definition gibt. Wenn die Richter bei der Anwendung von Art. 1 Abs. 1 GG deshalb notgedrungen stärker wertgeleitet argumentieren müssen, folgt daraus keine Relativierung der Menschenwürde.

Diese Interpretation des Nichtannahmebeschlusses in der Sache WILHELM KAISEN wird im Nichtannahmebeschluss im Fall *Ehrensache / Hagener Mädchenmord* bestätigt. In diesem Fall ging es um die Aufführung des Theaterstücks »Ehrensache«, das inhaltlich an den so genannten *Hagener Mäd-*

365 BVerfG NJW 2001, 594 – *Willy Brandt.*

366 BVerfG NJW 2001, 2957, 2959 – *Wilhelm Kaisen.* Kritisch dazu: DIANA ZACHARIAS: Zur Abgrenzung von Menschenwürde und allgemeinem Persönlichkeitsrecht, NJW 2001, S. 2950 f. Bestätigt in BVerfG NJW 2006, 3409 – *Marlene.*

367 So PABST, a.a.O., S. 1001 f.

368 Eine Ausnahme bildet die Anwendung von reinen Zahlbegriffen. Weil ein Tatbestand aber niemals ausschließlich aus Zahlen besteht, ist eine wertungsfrei anwendbare Rechtsnorm nicht denkbar.

chenmord anknüpft. Die Mutter des getöteten Mädchens hatte sich gegen die Aufführung des Stückes gewandt, weil sie in der charakterlichen Darstellung des Opfers in dem Theaterstück eine postmortale Verletzung des Persönlichkeitsrechts ihrer Tochter sahen. In dem Nichtannahmebeschluss wiederholten die Richter, dass der postmortale Persönlichkeitsschutz verfassungsrechtlich nur auf Art. 1 Abs. 1 GG beruhe. Geschützt werde nur der allgemeine Achtungsanspruch, der dem Menschen kraft seines Personseins zusteht sowie der sittliche, personale und soziale Geltungswert, den die Person durch ihre eigene Lebensleistung erworben habe[369]. Damit orientierten sie sich an den Wert- bzw. Mitgifts-, Leistungs- und Kommunikationstheorien, anhand derer die Würde auch sonst definiert wird[370]. Das deutet darauf hin, dass das Bundesverfassungsgericht an eine Menschenwürdeverletzung im postmortalen Bereich nunmehr dieselben Maßstäbe anlegen will wie an die Verletzung der Würde Lebender. Weiterhin stellte das Bundesverfassungsgericht im Fall *Ehrensache* fest, dass eine Verletzung dieses Schutzbereichs zwar nicht im Zuge einer Güterabwägung relativiert werden könne[371]. Im Hinblick darauf, dass auch die dem Persönlichkeitsschutz entgegenlaufenden Grundrechte Konkretisierungen von Art. 1 Abs. 1 GG seien, erfordere die Annahme einer Verletzung der Menschenwürde des Verstorbenen jedoch eine sorgfältige Begründung. Dazu bedürfe es insbesondere einer Interpretation des in Frage stehenden Kunstwerks[372].

Zusammenfassend kann festgestellt werden, dass sich das Bundesverfassungsgericht in mehrfacher Hinsicht von seiner *Mephisto*-Rechtsprechung abgewandt hat. Die Abwägung der Menschenwürde mit den kollidierenden Grundrechten Dritter gab es bereits im *Willy-Brandt*-Beschluss auf. Die Nichtannahmebeschlüsse in den Fällen *Wilhelm Kaisen* und *Ehrensache* deuten zudem darauf hin, dass an eine postmortale Verletzung der Menschenwürde jetzt dieselben Anforderungen gestellt werden wie an einen lebzeitigen Würdeverstoß. Der *Mephisto*-Entscheidung lag dieser Maßstab noch nicht zu Grunde. Denn obwohl das Bundesverfassungsgericht den postmortalen Persönlichkeitsschutz darin allein auf die Menschenwürde zurückführte, konnte es in der auf das allgemeine Persönlichkeitsrecht bezogenen Argumentation des Bundesgerichtshofs keine unrichtige Anschauung der einschlägigen Menschenwürdegarantie erkennen. Schließlich ist das Bundesverfassungsgericht jetzt auch nicht mehr der Auffassung, dass es die zivilge-

---

369 BVerfG Az. 1 BVR 1533/07, Rn. 8; veröffentlicht bei Juris und unter: http://www.bundesverfassungsgericht.de/entscheidungen/rk20071219_1bvr153307.html. Dieselbe Formel verwendet das BVerfG auch schon in seinem *Wilhelm-Kaisen-Beschluss* NJW 2001, 2957, 2959 und in seinem *Marlene-Dietrich*-Beschluss, NJW 2006, 3409.

370 Dazu siehe oben, C I 2 a.

371 A.a.O., Rn. 9.

372 A.a.O., Rn. 10.

richtlichen Urteile zum postmortalen Persönlichkeitsschutz nur darauf zu überprüfen habe, ob diese auf einer grundsätzlich unrichtigen Anschauung von der Bedeutung der Grundrechte beruhen[373]. Heute überprüft das Bundesverfassungsgericht selbst, ob in den jeweiligen Fällen eine postmortale Persönlichkeitsverletzung vorliegt[374].

bb. Standpunkt der Zivilrechtsprechung

Die Zivilrechtsprechung geht erst seit den 1990er Jahren dazu über, den postmortalen Persönlichkeitsschutz ausschließlich auf Art. 1 Abs. 1 GG zurückzuführen[375]. Zuvor berief sie sich entweder ausdrücklich auf ein Fortwirken des allgemeinen Persönlichkeitsrechts[376] oder vermied es, eine klare Position zu beziehen[377]. Teilweise geschieht dies noch heute[378]. Die späte und noch nicht abgeschlossene Anpassung der Zivilrechtsprechung an die Rechtsprechung des Bundesverfassungsgerichts hat in Einzelfällen dazu geführt, dass Eingriffe in das postmortale Persönlichkeitsrecht bejaht wurden, wo die Menschenwürde nicht verletzt war.

Zweifelhaft ist das Vorliegen einer Menschenwürdeverletzung bereits im Fall *Mephisto*, denn es ist nicht ausgemacht, dass der Roman KLAUS MANNS

---

373 So aber noch BVerfGE 30, 173, 188 – *Mephisto*. Kritisch dazu: CLAUS-WILHELM CANARIS: Grundrechtswirkungen und Verhältnismäßigkeitsprinzip im Privatrecht, in: JuS 1989, S. 161, 172.

374 So im Fall *Ehrensache*, a.a.O., Rn. 11.

375 Vgl. dazu OLG Bremen, AfP 1994, 145, 146 – *Wilhelm Kaisen*; OLG Düsseldorf, NJW-RR 2000, 321 – *Galinski*; OLG München, OLG-Report 2000, 164 – *Karmasin*; OLG München, OLG-Report 2002, 416, 417 – *Marlene Dietrich nackt*; OLG Hamm, NJW 2002, 609 – *Winter*; BGH NJW 2006, 605, 606 – *Mordkommission Köln*; BGH NJW 2007, 684, 685 – *kinski.klaus.de*.

376 Vgl. hierzu: BGHZ 50, 133, 136 ff. – *Mephisto*; OLG München NJW-RR 1994, 925 – *schreckliches Mädchen* und OLG Hamm NJW 2002, 609, 610 – *Fritz Winter*.

377 Vgl. hierzu: BGH GRUR 1974, 797, 798 – *Fiete Schulze*. Die Urteile BGH GRUR 1984, 907 ff. – *Frischzellenkosmetik* und BGHZ 107, 384 ff. – *Emil Nolde* sind zweideutig, weil sie den Abwehranspruch zwar formal allein auf §§ 823, 1004 BGB i.V.m. Art. 1 Abs. 1 GG zurückführen, als Prüfungsmaßstab aber die Verletzung der Persönlichkeit und nicht die Menschenwürde heranziehen. Das Gleiche gilt für LG Köln BeckRS 2007, 04964 – *Schwammskulptur*, das sich an die *Emil-Nolde*-Entscheidung anlehnt. Ebenfalls widersprüchlich: OLG München, AfP 2001, 68 f. – *Karmasin*, das den postmortalen Persönlichkeitsschutz ebenfalls auf Art. 1 Abs. 1 GG zurückführt, dann aber von einem Fortwirken des allgemeinen Persönlichkeitsrechts spricht.

378 Das LG Essen führte den postmortalen Persönlichkeitsschutz im Fall *Ehrensache* noch in einer Entscheidung vom 6. 10. 2006 (BeckRS 2007, 04541) auf Art. 2 GG zurück. Ebenso das LG Köln, ebenfalls im Fall *Ehrensache* (BeckRS 2007, 08817).

den Wert, der GUSTAV GRÜNDGENS kraft seines Menschseins zukommt, in Abrede stellt.

Im Fall *Frischzellenkosmetik* ging es darum, dass ein Hersteller von Kosmetika unberechtigt mit dem Namen und Verfahren eines verstorbenen Forschers geworben hatte. Der Bundesgerichtshof gab der dagegen gerichteten Unterlassungsklage statt, weil die Werbung den wissenschaftlichen Ruf des Forschers postmortal beeinträchtigt habe[379]. Obwohl eine Beeinträchtigung des wissenschaftlichen Rufs tatsächlich vorgelegen haben dürfte, waren die Voraussetzungen einer Menschenwürdeverletzung in diesem Fall nicht gegeben, schließlich wurde der Forscher weder herabgewürdigt noch als bloßes Objekt behandelt.

Ähnliches gilt für den Fall *Emil Nolde*. Hier stellte der Bundesgerichtshof in einem *obiter dictum* fest, dass die Verbreitung gefälschter Kunstwerke dazu geeignet sei, die Künstlerpersönlichkeit des verstorbenen Nolde zu beeinträchtigten, womit sie gegen das postmortale Persönlichkeitsrecht verstoße[380]. Auf der Grundlage dieser Argumentation gewährte das Landgericht Köln im Jahr 2006 einem verstorbenen Künstler Persönlichkeitsschutz. Gegenstand dieses Rechtsstreits war, dass Dritte die (Mit)Urheberschaft des Künstlers an einer Schwammskulptur behaupteten und diese Skulptur als von dem Künstler (mit) geschaffen zum Verkauf anbieten wollten. Weil eine Miturheberschaft des Künstlers rechtlich nicht vorlag, untersagte das Gericht den Beklagten ihr Ansinnen, um eine Minderung des Ansehens und der Wertschätzung des verstorbenen Künstlers zu verhindern[381]. Auch hier wäre die Schwelle zu einer Verletzung der Menschenwürde wohl kaum überschritten gewesen, wenn daran die üblichen Maßstäbe (Leugnung der Subjektqualität, Menschenverachtung) angelegt worden wären.

Im Fall *Adenauer* lag nach herkömmlichen Maßstäben ebenfalls keine Verletzung der Menschenwürde vor. In diesem Fall ging es um einen Wahlwerbespot der Partei »Die Republikaner«, in dem behauptet wurde, dass auch KONRAD ADENAUER und KURT SCHUMACHER in der damals anstehenden Wahl die Republikaner wählen würden. Die Konstellation ähnelte damit weitgehend derjenigen im Fall *Wilhelm Kaisen*. Anders als das dort zuständige Oberlandesgericht Bremen und das Bundesverfassungsgericht[382] entschieden das Landgericht und das Oberlandesgericht Köln im Jahr 1998 zu Gunsten des verstorbenen Politikers[383]. Begründet wurde dies damit, dass die von den Republikanern geäußerte Meinung, KONRAD ADENAUER würde sie wählen, das Lebensbild ADENAUERS grob entstellen würde. Folgt man der *Wil-*

379 BGH GRUR 1984, 907, 908 – *Frischzellenkosmetik.*

380 BGHZ 107, 384, 392 – *Emil Nolde.*

381 LG Köln BeckRS 2007, 04964 – *Schwammskulptur.*

382 OLG Bremen, AfP 1994, 145 ff., BVerfG NJW 2001, 2957 ff. – *Wilhelm Kaisen.*

383 OLG Köln, NJW 1999, 1969 f. und LG Köln, NJW 1999, 1970 f. – *Adenauer.*

helm-Kaisen-Rechtsprechung des Bundesverfassungsgerichts aus dem Jahr 2001, lag eine Verletzung der Menschenwürde im Fall *Adenauer* jedoch nicht vor[384].

Zweifelhaft ist auch, ob in dem vom Oberlandesgericht München im Jahr 2000 entschiedenen Fall *Karmasin* bei Heranziehung der üblichen Maßstäbe eine Verletzung der Menschenwürde zu bejahen war. Dort ging es darum, dass eine Zeitung FRANZ KARMASIN als verurteilten NS-Kriegsverbrecher bezeichnet hatte, obwohl sich aus dem vorhandenen Archivmaterial nur (aber immerhin!) nachweisen ließ, dass KARMASIN wegen angeblicher Kriegsverbrechen von tschechischen Gerichten zum Tode verurteilt worden war. Das Gericht war der Ansicht, dass die Zeitung die Tatsachen verfälscht dargestellt und damit den postmortalen Achtungsanspruch KARMASINS schwer beeinträchtigt habe. Auch hier liegt es nahe, dass das Gericht, das den postmortalen Persönlichkeitsschutz allein auf Art. 1 Abs. 1 GG zurückführte, nicht die bei Art. 1 Abs. 1 GG üblichen, sondern die Maßstäbe des allgemeinen Persönlichkeitsrechts heranzog. Mit der Feststellung, dass der Schutz des allgemeinen Persönlichkeitsrechts (!) des verstorbenen KARMASIN nicht zeitlich unbeschränkt währt[385], verstärkte das Oberlandesgericht diesen Verdacht.

Nachdem das Bundesverfassungsgericht seinen Standpunkt zum postmortalen Persönlichkeitsschutz in den Angelegenheiten *Willy Brandt* und *Wilhelm Kaisen* verdeutlicht hat, folgen die Zivilgerichte dem weitgehend. Das heißt, dass die Mehrzahl der Zivilgerichte den postmortalen Persönlichkeitsschutz allein auf Art. 1 Abs. 1 GG zurückführt und dessen Grenzen nicht mehr anhand der Maßstäbe des allgemeinen Persönlichkeitsrechts bestimmt[386]. Daraus folgt die Tendenz, den postmortalen Persönlichkeitsschutz restriktiver zu handhaben. Hatte die Zivilrechtsprechung zuvor das Lebensbild postmortal vor schwerwiegenden Entstellungen geschützt, soll der postmortale Persönlichkeitschutz nach einer vordringenden Ansicht nur noch gegen schwerwiegende Verletzungen des Wert- und Achtungsanspruchs geschützt sein[387]. Im Fall *Ehrensache* ist nun auch der Bundesgerichtshof

384 BVerfG NJW 2001, 2957 ff.

385 OLG München AfP 2001, 68, 69 – *Karmasin.*

386 So schon vor dem *Willy-Brandt*-Beschluss des BVerfG: OLG Düsseldorf NJW-RR 2000, 321 ff. – *Galinski.* Später dann auch: OLG München GRUR-RR 2002, 341, 342 – *Marlene Dietrich nackt*; OLG Hamburg GRUR-RR 2004, 123, 125 – *Wagner-Zitate*; BGH NJW 2006, 605, 606 – *Mordkommission Köln*; BGH NJW 2007, 684, 685 – *kinski.klaus.de*; LG Hagen NJW-RR 2007, 1057, 1058 – *Ehrensache.*

387 OLG Düsseldorf NJW-RR 2000, 231 – *Galinski*; OLG München GRUR-RR 2002, 341, 342 – *Marlene Dietrich nackt.* Ebenso: LG Hagen NJW-RR 2007, 1057, 1058 f. – *Ehrensache.* Anders das LG Essen und das LG Köln, die – ebenfalls im Fall *Ehrensache* – den postmortalen Persönlichkeitsschutz noch auf Art. 2 Abs. 1, 1 Abs. 1 GG stützen (BeckRS 2007, 04541 bzw. 08817).

dazu übergegangen, Art. 1 Abs. 1 GG beim postmortalen Persönlichkeitsschutz ebenso eng auszulegen wie dies in Bezug auf Lebende üblich ist[388].

cc. Zwischenergebnis

Die Tendenz der Rechtsprechung, den postmortalen Persönlichkeitsschutz auf verfassungsrechtlicher Ebene allein auf Art. 1 Abs. 1 GG zurückzuführen, ist zu begrüßen. Der alleinige Rückgriff auf Art. 1 Abs. 1 GG ist einer Herleitung aus Art. 2 Abs. 1, 1 Abs. 1 GG vorzuziehen, weil der Tote mangels Rechtssubjektivität keine Grundrechte mehr hat. Die häufig anzutreffende Formulierung, dass der nichtvermögenswerte Teil des allgemeinen Persönlichkeitsrechts nach dem Ableben seines Trägers fortwirke, verschleiert dies nur terminologisch. Ein Recht kann nur (nach)wirken, soweit es noch existiert. Der nichtvermögenswerte Teil des allgemeinen Persönlichkeitsrechts hört jedoch mit dem Tod seines Subjekts auf zu existieren, weil er nicht subjektlos fortbestehen kann[389].

Zu begrüßen ist auch, dass die Gerichte seit einigen Jahren dazu tendieren, an eine Verletzung der Menschenwürde im postmortalen Bereich dieselben Anforderungen zu stellen wie an eine lebzeitige Menschenwürdeverletzung. Denn wer an eine postmortale Menschenwürdeverletzung geringere Anforderungen stellt als an eine lebzeitige, impliziert, dass Art. 1 Abs. 1 GG einen Toten umfassender schützt als einen Lebenden. Diese Behauptung ist unhaltbar.

Die Tatsache, dass sich der postmortale Persönlichkeitsschutz verfassungsrechtlich nur auf die Menschenwürde zurückführen lässt und diese postmortal keinen weiteren Schutzbereich hat als bei Lebenden, führt zu folgenden Konsequenzen:

Solange der postmortale Persönlichkeitsschutz materiell nur auf Art. 1 Abs. 1 GG gestützt wird, beschränkt er sich auf den engen Bereich der Menschenwürdeverletzung. Das bedeutet, dass Entstellungen des Lebensbildes eines Toten, die keine menschenverachtenden o.ä. Züge tragen, nicht zu einem Abwehranspruch führen. Entscheidungen wie die in der Sache *Mephisto*, in der Sache *Frischzellenkosmetik,* in der Sache *Schwammskulptur* oder

---

Der BGH hat dieser Ansicht in der Revision des *Ehrensache*-Urteils des LG Köln erneut eine Absage erteilt. Siehe dazu: BGH Aktenzeichen VI ZR 244/07, vorerst nur online veröffentlicht auf der Webseite des BGH unter http://juris.bundesgerichtshof.de/cgi-bin/rechtsprechung/document.py?Gericht=bgh&Art=en&sid=4b5f4925739ece417f4040ebc761ac6b&nr=45969&pos=0&anz=1, Rn. 16, 19.

388 BGH Aktenzeichen VI ZR 244/07. Siehe dazu in der vorangegangenen Fußnote.

389 Siehe dazu Abschnitt B I 1.

in der Sache *Adenauer* werden von einem postmortalen Persönlichkeitsschutz, der allein auf Art. 1 Abs. 1 GG beruht, demnach nicht gedeckt[390].

Dieses Ergebnis sollte nicht vorschnell negativ bewertet werden. Es darf nämlich nicht vergessen werden, dass bei Art. 1 Abs. 1 GG die Schutzpflicht des Staates so weit reicht wie der Schutzbereich. Wenn jede Entstellung des Lebensbildes eines Toten in den Schutzbereich von Art. 1 Abs. 1 GG fallen würde, wäre der Staat verpflichtet, alle diese Entstellungen zu unterbinden. Das müsste dort, wo keine Angehörigen mehr vorhanden sind, im Zweifel von Amts wegen erfolgen; es ist jedoch weder wünschenswert noch vorstellbar, für diese Zwecke zusätzliche Verwaltungskapazitäten zu schaffen. Im Hinblick auf die Schutzpflicht aus Art. 1 Abs. 1 S. 2 GG ist es also sinnvoll, dessen Anwendungsbereich nicht ausufern zu lassen. Solange man an eine postmortale Menschenwürdeverletzung die gleichen Maßstäbe anlegt, wie an eine lebzeitige, dürften die bereits vorhandenen Gesetze zum postmortalen Persönlichkeitsschutz zur Erfüllung der Schutzpflicht vermutlich genügen: § 168 StGB (Störung der Totenruhe), die landesrechtlichen Bestattungsvorschriften sowie die Vorschriften zur Organ- und Gewebeentnahme im Transplantationsgesetz sichern den würdigen Umgang mit der Leiche. § 4 Abs. 1 ESchG untersagt es, eine Eizelle mit dem Samen eines Toten zu befruchten, und vor verbalen Verletzungen der Menschenwürde schützt das Verbot der Verunglimpfung Verstorbener aus § 189 StGB[391]. Anders als z.B. beim Verbot des Diebstahls oder der Körperverletzung geht mit den Verboten aus den §§ 168, 189 StGB kein Abwehranspruch aus § 823 Abs. 2 BGB einher, weil es dafür an einem Rechtssubjekt mangelt. Allerdings ist auch nicht evident, dass der Schutzauftrag des Art. 1 Abs. 1 S. 2 GG den Gesetzgeber dazu verpflichtet, für den postmortalen Persönlichkeitsschutz Abwehransprüche in der Art des Deliktsrechts zur Verfügung zu stellen.

---

390 Anders HAGER: Die Mephisto-Entscheidung des Bundesverfassungsgerichts, in: JURA 2000, 182, 189 f., der die Auffassung vertritt, dass es in der Abwägung der kollidierenden Belange keinen Unterschied mache, ob der postmortale Persönlichkeitsschutz auf die Menschenwürde oder das allgemeine Persönlichkeitsrecht zurückgeführt werde.

391 Der objektive Tatbestand des § 189 StGB setzt alternativ eine schwere Beleidigung, üble Nachrede oder Verleumdung des Toten voraus (vgl. THEODOR LENCKNER in: ADOLF SCHÖNKE / HORST SCHRÖDER, Strafgesetzbuch Kommentar, 27. Aufl., München 2006, § 189, Rn. 2). Damit umfasst er sowohl Meinungsäußerungen als auch Tatsachenbehauptungen. Es ist daher nicht vorstellbar, dass eine verbale Verletzung der Menschenwürde im postmortalen Bereich von dieser Norm nicht erfasst würde.
Allerdings dürfte es erforderlich sein, § 189 StGB von einem Antrags- in ein Offizialdelikt umzuwandeln, weil der Schutz der Menschenwürde nicht davon abhängen darf, ob ein Angehöriger vorhanden ist, der einen Strafantrag stellt. Vgl. dazu unten D III 3.

Die Entscheidung darüber, ob die vorhandenen Normen zum postmortalen Persönlichkeitsschutz um zusätzliche Mechanismen ergänzt werden sollten, ist daher vor allem eine rechtspolitische Angelegenheit. Gleiches gilt im Hinblick auf die Frage, ob der postmortale Persönlichkeitsschutz auf das verfassungsrechtliche Minimum des Würdeschutzes beschränkt bleiben sollte. Vieles spricht jedoch dafür, den postmortalen Persönlichkeitsschutz über das Minimum des Art. 1 Abs. 1 GG auszuweiten und alle Fälle einzubeziehen, in denen das Lebensbild eines Toten grob entstellt wird.

II. Möglichkeiten der Normierung eines postmortalen Persönlichkeitsschutzes

Sofern der bisher kodifizierte postmortale Persönlichkeitsschutz um zusätzliche Abwehransprüche ergänzt werden soll, muss geklärt werden, in welchem systematischen Rahmen solche Ansprüche stehen können.

1. Zivilrechtlicher postmortaler Persönlichkeitsschutz

Die Rechtsprechung sowie die überwältigende Mehrheit der Stimmen in der Literatur führen den postmortalen Persönlichkeitsschutz, der derzeit vor den Zivilgerichten geltend gemacht werden kann, auf § 823 BGB zurück. Insofern könnte es nahe liegen, den postmortalen Persönlichkeitsschutz im Deliktsrecht zu kodifizieren. Ein deliktsrechtlicher Anspruch setzt allerdings voraus, dass ein Rechtsgut oder eine Schutzposition des Anspruchstellers verletzt wird. Der postmortale Persönlichkeitsschutz kann deshalb nur als Gegenstand des Deliktsrechts kodifiziert werden, wenn das Subjekt der Abwehransprüche zugleich der Verletzte wäre. Das wäre nur in zwei Konstellationen der Fall: Entweder wenn das Recht auf Respektierung der Persönlichkeit des Toten einem Lebenden zugeordnet oder wenn der Tote insofern noch als rechtsfähig erachtet wird.

a. Keine Normierung einer postmortalen Teilrechtsfähigkeit

Eine postmortale Teilrechtsfähigkeit lässt sich der Rechtsordnung mit den zulässigen methodischen Mitteln derzeit nicht entnehmen. Das schließt die Möglichkeit der Kodifikation einer postmortalen Teilrechtsfähigkeit nicht aus. Dennoch ist von einer solchen Lösung abzuraten, weil eine postmortale Teilrechtsfähigkeit sich nicht in das vorhandene Rechtssystem einfügen ließe.

aa. Mangelnde Sytemkonformität der Rechtsfähigkeit eines Zwecks

Gegen die Einführung einer postmortalen Teilrechtsfähigkeit spricht vor allem, dass damit die Rechtsfähigkeit von der Existenz eines realen Bezugsobjekts gelöst und einem von jeglicher physischer Substanz losgelösten Zweck zuerkannt würde. Denn der Träger des Persönlichkeitsrechts hört mit seinem Tod auf zu existieren – was von ihm bleibt, sind Erinnerungen an ihn, also die Idee[392] von seiner Person bei den Überlebenden[393]. Die Normierung einer postmortalen Teilrechtsfähigkeit liefe darauf hinaus, diese Idee – bzw. den Zweck des Schutzes dieser Idee – mit eigener Rechtsfähigkeit zu versehen. Die Verleihung der Rechtsfähigkeit an einen Zweck passt aber nicht in unsere Rechtsordnung; es gibt dafür kein Vorbild, und es ist auch nicht erkennbar, welchen Sinn sie haben sollte.

Rechtsfähige Zwecke gibt es nicht. Das einzige Rechtsinstitut, das eine gewisse Ähnlichkeit mit einem solchen Konstrukt aufweist, ist die Stiftung, die man als institutionalisierten Zweck beschreiben kann. Bei näherer Betrachtung erweist sich diese Beschreibung jedoch als ungenau, denn die Stiftung ist eine Organisation, die über ein Vermögen verfügt, mit dessen Hilfe sie bestimmte Zwecke verfolgt[394]. Wesentlicher Bestandteil einer Stiftung ist ihr Vermögen, denn mangels mitgliedschaftlicher Struktur kann die Stiftung ihre Zwecke nur durch den Einsatz finanzieller Mittel verfolgen[395]. Der mittels einer postmortalen Teilrechtsfähigkeit rechtlich verselbständigte Zweck des postmortalen Andenkenschutzes würde dagegen nicht über ein gesondertes Vermögen verfügen, weil das Vermögen des Toten gemäß § 1922 BGB auf die Erben übergeht. Damit würde es dem rechtlich verselbständigten Zweck an jeglicher Möglichkeit fehlen, die ihm zukommenden Rechte durchzusetzen. Dies könnte nur geschehen, wenn andere Rechtssubjekte sich seiner annähmen und sich durch die Bereitstellung von Mitteln und gegebenenfalls die Übernahme einer Prozessstandschaft diesen Zweck zu Eigen machten. Dafür ist die rechtliche Verselbständigung des Zwecks aber nicht erforderlich. Man käme nämlich zum gleichen Ergebnis, wenn man bestimmten Dritten unmittelbar das Recht einräumte, sich dem Schutz des Andenkens Verstorbener anzunehmen.

bb. Bruch mit dem höchstpersönlichen Charakter des Persönlichkeitsrechts

Eine postmortale Teilrechtsfähigkeit im Hinblick auf ein Element des allgemeinen Persönlichkeitsrechts (das abwehrende Element[396]) liefe außerdem seinem Zweck und höchstpersönlichen Charakter zuwider. Denn der Zweck des allgemeinen Persönlichkeitsrechts – die Sicherung eines Freiraumes zur

392 H.P. Westermann verwendet in diesem Zusammenhang den Begriff der Mystifikation (Ders.: FamRZ 1969, 561, 563).

393 Das ignorieren unter Rückgriff auf eine von idealistischem Pathos getragene Argumentation Hubmann, a.a.O., S. 340 f. sowie Knut Müller, a.a.O., S. 81. Vgl. dazu die Anmerkungen in Fn. 353.

394 Peter Rawert in: Staudinger, a.a.O., 13. Bearbeitung, 1995, Vorb. zu §§ 80 ff., Rn. 4.

395 Rawert in: Staudinger, a.a.O., Rn. 15.

396 Zu den beiden Elementen des allgemeinen Persönlichkeitsrechts s.o.: A III 3.

Entfaltung der Persönlichkeit – entfällt mit dem Tod seines Inhabers[397]. Zugleich entsteht ein neuer Zweck, nämlich der Schutz des Andenkens an den Verstorbenen. Dieser Zweck dient aber nicht dem Toten, der mit seinem Tod alle Interessen verliert, sondern den Lebenden[398].

Auf der Ebene der Rechtstatsachen kommt hinzu, dass der Tote auf die Ausübung des ihm angeblich noch immer zustehenden Teils seines allgemeinen Persönlichkeitsrechts keinen Einfluss mehr haben kann. Sein Recht muss von Dritten wahrgenommen werden und es sind diese Dritten, die, sofern der Tote keine Anweisungen hinterlassen hat, nach eigenem Gutdünken verfahren können. Damit gehen die Gestaltungsspielräume, die das allgemeine Persönlichkeitsrecht seinem Inhaber verleiht, in der Rechtswirklichkeit auf diese Dritten über. Ein solcher Übergang würde in der Rechtswirklichkeit bewirken, was es dogmatisch nicht geben kann: die faktische Nachfolge in ein höchstpersönliches Recht.

cc. Konflikt mit dem Begriff des subjektiven Rechts

Eine postmortale Teilrechtsfähigkeit passt auch deshalb nicht in das Rechtssystem, weil sie mit den heutigen Vorstellungen vom subjektiven Recht nicht in Einklang zu bringen wäre[399]. Folglich müsste mit der Kodifizierung einer Teilrechtsfähigkeit der Toten eine Abkehr vom geläufigen Begriff vom subjektiven Recht einhergehen. Auch dieser Begriff ist kein unantastbares Dogma. Allerdings sollte in Betracht gezogen werden, dass der heutige Begriff vom subjektiven Recht das Ergebnis eines viele Jahrzehnte langen Ringens ist und sich in ihm fundamentale Erkenntnisse einer geschichtlich gewachsenen Rechtswissenschaft spiegeln. Eine Abkehr von dieser Tradition sollte nicht voreilig geschehen, sondern nur, wenn sie unvermeidlich ist[400]. Die Anerkennung einer postmortalen Teilrechtsfähigkeit ist jedoch keineswegs unvermeidlich. Da sie zudem mit der bestehenden Rechtsordnung nicht kompatibel wäre und keine erkennbaren Vorteile bietet, erscheint es wünschenswert, den postmortalen Persönlichkeitsschutz auf anderem Wege zu normieren.

---

397 AXEL STEIN hält deshalb eine Verletzung eines Persönlichkeitsrechts ohne (Fort)Bestand einer körperlich-psychisch-geistigen Existenz für undenkbar (DERS. in: SOERGEL, a.a.O., 13. Aufl., 2001, § 1922, Rn. 25).

398 Wie oben schon dargestellt wurde, dient auch der postmortale Persönlichkeitsschutz nur der Persönlichkeitsentfaltung der Lebenden, indem er ihnen die Gewissheit verschafft, dass ihre Persönlichkeit auch nach ihrem Tod noch geschützt wird. Sobald das Individuum einmal tot ist, kommt es *für dieses Individuum* darauf nicht mehr an.

399 Siehe oben: B I 2 b.

400 So auch BUSCHMANN, a.a.O., 2081, 2087.

b. Zuordnung des postmortalen Achtungsanspruchs zu einem bestehenden Rechtssubjekt

Eine Alternative zur Kodifikation einer postmortalen Teilrechtsfähigkeit wäre, den Anspruch auf Achtung der Persönlichkeit eines Toten einem bestehenden Rechtssubjekt zuzuordnen. Fraglich ist, wie sich dies rechtlich konstruieren lassen könnte. In Betracht kommt dabei zunächst, den nichtvermögenswerten Teil des Persönlichkeitsrechts zum Gegenstand der Erbmasse zu machen. Denkbar wäre außerdem, den Anspruch auf Achtung der Persönlichkeit des Verstorbenen zum Zeitpunkt seines Todes als neues Recht in der Person des Wahrnehmungsberechtigten entstehen zu lassen.

aa. Nichtvermögenswerte Persönlichkeitsrechte als Teil der Erbmasse

Der Idee, nichtvermögenswerte Persönlichkeitsrechte bzw. die damit verbundenen Abwehransprüche eines Verstorbenen auf einen anderen Rechtsträger zu übertragen[401], stehen sowohl der Telos als auch die Dogmatik des Persönlichkeitsrechts entgegen.

Das wesentliche Argument gegen den Übergang der ideellen Komponente des allgemeinen Persönlichkeitsrechts auf ein anderes Rechtssubjekt besteht darin, dass ein solcher Übergang mit dem Telos dieses Rechts nicht in Einklang zu bringen wäre. Das allgemeine Persönlichkeitsrecht dient dazu, seinem Inhaber einen Freiraum zu schaffen, in dem er seine Persönlichkeit entfalten kann. Die Vorstellung, das allgemeine Persönlichkeitsrecht – und sei es nur seine statische, defensive Komponente, die seinem Inhaber das Recht »allein gelassen zu werden«[402] vermittelt – auf eine andere Person zu übertragen, ist mit diesem Zweck nicht vereinbar. Zu Lebzeiten wäre eine solche Übertragung undenkbar, weil es mit der Garantie der menschlichen Würde unvereinbar wäre, dass ein Mensch wirksam auf sein allgemeines Persönlichkeitsrecht verzichtet[403]. Ebenso undenkbar ist eine beim Tod eintretende Übertragung des allgemeinen Persönlichkeitsrechts, denn mit dem Tod seines Inhabers entfallen der Zweck und das Bezugsobjekt des allgemeinen Persönlichkeitsrechts. Sie entfallen, weil ein Toter seine Persönlichkeit nicht entfalten kann und auch kein anderer es an seiner Stelle tut[404]. Ein nichtvermögenswertes Persönlichkeitsrecht kann nach dem Tod seines Trägers daher ebenso wenig fortbestehen, wie das Eigentum an einer Sache nach ihrem Untergang. Die Tatsache, dass die Persönlichkeitsrechte in ihrer historischen Entwicklung überwiegend in unmittelbare Verbindung mit der Rechtsfähig-

401 Dafür: BRÄNDEL in: GÖTTING / SCHERTZ / SEITZ, a.a.O., § 37 Rn. 28 ff.

402 BVerfGE 35, 202, 233.

403 Vgl. ANGELA DIEDERICHSEN: Der deliktsrechtliche Schutz des Persönlichkeitsrechts, JURA 2008, S. 1, 7.

404 So auch HARM PETER WESTERMANN, NJW 1969, S. 561, 564.

keit des Menschen gebracht wurden[405], untermauert diesen Befund. Daraus folgt, dass der postmortale Persönlichkeitsschutz nicht auf der Vererbung der nichtvermögenswerten Persönlichkeitsrechte beruhen kann.

Ein weiteres Argument gegen die Vererbung der nichtvermögenswerten Persönlichkeitsrechte ergibt sich aus der *Marlene*-Rechtsprechung. Danach dürfen die vermögenswerten Persönlichkeitsrechte von den Erben nicht gegen den mutmaßlichen Willen des Verstorbenen eingesetzt werden[406]. Die Erben sind bei der Verwertung der vermögenswerten Persönlichkeitsrechte des Verstorbenen also an dessen ideelle Interessen gebunden. Mit der Durchsetzung der ideellen Interessen des Verstorbenen werden derzeit Wahrnehmungsberechtigte betraut, die mit den Erben nicht identisch sein müssen. Das eröffnet dem Erblasser die Möglichkeit, sich gegen eine ihm nicht genehme Verwertung seiner vermögenswerten Persönlichkeitsrechte abzusichern, indem er die Wahrnehmung seiner nichtvermögenswerten Persönlichkeitsrechte auf Personen überträgt, die nicht seine Erben sind. Diese Möglichkeit würde dem Erblasser genommen, wenn die nichtvermögenswerten Persönlichkeitsrechte zum Gegenstand der Erbmasse erklärt würden[407].

Die Kodifikation des postmortalen Schutzes nichtvermögenswerter Persönlichkeitsrechte kann auch deshalb nicht durch eine Übertragung der Persönlichkeitsrechte des Toten auf Dritte erfolgen, weil der postmortale Persönlichkeitsschutz im Verhältnis zum allgemeinen Persönlichkeitsrecht ein *aliud* ist. Denn während das allgemeine Persönlichkeitsrecht der Persönlichkeitsentfaltung seines Inhabers dient, ist Zweck des postmortalen Persönlichkeitsschutzes, das Ergebnis der lebenslangen Persönlichkeitsentfaltung vor Verfälschungen zu schützen. Postmortaler Persönlichkeitsschutz wird gewährt,

---

405 Vgl. dazu insbesondere die Darstellung der Entwicklung des allgemeinen Persönlichkeitsrechts im 19. Jahrhundert unter A I 2.

406 BGH NJW 2000, 709, 714 – *Marlene*.

407 Brändel, der für eine Vererbung des ideellen Bestandteils des allgemeinen Persönlichkeitsrechts eintritt, meint, dass dem Erblasser mit den Mitteln der Teilungsanordnung bzw. der Testamentsvollstreckung gleichwertige Instrumente zur Verfügung stünden (DERS. in: GÖTTING / SCHERTZ / SEITZ a.a.O., § 37, Rn. 30). Dem ist aber nicht so: Eine Teilungsanordnung ist wirkungslos, wenn die Erbschaft aus wirtschaftlichen Gründen ausgeschlagen werden muss, und die Anordnung einer Testamentsvollstreckung ist wirkungslos, wenn der oder die vorgesehenen Vollstrecker das Amt ablehnen oder sterben. In der gegenwärtigen Rechtslage ist der Verstorbene besser geschützt, weil die Wahrnehmungsberechtigung nicht voraussetzt, dass der Wahrnehmungsberechtigte die Erbschaft oder das Amt eines Testamentsvollstreckers annimmt. Sofern die Wahrnehmungsberechtigung auf die Angehörigen übergeht kommt noch hinzu, dass regelmäßig mehrere Wahrnehmungsberechtigte vorhanden sind, sodass es weniger ins Gewicht fällt, wenn einzelne von ihnen nicht willens oder in der Lage sind, sich um die Belange des Verstorbenen zu kümmern.

um allen Lebenden die Gewissheit zu vermitteln, dass ihre Persönlichkeit auch nach dem Tod noch geschützt wird und erweitert damit ihre Handlungsspielräume zu Lebzeiten[408]. Anders als das allgemeine Persönlichkeitsrecht ist der postmortale Persönlichkeitsschutz kein eigennütziges, sondern ein gemeinnütziges Rechtsinstitut. Postmortaler Schutz nichtvermögenswerter Persönlichkeitsrechte bedeutet also nicht das Fortbestehen der nichtvermögenswerten Persönlichkeitsrechte. Folglich kann er nicht kodifiziert werden, indem man die nichtvermögenswerten Persönlichkeitsrechte des Toten auf die Erben überträgt.

bb. Postmortaler Achtungsanspruch als neu entstehendes Recht des Wahrnehmungsberechtigten

Nach dem gerade Gesagten kann eine zivilrechtliche Kodifikation des postmortalen Schutzes nichtvermögenswerer Persönlichkeitsrechte nur darauf beruhen, den Anspruch auf Achtung der Persönlichkeit des Verstorbenen in der Person des Wahrnehmungsberechtigten neu entstehen zu lassen. Dieser Ansatz würde dem höchstpersönlichen Charakter der nichtvermögenswerten Persönlichkeitsrechte entsprechen und der Tatsache Rechnung tragen, dass der postmortale Persönlichkeitsschutz im Verhältnis zum allgemeinen Persönlichkeitsrecht ein *aliud* ist. Außerdem hätte dieser Ansatz den Vorzug, dass die Erblasser die Möglichkeit behielten, Erbe und Wahrnehmung des postmortalen Persönlichkeitsschutzes voneinander zu trennen.

c. Zivilrechtlicher postmortaler Persönlichkeitsschutz und Prävention

Der Schutz des postmortalen Persönlichkeitsrechts bedarf ebenso wie der Schutz des allgemeinen Persönlichkeitsrechts spezieller präventiver Elemente. Die Integration präventiver Elemente in einen zivilrechtlichen postmortalen Persönlichkeitsschutz ist allerdings noch schwieriger als die Prävention im Deliktsrecht, weil ein Verstoß gegen das postmortale Persönlichkeitsrecht insbesondere auch öffentliche Interessen verletzt.

aa. Erfordernis der Prävention postmortaler Persönlichkeitsverletzungen

Eine Verletzung des allgemeinen Persönlichkeitsrechts kann neben den Abwehransprüchen auch Ansprüche auslösen, die auf den Ersatz des immateriellen Schadens, also auf Zahlung gerichtet sind. Maßgeblich für die Höhe dieser Ansprüche ist nicht nur der Aspekt der Genugtuung, sondern auch das Ziel der Prävention vergleichbarer Beeinträchtigungen[409]. Für das allgemeine

408 So schon BGHZ 50, 133, 139 – *Mephisto.*

409 Vgl. dazu WAGNER, a.a.O., insbesondere S. 451 ff. sowie die *Caroline*-Rechtsprechung des Bundesgerichtshofs, BGHZ 128, 1, 15 f. Vgl. zu diesem Thema außerdem die (kritische) Kommentierung von GOTTFRIED SCHIEMANN in:

Persönlichkeitsrecht hat der Bundesgerichtshof in der *Caroline*-Entscheidung festgestellt, dass der Schutzauftrag aus Art. 1 Abs. 1, Art. 2 Abs. 1 GG es gebietet, das Schmerzensgeld bei einer vorsätzlichen Verletzung des allgemeinen Persönlichkeitsrechts so zu bemessen, dass eine präventive Wirkung eintritt[410]. Damit ist anerkannt, dass das Grundgesetz eine Prävention schwerwiegender Persönlichkeitsverletzungen gebietet. Dass dies auch im postmortalen Bereich erforderlich ist, zeigen zwei Beispiele aus der Rechtsprechung:

(1) Marlene Dietrich nackt und Mordkommission Köln

Im Jahr 2002 hatte das Oberlandesgericht München über eine Klage der Tochter MARLENE DIETRICHS zu entscheiden, mit der diese sich gegen die Veröffentlichung eines Aktfotos in der Presse wendete, das dem unzutreffenden Begleittext zufolge die DIETRICH darstellen sollte. Die Beklagten waren in der Vorinstanz antragsgemäß zur Unterlassung der weiteren Veröffentlichung des Fotos verurteilt worden, wogegen sie keine Berufung eingelegt hatten. Wesentlicher Streitpunkt in der Berufung war die Frage, ob die Beklagten an die Klägerin zusätzlich einen finanziellen Ausgleich zu zahlen hätten. Problematisch war in diesem Zusammenhang, dass der Klägerin durch die Bildveröffentlichung kein materieller Schaden entstanden war. Zwar war die Klägerin zugleich Erbin der DIETRICH und damit zur materiellen Verwertung ihrer Persönlichkeit berechtigt. Auch hatte sie von den Beklagten weder Geld für die Veröffentlichung bekommen, noch hatte sie der Veröffentlichung zugestimmt. Jedoch hätte sie eine entsprechende, geldwerte Zustimmung ohnehin nicht erteilen dürfen. Die vermögenswerten Persönlichkeitsrechte eines Verstorbenen dürfen von den Erben nämlich nicht gegen den mutmaßlichen Willen des Verstorbenen eingesetzt werden[411]. Da unstreitig war, dass die zuletzt öffentlichkeitsscheue DIETRICH eine solche Genehmigung nicht erteilt hätte, hätte die Klägerin eine – geldwerte – Zustimmung zum Abdruck der Fotos also nicht erteilen dürfen. Folglich hatte sie durch die ungenehmigte Veröffentlichung der Fotos keinen materiellen Schaden erlitten. Einen Anspruch auf Ersatz wegen der Verletzung der immateriellen Persönlichkeitsrechte der DIETRICH hätte die Klägerin bei konsequenter Anwendung des Schadensrechts auch nicht gehabt, weil sie nicht Inhaberin dieser Rechte ist. Im Ergebnis wären die beklagten Presseorgane also mit einem Unterlassungsurteil davongekommen, das sie vermutlich kaum belastet hätte, weil sie die mit dem Foto verbundene Sensation bereits ausgeschlachtet hatten. Weil das Oberlandesgericht München es bei diesem Ergebnis nicht

STAUDINGER, Neubearbeitung 2005, § 253, Rn. 53 f. sowie HARTMUT OETKER in: MüKo, 5. Aufl., 2007, § 253, Rn. 11 ff., beide m.w.N.

410 BGHZ 128, 1, 15 f. – *Caroline.*

411 BGH NJW 2000, 709, 714 – *Marlene.*

belassen wollte, verurteilte es die Beklagten zur Zahlung einer Geldsumme an die Tochter der DIETRICH. Als Anspruchsgrundlage zog es § 823 Abs. 1 BGB i.V.m. Art. 1 Abs. 1 GG heran, mit der Begründung, dass der vom Grundgesetz gebotene postmortale Persönlichkeitsschutz ohne die Gewährung von Geldentschädigungsansprüchen ungenügend sei[412].

Wiewohl die Motive des Oberlandesgerichts München leicht nachvollziehbar sind, ist sein Urteil im Hinblick auf die gewährten Geldersatzansprüche nicht haltbar. Zwar ähnelt seine Argumentation derjenigen von Bundesgerichtshof und Bundesverfassungsgericht in den *Soraya*-Entscheidungen, in denen anerkannt wurde, dass bei schwerwiegenden Verletzungen des allgemeinen Persönlichkeitsrechts ein Anspruch auf Geldentschädigung bestehen könne, wenn der Schaden anderweitig nicht auszugleichen sei[413]. Der wesentliche Unterschied zwischen den beiden Fällen besteht jedoch darin, dass die *Soraya*-Entscheidungen auf § 823 Abs. 1 BGB zurückgeführt werden konnte. Damit stand eine einfachgesetzliche Anspruchsgrundlage zur Verfügung. Für die Gewährung eines Geldentschädigungsanspruchs an die Tochter der DIETRICH fehlte eine solche Anspruchsgrundlage jedoch, weil die Tochter nicht Inhaberin des verletzten Rechts war. Entgegen der Ansicht des Oberlandesgerichts kann eine fehlende Anspruchsgrundlage auch nicht durch

412 OLG München, GRUR-RR 2002, 341 = ZUM 2002, 746 – *Marlene Dietrich nackt.*
Die Möglichkeit, die Beklagte aus Eingriffskondiktion (§ 812 Abs. 1 S. 1 Fall 2 BGB) oder aus angemaßter Eigengeschäftsführung (§ 687 Abs. 2 BGB) zu verurteilen, hat das *OLG München* offenbar nicht einmal in Betracht gezogen (Vgl. zu diesen Ansprüchen insbesondere die sehr instruktive Abhandlung von VOLKER BEUTHIEN / ANTON SCHMÖLZ: Persönlichkeitsschutz durch Persönlichkeitsgüterrechte, München 1999, S. 39 ff.). Der Grund dürfte darin liegen, dass diese Ansprüche nach der *Herrenreiter*-Doktrin des *BGH* ausfallen, wenn der Betroffene einer entsprechenden Verwertung nicht zugestimmt hätte (vgl. dazu BGHZ 26, 349, 353 – *Herrenreiter*).
Nachdem der *BGH* im Jahr 2007 von dieser Doktrin Abstand genommen hat (*BGH,* NJW 2007, 689, 690 – *Lafontaine*) müssen diese Ansprüche neu in Erwägung gezogen werden. Fraglich ist allerdings, ob die Veröffentlichung der Nacktbilder ein Geschäft der Klägerin waren bzw. »auf ihre Kosten« erfolgte. Dagegen spricht, dass es aufgrund des mutmaßlich entgegenstehenden Willens der DIETRICH auch der Klägerin nicht erlaubt gewesen wäre, die Nacktbilder zu veröffentlichen. Anders BEUTHIEN, demzufolge es bei der wirtschaftlichen Verwertung der Persönlichkeit Verstorbener auf deren mutmaßlichen Willen nicht ankommt (DERS.: Was ist vermögenswert, die Persönlichkeit oder ihr Image, in: NJW 2001, S. 1221, 1222). Dementsprechend bejaht BEUTHIEN auch Ansprüche der Klägerin aus § 812 Abs. 1 S. 1 Fall 2 BGB und § 687 Abs. 2 BGB (DERS.: Postmortaler Persönlichkeitsschutz auf dem Weg ins Vermögensrecht, in: ZUM 2003, S. 261 f.).

413 BGH GRUR 1965, 254, 256; BVerfGE 34, 269 ff., – *Soraya.*

unmittelbaren Rückgriff auf einen Schutzauftrag des Grundgesetzes ersetzt werden. Eine entsprechende Rechtsfortbildung war ebenfalls nicht möglich, weil es grundsätzlich Sache des Gesetzgebers ist, Schutzaufträge des Grundgesetzes umzusetzen[414].

Aus diesem Grunde scheiterten die Kläger im Fall *Mordkommission Köln* sowohl vor dem Bundesgerichtshof als auch vor dem Bundesverfassungsgericht[415]. In diesem Fall ging es darum, dass ein Fernsehsender unbefugt Bilder von der Leiche eines unbekleideten Mordopfers ausgestrahlt hatte. Hier scheiterte ein Schadensersatzanspruch des klagenden Sohnes zusätzlich daran, dass das Opfer ein unbekannter Mensch war, dessen Persönlichkeit die Richter keinen Vermögenswert zusprachen[416]. Das allgemeine Persönlichkeitsrecht des Klägers kam als Anspruchsgrundlage für den begehrten Schadensersatz nach Ansicht der Richter ebenfalls nicht in Betracht, weil Angriffe auf die Verstorbenen in der Regel keine Angriffe auf ihre Angehörigen enthielten[417].

(2) Widersprüche der gegenwärtigen Rechtslage

Die Fälle *Marlene Dietrich nackt* und *Mordkommission Köln* zeigen, dass das Fehlen einer Geldentschädigung für postmortale Verletzungen nichtvermögenswerter Persönlichkeitsrechte eine empfindliche Schutzlücke hinterlässt. Die Rechtslage ist umso unbefriedigender als der Persönlichkeitsschutz abnimmt, je schlimmer der Eingriff ist. Das zeigt sich im Fall von MARLENE DIETRICH: In dem Fall, in der die Beklagten lediglich unbefugt mit dem Schriftzug und dem Bild der DIETRICH geworben hatten, stand der Tochter neben dem Unterlassungsanspruch ein Geldzahlungsanspruch zu. Dieser Zahlungsanspruch beruhte darauf, dass eine – geldwerte – Zustimmung der Tochter zu den Werbemaßnahmen möglich gewesen wäre. In dem Fall, in dem die Beklagten ein vermeintliches Nacktfoto der DIETRICH veröffentlichten, kamen sie mit einem Unterlassungsurteil davon, weil die Tochter dessen Veröffentlichung ohnehin nicht hätte genehmigen können. Im Ergebnis be-

---

414 Vgl. dazu oben B I 2 d dd und insbesondere die dort zitierte Entscheidung BVerfG 1 BvR 402/06 vom 19. Oktober 2006, veröffentlicht unter http://www.bundesverfassungsgericht.de/entscheidungen/rk20061019_1bvr040206.html, Rz. 19–21 – *Mordkommission Köln.* In dieser Entscheidung stellte das BVerfG ausdrücklich fest, dass sich eine Anspruchsgrundlage für eine Geldentschädigung wegen der postmortalen Verletzung immaterieller Persönlichkeitsrechte nicht im Rahmen der Rechtsfortbildung herleiten lässt.

415 BGH NJW 2006, 605 ff. und BVerfG 1 BvR 402/06, veröffentlicht unter http://www.bundesverfassungsgericht.de/entscheidungen/rk20061019_1bvr040206.html, Rz. 19–21 – *Mordkommission Köln.*

416 BGH NJW 2006, 606 – *Mordkommission Köln.*

417 Ebenda.

deutet das, dass die Beklagten bei schlimmen Verstößen gegen das postmortale Persönlichkeitsrecht weniger zu befürchten haben als bei leichteren Eingriffen. Besonders negativ wirkt sich die Beschränkung auf Abwehransprüche im Bereich der Sensationsmedien aus, wo Unterlassungsansprüche häufig leer laufen: Sensationen wie das Nacktfoto der Leiche im Fall *Mordkommission Köln* haben nämlich eine kurze Halbwertzeit und lassen sich häufig ohnehin nur einmal verwenden. Wenn darauf ein Unterlassungsurteil folgt, trifft das den Beklagten kaum[418]. Schon deshalb haben die Verantwortlichen wenig Veranlassung ihr Verhalten zu ändern. Hinzu kommt, dass sich ohnehin nur wenige Betroffene gegen die Medien zur Wehr setzen, und das wird sich vermutlich nicht ändern, solange ihnen selbst ein Obsiegen vor Gericht nur wenig nützt.

bb. Möglichkeiten einer besseren Prävention

Aus den geschilderten Wertungswidersprüchen ergibt sich, dass die Prävention von Verletzungen des nichtvermögenswerten postmortalen Persönlichkeitsrechts verbessert werden muss[419]. Beim allgemeinen Persönlichkeitsrecht erfolgt die Prävention über die Bemessung des immateriellen Schadensersatzes. Dieser soll insbesondere in Fällen der »Zwangskommerzialisierung« der Persönlichkeit so hoch ausfallen, dass von ihm ein hemmender Effekt ausgeht[420]. Auch beim postmortalen Schutz immaterieller Persönlichkeitswerte kann eine bessere Prävention nur mit einem Zahlungsanspruch erreicht werden.

(1) Notwendigkeit der Kodifikation einer Anspruchsgrundlage

Die Rechtsprechung hat den Anspruch auf immateriellen Schadensersatz wegen der Verletzung des allgemeinen Persönlichkeitsrechts zunächst mit

---

418 Vgl. zu diesem Wertungswiderspruch auch NIKOLAUS REBER: Schutzdauer des postmortalen Persönlichkeitsrechts in Deutschland und den USA (von Marlene Dietrich über Klaus Kinski zu Marilyn Monroe) – ein Irrweg des Bundesgerichtshofs?, in: GRUR 2007, S. 492, 495 f.). Zur selben Problematik beim allgemeinen Persönlichkeitsrecht MATTHIAS PRINZ: Geldentschädigung bei Persönlichkeitsrechtsverletzungen durch Medien, NJW 1996, S. 953.

419 In diesem Sinne auch FEDOR SEIFERT, der im Hinblick auf die *Caroline*-Rechtsprechung feststellt, dass es keinen Unterschied machen könne, ob die Persönlichkeit eines Menschen zu Lebzeiten oder postmortal zwangskommerzialisiert werde (DERS.: Postmortaler Schutz des Persönlichkeitsrechts und Schadensersatz – Zugleich ein Streifzug durch die Geschichte des allgemeinen Persönlichkeitsrechts, in: NJW 1999, 1889, 1896). Ebenso: BRÄNDEL in: GÖTTING / SCHERTZ / SEITZ a.a.O., § 37, Rn. 36 ff.

420 Vgl. BGHZ 128, 1, 15 f. – *Caroline* und BGH NJW 1996, S. 984, 985 – *Caroline II.*

einer Analogie zu § 847 BGB a.F. hergeleitet[421]. Dies geschah bereits im Hinblick auf die Wertung der Art. 1 Abs. 1 und 2 Abs. 1 GG. Später führte der Bundesgerichtshof aus, dass die in § 253 BGB a.F. enthaltene Aufzählung der Fälle, in denen Geldentschädigung für immaterielle Schäden gewährt werden konnte, entgegen ihrem eindeutigen Wortlaut nicht abschließend sei. Dies wurde damit begründet, dass die Anwendung des vorkonstitutionellen § 253 BGB a.F. nach Inkrafttreten des Grundgesetzes an die Wertungen aus Art. 1 Abs. 1 und 2 Abs. 1 GG angepasst werden müsse[422]. Diese Herleitung ist in methodischer Hinsicht zweifelhaft. Im Hinblick auf Art. 20 Abs. 3 GG hätten die Richter sich nur dann über den eindeutigen Wortlaut des Gesetzes hinwegsetzen dürfen, wenn der Gesetzgeber von Verfassungs wegen dazu verpflichtet gewesen wäre, eine Anspruchsgrundlage für ein Schmerzensgeld bei Verstößen gegen das allgemeine Persönlichkeitsrecht zu schaffen[423]. Aus dem Grundgesetz folgt jedoch nur, dass der Staat zum Schutz der Grundrechte verpflichtet ist. Bei der Umsetzung dieser Schutzpflicht hat er jedoch einen weiten Ermessensspielraum; nur wenn dieser auf Null reduziert ist, ist der Staat zu einer bestimmten Maßnahme verpflichtet. Dass der Staat den vom Grundgesetz erforderten Schutz des allgemeinen Persönlichkeitsrechts ausschließlich mit einem Schmerzensgeldanspruch erreichen konnte, erscheint zweifelhaft[424]. Dessen ungeachtet hat das Bundesverfassungsgericht die Rechtsfortbildung eines Schmerzensgeldes für Verletzungen des allgemeinen Persönlichkeitsrechts für zulässig befunden. Ein wesentlicher Gesichtspunkt dieser Entscheidung war, dass die Zivilrichter den vorkonstitutionellen § 253 BGB a.F. auch als verfassungswidrig hätten verwerfen können[425].

---

421 BGHZ 26, 349, 355 f. – *Herrenreiter.* Diese Herleitung wurde ausdrücklich aufgegeben in BGH NJW 1996, S. 984, 985 – *Caroline II.* Dessen ungeachtet wollte ULLMANN den Anspruch auf Ersatz des immateriellen Schadens auch danach noch auf § 847 BGB zurückführen (DERS.: Caroline v., a.a.O., S. 1050).

422 BGHZ 35, 363, 367 f. – *Ginsengwurzel.*

423 Vgl. LARENZ / CANARIS: Methodenlehre, a.a.O., S. 249.

424 Vgl. LARENZ / CANARIS: Methodenlehre, a.a.O. sowie GOTTFRIED SCHIEMANN in: STAUDINGER, Neubearbeitung 2005, § 253, Rn. 52.

425 BverfGE 34, 269, 292 – *Soraya.* Das Verwerfungsmonopol des Art. 100 GG bezieht sich nur auf nachkonstitutionelle Normen. Zu ihnen gehören zwar auch die vorkonstitutionellen Normen, die der nachkonstitutionelle Gesetzgeber in seinen Willen aufgenommen hat. Das war bei § 253 BGB a.F. aber nicht der Fall. Das BVerfG wies in diesem Zusammenhang zu Recht darauf hin, dass der Gesetzgeber in den Jahren 1959 und 1967 Anläufe zu einer gesetzlichen Regelung des zivilrechtlichen allgemeinen Persönlichkeitsrechts unternommen habe und ungeachtet des Scheiterns dieser Anläufe nie einen Willen zum Ausdruck gebracht habe, den bisherigen Rechtszustand beibehalten zu wollen (BVerfG a.a.O., S. 291 f.).

Seit der Reform des Schadensrechts im Jahr 2002 ist die Situation undurchsichtiger geworden. Der Reformgesetzgeber hat nämlich § 253 BGB neu gefasst und das allgemeine Persönlichkeitsrecht wieder nicht in die abschließende Aufzählung der Fälle aufgenommen, in denen immaterieller Schadensersatz zu leisten ist. Von den Persönlichkeitsrechten wurde allein das Recht auf sexuelle Selbstbestimmung in § 253 BGB n.F. aufgenommen. Der nachkonstitutionelle Gesetzgeber hat sich also bewusst dafür entschieden, bei der Verletzung von Persönlichkeitsrechten nur dann immateriellen Schadensersatz zu gewähren, wenn die sexuelle Selbstbestimmung betroffen ist[426]. Dass sich die Rechtsprechung über dieses nachkonstitutionelle Gesetz ebenso hinwegsetzen kann wie über § 253 BGB a.F. ist höchst zweifelhaft[427]. Auch eine Analogie zu § 847 BGB kommt nicht mehr in Betracht, weil diese Norm im Rahmen der Reform gestrichen wurde.

Die Rechtsprechung kann einen Anspruch auf immateriellen Schadensersatz wegen der Verletzung des allgemeinen Persönlichkeitsrechts auch nicht unmittelbar auf den Schutzauftrag aus Art. 1 Abs. 1, 2 Abs. 1 GG stützen[428]. Die Gegenauffassung [429] verkennt, dass die Rechtsprechung wegen Art. 20 Abs. 3 GG auch im Falle eines grundrechtlichen Schutzauftrages keine Urteile sprechen darf, die sie nicht auf eine einfachgesetzliche Norm zurückführen kann[430]. Aus diesem Grund hat das Bundesverfassungsgericht für den postmortalen Persönlichkeitsschutz klargestellt, dass eine im Gesetz nicht vorgesehene Gewährung immateriellen Schadensersatzes auch dann nicht in Betracht kommt, wenn sie dem Schutz der Menschenwürde dient[431]. Nachdem die einfachgesetzlichen Anknüpfungspunkte für die Gewährung immateriellen Schadensersatzes für die Verletzung des allgemeinen Persönlichkeitsrechts spätestens durch die Reform des § 253 BGB und die Streichung des § 847 BGB weggefallen sind, dürfte hier nichts anderes gelten. Daraus folgt, dass die Gerichte jenseits der in § 253 BGB n.F. genannten Fälle derzeit keinen immateriellen Schadensersatz gewähren dürfen.

---

426 Vgl. dazu OETKER in: MüKo, 5. Aufl., § 253, Rn. 27.

427 Ebenso: SCHIEMANN in: STAUDINGER, Neubearbeitung 2005, § 253, Rn. 56 f.

428 In der *Caroline II*-Entscheidung scheint der BGH allerdings das Gegenteil zu vertreten (NJW 1996, S. 984, 985).

429 RIXECKER in: MüKo, 5. Aufl., Allg. PersönlR, Rn. 222.

430 Vgl. dazu oben B I 2 d dd.

431 BVerfG 1 BvR 402/06 vom 19. Oktober 2006, veröffentlicht unter http://www.bundesverfassungsgericht.de/entscheidungen/rk20061019_1bvr040206.html, Rz. 19–21 – *Mordkommission Köln*.

(2) Schadensersatzanspruch der Hinterbliebenen bei postmortalen Verletzungen nichtvermögenswerter Persönlichkeitsrechte?

Die Prävention von Verletzungen des allgemeinen Persönlichkeitsrechts erfolgt im Rahmen der Bemessung des immateriellen Schadensersatzes. Weil Zahlungsansprüche zur Prävention von Verletzungen fremder Rechte im Zivilrecht so weit ersichtlich nur auf Schadensersatz gegründet werden können, müsste zur Prävention postmortaler Verletzungen nichtvermögenswerter Persönlichkeitsrechte ebenfalls auf Schadensersatzansprüche zurückgegriffen werden.

Auch in diesem Zusammenhang stellt sich die Frage nach dem Subjekt des Anspruchs. Weil die nichtvermögenswerten Persönlichkeitsrechte des Toten nicht auf die Erben oder die Wahrnehmungsberechtigten übergehen, fehlt es im Falle ihrer Verletzung derzeit an einem Geschädigten. Das war der Grund, warum die Kläger im Fall *Mordkommission Köln* mit ihrem Antrag auf Schadensersatz scheiterten. Dieses Problem lässt sich nur durch eine Änderung der Rechtslage überwinden[432]. In Betracht kommt dabei entweder, die nichtvermögenswerten Persönlichkeitsrechte auf die Erben übergehen zu lassen oder den Hinterbliebenen einen genuinen Anspruch auf immateriellen Schadensersatz zuzubilligen.

Wie oben dargestellt wurde, ist eine Übertragung der nichtvermögenswerten Persönlichkeitsrechte auf Dritte mit dem Inhalt dieser Rechte nicht vereinbar[433]. Dogmatisch vorzugswürdig ist daher, den Hinterbliebenen für den Fall postmortaler Verletzungen nichtvermögenswerter Persönlichkeitsrechte einen genuinen Schadensersatzanspruch zu verschaffen. Das kann auf zwei Wegen erfolgen.

Sofern der Wahrnehmungsberechtigte mit einem eigenen Anspruch auf Achtung des Toten ausgestattet würde, könnte ein Schadensersatzanspruch an dieses Recht geknüpft werden. Jede postmortale Persönlichkeitsverletzung wäre zugleich eine Verletzung des Achtungsanspruchs des Wahrnehmungsberechtigten. Entsprechend könnte dem Wahrnehmungsberechtigten für die Verletzung seines Rechts auf Achtung des Toten ein Schadensersatzanspruch zuerkannt werden. Der Vorteil dieses Ansatzes wäre, dass er sich vergleichsweise einfach in das bestehende Schadensrecht eingliedern ließe.

Eine andere Möglichkeit wäre darauf abzustellen, dass eine postmortale Verletzung immaterieller Persönlichkeitsrechte regelmäßig auch die Angehörigen des Toten beeinträchtigt. Für diese indirekte Beeinträchtigung könnte ihnen ein Angehörigenschmerzensgeld zuerkannt werden. Auch dafür bedürfte es einer eigenen Rechtsgrundlage. Ein Rückgriff auf das allgemeine Per-

---

432 Eine andere Auffassung vertritt offenbar PEIFER, der der Auffassung ist, dass sich die *Caroline*-Rechtsprechung in den Bereich des postmortalen Persönlichkeitsschutzes ausdehnen lässt (DERS.: Individualität im Zivilrecht, a.a.O., S. 309).

433 Vgl. C II 1 b aa.

sönlichkeitsrecht der Angehörigen genügt dafür nicht. Wie oben dargestellt wurde, verletzt nämlich nicht jede Beeinträchtigung des postmortalen Persönlichkeitsrechts zugleich das allgemeine Persönlichkeitsrecht der Angehörigen[434]. Ein Anspruch auf Zahlung eines Angehörigenschmerzensgeldes käme nicht allein dem Wahrnehmungsberechtigten, sondern allen nahen Angehörigen zu. Daraus könnten sich sowohl im Hinblick auf die Rechtssicherheit als auch in prozessualer Hinsicht unnötige Schwierigkeiten ergeben. Hinzu kommt, dass ein Angehörigenschmerzensgeld ein Fremdkörper im bestehenden Delikts- und Schadensrecht wäre und sich der Gesetzgeber bei der letzten Schadensrechtsreform gegen die Einführung von Angehörigenschmerzensgeldern ausgesprochen hat[435]. Weniger problematisch erscheint deshalb, dem Wahrnehmungsberechtigten einen eigenen Anspruch auf Achtung des Toten einzuräumen und ihm für den Fall der Verletzung dieses Anspruchs einen Schadensersatzanspruch zuzuerkennen.

cc. Schadensrecht und Prävention

Ein Schadensersatzanspruch Lebender wegen der Verletzung immaterieller Persönlichkeitsrechte eines Toten ist allerdings nicht unproblematisch. Denn wie sich aus dem oben Gesagten ergibt, folgt das Bedürfnis nach einem solchen Anspruch nicht primär daraus, dass den Hinterbliebenen ein Schaden zu ersetzen wäre, sondern aus dem Erfordernis einer besseren Prävention postmortaler Persönlichkeitsverletzungen. Ginge es vorrangig um den Ausgleich von Beeinträchtigungen der Angehörigen, bedürfte es keines zusätzlichen Schadensersatzanspruchs wegen der Verletzung immaterieller Persönlichkeitsrechte des Toten. Denn sobald die Angehörigen unmittelbar beeinträchtigt werden, können sie sich auf der Grundlage ihrer Persönlichkeits- und sonstigen Rechte dagegen wehren. Die Schutzlücke, die mit dem Schadensersatzanspruch wegen Verletzungen immaterieller Persönlichkeitsrechte Toter gefüllt werden soll, betrifft also nur die Fälle, in denen die Angehörigen *nicht* geschädigt werden. Diese Konstellationen sind nicht selten, denn das postmortale Persönlichkeitsrecht ist keine Teilmenge der Rechte der Angehörigen[436]. Die Entscheidungen *Marlene Dietrich nackt* und *Mordkommission Köln* zeigen, dass die Rechte der Hinterbliebenen selbst in Fällen schwerer postmortaler Persönlichkeitsverletzungen häufig nicht verletzt sind. Ein Schadensersatzanspruch wegen der Verletzung immaterieller Persönlichkeitsrechte des Toten würde deshalb nicht dem Ausgleich, sondern allein der

434 Siehe oben B II 1 sowie BGH NJW 2006, 606 – *Mordkommission Köln.*

435 Vgl. dazu GERHARD WAGNER: Prävention und Verhaltenssteuerung durch Privatrecht – Anmaßung oder legitime Aufgabe? in: AcP 206 (2006), S. 352, 463 sowie ANDRÉ JANSSEN: Das Angehörigenschmerzensgeld in Europa und dessen Entwicklung, in: ZRP 2003, 156, 157.

436 Siehe oben B II 2.

Prävention dienen. Ob ein solcher Schadensersatzanspruch in das deutsche Haftungsrecht passen würde, ist fraglich. Zwar ist unumstritten, dass dem Haftungsrecht eine präventive Funktion zukommt. Nach überwiegender Ansicht beruht die präventive Wirkung des Haftungsrechts jedoch auf der Aussicht, im Falle einer schuldhaften Verletzung fremder Rechtsgüter Ausgleich leisten zu müssen[437]. Darüber hinaus soll der Aspekt der Prävention grundsätzlich nicht wirken. Im Schadensersatzrecht gilt nach der überwiegenden Ansicht das Bereicherungsverbot; der Schadensersatzanspruch darf nicht höher sein als der Schaden[438].

Für Verletzungen des allgemeinen Persönlichkeitsrechts soll allerdings eine Ausnahme gelten. Nach Ansicht des Bundesgerichtshofs treten hier die Genugtuungs- und die Präventionsfunktion des Schadensersatzes in den Vordergrund[439]. Der Ersatz des immateriellen Schadens sei bei Verletzungen des allgemeinen Persönlichkeitsrechts so zu bemessen, dass von ihm ein echter Hemmungseffekt ausgehe[440]. Die Höhe des Schadensersatzes bei Verletzungen des allgemeinen Persönlichkeitsrechts soll sich also primär am Zweck einer effektiven Prävention orientieren. Für die Fälle, in denen die Persönlichkeitsrechtsverletzungen auf kommerziellen Tätigkeiten beruhen, folgt daraus, dass die Schadensersatzsumme hoch genug ausfallen muss, um die aus der Persönlichkeitsrechtsverletzung gezogenen Profite zunichte zu machen. Daraufhin erkannten die Gerichte insbesondere bei Persönlichkeitsrechtsverletzungen durch die Sensationspresse auf immateriellen Schadensersatz in einer bis dahin unbekannten Höhe[441]. Im Hinblick darauf, dass die Rechtsprechung den immateriellen Schadensersatz in allen anderen Zusam-

---

437 HAGER in: STAUDINGER, Bearbeitung 1999, Vorbem. zu §§ 823 ff. Rn. 10; HANS-JOACHIM MERTENS in: MüKo, 3. Aufl., Vor § 823, Rn. 44; LANGE / SCHIEMANN: Schadensersatz, 3. Aufl., Ein. III 2 b (S. 11); LARENZ: Schuldrecht Bd. I , 14. Aufl., § 27 I (S. 423); LARENZ / CANARIS: Schuldrecht II/2, § 75 I 2 i (S. 354).

438 Der BGH betrachtet das Bereicherungsverbot als Element der ordre public im deutschen Schadensrecht (BGHZ 118, 312, 338). Auch in der Literatur befürwortet die Mehrzahl der Autoren das Bereicherungsverbot. Beispielhaft zu nennen sind hier SCHIEMANN in STAUDINGER, Neubearbeitung 2005, Vorbem. zu §§ 249 ff., Rn. 2, OETKER in: MüKo, 4. Aufl., § 249, Rn. 20, 22; HEINRICHS in : PALANDT, 67. Aufl., Vorb v. § 249, Rn. 4; WALTER SEITZ: Prinz und die Prinzessin – Wandlungen des Deliktsrechts durch Zwangskommerzialisierung der Persönlichkeit, NJW 1996, S. 2848 f. Allerdings wird das Bereicherungsverbot von einigen Stimmen kritisiert – so z.B. von WAGNER: Prävention und Verhaltenssteuerung, a.a.O., S. 470 f.; KARL-HEINZ GRUNSKY in: MüKo, 3. Aufl., vor § 249, Rn. 6a.

439 BGHZ 128, 1, 15 – *Caroline I*; BGH NJW 1996, S. 984 f. – *Caroline II.*

440 BGHZ 128, 1, 15 – *Caroline I*; BGH NJW 1996, S. 984 f. – *Caroline II.*

441 Vgl. dazu insbesondere das Urteil des OLG Hamburg NJW 1996, S. 2870 ff. – *Caroline I*, in dem die Beklagten zum Ersatz immaterieller Schäden der CAROLINE VON MONACO zur Zahlung von 180.000 DM verurteilt wurden.

menhängen deutlich knapper bemisst[442], ist davon auszugehen, dass die Ersatzsumme hier bewusst höher angesetzt wurde als der geschätzte immaterielle Schaden.

Wie die Fälle *Marlene Dietrich nackt* und *Mordkommission Köln* gezeigt haben, kann sich die Verletzung immaterieller Persönlichkeitsrechte im postmortalen Bereich mangels Ersatzanspruchs wirtschaftlich noch immer lohnen. Weil die Konstellation dieser Fälle derjenigen der *Caroline*-Fälle ähnelt, könnte es nahe liegen, das Problem beim postmortalen Persönlichkeitsschutz ebenfalls mit einem an Prävention orientierten Schadensersatzanspruch zu lösen. Das ist jedoch problematisch, solange man im Schadensersatzrecht beim grundsätzlichen Vorrang des Ausgleichsprinzips und dem damit einhergehenden Bereicherungsverbot bleiben will:

Zunächst ist zu bedenken, dass der Vorrang der Prävention vor dem Ausgleichsprinzip beim immateriellen Schadensersatz wegen Verletzungen des allgemeinen Persönlichkeitsrechts eine Ausnahme im deutschen Schadensersatzrecht ist. Gerechtfertigt wird diese Ausnahme mit dem Verweis auf die Schutzbedürftigkeit des Grundrechts aus Art. 1 Abs. 1, 2 Abs. 1 GG. Unabhängig von der Frage, ob diese Begründung nach der Reform des Schadensersatzrechts noch stichhaltig ist, ist festzustellen, dass ein vergleichbares Bedürfnis beim postmortalen Persönlichkeitsrecht ohnehin nicht besteht. Das postmortale Persönlichkeitsrecht kann nämlich nicht auf das allgemeine Persönlichkeitsrecht aus Art. 1 Abs. 1, 2 Abs. 1 GG zurückgeführt werden, sondern allein auf die Menschenwürdegarantie aus Art. 1 Abs. 1 GG[443]. Im postmortalen Bereich wird die Menschenwürde aber bereits von den §§ 168, 189 StGB, den landesrechtlichen Bestattungsvorschriften, § 4 Abs. 1 ESchG sowie den Vorschriften zur Organ- und Gewebeentnahme im Transplantationsgesetz hinreichend geschützt. Das Argument, dass der immaterielle Schadensersatz zum Schutz eines Grundrechts erforderlich sei, entfällt beim postmortalen Persönlichkeitsschutz also.

Des Weiteren würde ein immaterieller Schadensersatzanspruch, der den Hinterbliebenen zur Prävention postmortaler Verletzungen nichtvermögenswerter Persönlichkeitsrechte zugestanden wird, zu erheblichen Wertungswidersprüchen führen. Wertungswidersprüche hatten sich bereits daraus ergeben, dass bei Verletzungen des allgemeinen Persönlichkeitsrechts der Prävention Vorrang vor dem Ausgleichsprinzip gewährt wurde. Um kommerziell motivierten Verletzungen des allgemeinen Persönlichkeitsrechts vorzubeugen, hatte die Rechtsprechung den Geschädigten immateriellen Schadensersatz zugebilligt, der weitaus höher war als der immaterielle Schadensersatz in den meisten Fällen von Körperverletzung und Vergewaltigung. Das wurde

442 Vgl. dazu SCHIEMANN in: STAUDINGER, Neubearbeitung 2005, § 253, Rn. 54 sowie SEITZ, a.a.O.

443 Siehe oben: C I 1.

sowohl in der allgemeinen als auch in der Fachöffentlichkeit teilweise mit Unverständnis aufgenommen[444]. Bei einem Schadensersatzanspruch der Hinterbliebenen wegen Verletzungen des immateriellen postmortalen Persönlichkeitsrechts würden sich diese Wertungswidersprüche vergrößern. Denn wie oben dargestellt, wäre der Zweck eines solchen Schadensersatzanspruchs gerade, die Schutzlücke zu schließen, die sich daraus ergibt, dass die Hinterbliebenen mangels Schadens sonst keinen Ersatzanspruch haben. Anders als bei der Verletzung des allgemeinen Persönlichkeitsrechts ginge es also nicht nur darum, einem Geschädigten einen Ersatzanspruch zuzubilligen, der über seinen Schaden hinausgeht, sondern es ginge darum, einem Nichtgeschädigten einen Ersatzanspruch zu verschaffen. Sofern von einem solchen Ersatzanspruch ein deutlicher Hemmungseffekt auf die Presse ausgehen soll, müssten den nicht geschädigten Hinterbliebenen ähnlich hohe Ersatzansprüche zugebilligt werden wie den Personen, deren Persönlichkeitsrecht zu Lebzeiten verletzt wird. Das liefe darauf hinaus, dass den nicht geschädigten Hinterbliebenen in Einzelfällen höhere Ersatzansprüche zugesprochen werden müssten als den Opfern von Körperverletztungen oder Vergewaltigungen. Solche Ergebnisse dürften wertungsmäßig nicht mehr zu vertreten sein.

Gegen die Kodifizierung eines von einer Schädigung unabhängigen Zahlungsanspruchs der Hinterbliebenen spricht zudem, dass es bei postmortalen Verletzungen nichtvermögenswerter Persönlichkeitsrechte stets einen Geschädigten gibt: die Öffentlichkeit. Wie oben dargelegt[445] dient der postmortale Schutz nichtvermögenswerter Persönlichkeitsrechte nämlich primär der Gewissheit der Lebenden, dass ihr Lebensbild nach dem Tod nicht beliebig entstellt werden darf. Dieses öffentliche Anliegen wird durch eine Verletzung der nichtvermögenswerten postmortalen Persönlichkeitsrechte immer geschädigt. Im Hinblick auf das Ausgleichsprinzip des Schadensrechts würde es deshalb näher liegen, Zahlungsansprüche, die der Prävention von Verletzungen nichtvermögenswerter postmortaler Persönlichkeitsrechte dienen, nicht den Angehörigen sondern dem Staat zukommen zu lassen.

dd. Zuordnungsprobleme

Die zum postmortalen Schutz nichtvermögenswerter Persönlichkeitsrechte erforderlichen Abwehr- und Ersatzansprüche einer lebenden Person zuzuordnen ist in jedem Fall problematisch.

Ein wesentliches Problem ist, dass die Person, der die Ansprüche zum postmortalen Schutz ideeller Persönlichkeitsrechte zugeordnet werden, zumindest faktisch über diese Ansprüche disponieren kann. Das kann zu Missbrauch führen. Eine weitere Frage ist, was mit den Abwehransprüchen ge-

---

444 Vgl. dazu Seitz, a.a.O. sowie Ullmann: Caroline v., a.a.O., S. 1050 f. mit Hinweisen auf Artikel in der Tagespresse.

445 C I 2 b.

schieht, wenn die Person, der sie zugeordnet werden, verstirbt. Da es sich nicht um vermögenswerte Ansprüche handelt, würden sie nach der gegenwärtigen Rechtslage nicht in die Erbmasse des Anspruchsberechtigten fallen. Folglich wäre auch hier eine Sonderregelung erforderlich. Schließlich stellt sich die Frage, was in den Fällen gelten soll, in denen ein Verstorbener keine Freunde oder Angehörige hinterlässt oder es gerade sie sind, die seine Persönlichkeit postmortal verletzen.

2. Öffentlichrechtlicher postmortaler Persönlichkeitsschutz

Alternativ zu einer zivilrechtlichen Normierung des postmortalen Persönlichkeitsschutzes kommt in Betracht, den postmortalen Persönlichkeitsschutz im öffentlichen Recht zu normieren. Die Auffassung, dass der postmortale Schutz nichtvermögenswerter Persönlichkeitsrechte im öffentlichen Recht anzusiedeln sei, ist bisher nur vereinzelt vertreten worden[446]. Die Gründe dafür liegen nicht zutage. Möglicherweise wird hier der Umstand wirksam, dass die geschichtliche Entwicklung und der Zweck des postmortalen Persönlichkeitsschutzes diesen in der öffentlichen Wahrnehmung stets in die Nähe des allgemeinen Persönlichkeitsrechts gerückt haben. Jedenfalls sprechen beachtliche Argumente dafür, den postmortalen Schutz nichtvermögenswerter Persönlichkeitsrechte im öffentlichen Recht zu normieren:

Zunächst ist festzustellen, dass die Mehrzahl der bereits vorhandenen Normen, die den postmortalen Schutz nichtvermögenswerter Persönlichkeitsrechte bezwecken, dem öffentlichen Recht angehören. Zu benennen sind hier § 4 Abs. 1 ESchG, die Vorschriften zur Organ- und Gewebeentnahme im Transplantationsgesetz, die landesrechtlichen Bestattungsvorschriften sowie § 168 StGB (Störung der Totenruhe) und § 189 StGB (Verunglimpfung des Andenkens Verstorbener).

Darüber hinaus würde sich bei einer Normierung des postmortalen Schutzes nichtvermögenswerter Persönlichkeitsrechte die Frage nach dem Rechtssubjekt nicht stellen. Anders als im Zivilrecht stünde hier mit dem Staat unproblematisch ein Rechtssubjekt zur Verfügung, demgegenüber die Lebenden zur Achtung der Persönlichkeit des Toten verpflichtet wären. Damit entfiele die Notwendigkeit zu begründen, wie die mit dem allgemeinen Persönlichkeitsrecht verbundenen nichtvermögenswerten Rechtspositionen auf ein anderes Subjekt übergehen sollen.

Es ist daher nur folgerichtig, dass Belange, die sich anderen Rechtssubjekten nicht zuordnen lassen, auch sonst im öffentlichen Recht geregelt werden. Als Beispiele seien nur genannt: der Umweltschutz, der Tierschutz, die Raumordnung und der Denkmalschutz. Ein durchgreifendes Argument dafür, wieso der Gesetzgeber den strukturell ähnlich gelagerten Fall des postmorta-

---

446 Zu nennen ist hier Axel Stein in: Soergel: Bürgerliches Gesetzbuch, Bd. 21, 13. Aufl., Stuttgart 2001, § 1922, Rn. 26.

len Schutzes nichtvermögenswerter Persönlichkeitsrechte nicht ebenfalls im öffentlichen Recht regeln sollte, ist nicht ersichtlich.

Schließlich ist zu beachten, dass es sich beim postmortalen Persönlichkeitsschutz um eine öffentliche Aufgabe handelt. Zweck des postmortalen Persönlichkeitsschutzes ist nämlich, allen Lebenden die Gewissheit zu vermitteln, dass ihr Ansehen auch nach ihrem Tod noch geschützt wird[447]. Fraglich ist nur, ob die Wahrnehmung dieser Aufgabe der staatlichen oder gesellschaftlichen Sphäre zugeordnet werden sollte und in welchem Rechtsgebiet sie sich am besten kodifizieren lässt.

a. Staat und Gesellschaft

Seit geraumer Zeit ist zu beobachten, dass der Staat die Tendenz hat, gesellschaftliche Aufgaben an sich zu ziehen. Diese Entwicklung ist zu Recht auf Kritik gestoßen[448], denn die Ausweitung staatlicher Regulierung und Intervention hat nicht nur zu teils monströsen, nahezu unlesbaren Normierungen geführt; sie bringt zugleich schleichende Verluste an Freiheit mit sich und lässt das Gefühl individueller Verantwortung für das Gemeinwesen schwinden. Hinzu kommt, dass der Staat sich bei ständiger Erweiterung seiner Kompetenzen Gegenstände zueignet, die er mit den ihm zur Verfügung stehenden Instrumenten nicht in befriedigender Weise steuern kann[449]. Zwar handelt es sich dabei vor allem um ein Problem des »Wie«, nämlich um die Frage, mit welchen Mitteln der Staat seine Aufgaben in einer komplexer werdenden Gesellschaft bewältigen kann und soll. Jedoch muss die Entscheidung, ob ein Regelungsgegenstand zu einer staatlichen Angelegenheit gemacht werden soll, auch davon abhängen, ob der Staat das Potential zur Erfüllung dieser Aufgabe hat. Im Hinblick auf die Gewährleistung des postmortalen Schutzes ideeller Interessen treten schon an dieser Stelle Bedenken auf. Denn der Staat dürfte allein weder in der Lage sein, die ideellen Interessen aller Verstorbenen zu erfassen, noch dürfte er fähig sein, sämtliche Verstöße gegen diese Interessen zur Kenntnis zu nehmen.

Zur Beantwortung der Frage, ob die Wahrnehmung einer öffentlichen Aufgabe dem Staat oder der Gesellschaft zugeordnet werden sollte, bietet es sich an, das Subsidiaritätsprinzip zu Rate zu ziehen. Nach dem Subsidiaritätsprinzip muss der Staat Aufgaben, mag deren Erfüllung auch im öffentlichen Interesse liegen, der Gesellschaft überlassen, sofern sie dort ebenso gut

447 Siehe dazu auch oben C. I. 2. b. m.w.N.

448 Vgl. dazu: ERNST-WOLFGANG BÖCKENFÖRDE: Staat und Gesellschaft, in: Görres-Gesellschaft (Hrsg.): Staatslexikon, Bd. 5, 7. Aufl., Freiburg 1989, Sp. 234; HANS HEINRICH RUPP in: ISENSEE, JOSEF / KIRCHHOF, PAUL (Hrsg.): Handbuch des Staatsrechts der Bundesrepublik Deutschland, Band I, 1. Aufl., Heidelberg 1987, § 28, Rn. 46.

449 BÖCKENFÖRDE, a.a.O.

wahrgenommen werden können. Umgekehrt muss der Staat einschreiten, wenn in der Gesellschaft Aufgaben, deren Erfüllung im öffentlichen Interesse liegt, nicht hinreichend wahrgenommen werden können. Mit dem Kriterium der funktionellen Notwendigkeit der Verlagerung von Aufgaben auf den Staat stellt das Subsidiaritätsprinzip hohe Anforderungen an die Ausweitung staatlicher Zuständigkeit. Zugleich stellt dieses Kriterium aber auch sicher, dass der Staat das Versagen der Gesellschaft nicht ignorieren kann, wenn die Erfüllung einer Aufgabe im öffentlichen Interesse liegt. Auf die umstrittene Frage, ob die Subsidiarität zwischen Gesellschaft und Staat ein Prinzip des Grundgesetzes ist[450], muss an dieser Stelle nicht eingegangen werden, weil es hier um eine überpositive Untersuchung des Zuordnungsproblems geht, bei der das Subsidiaritätsprinzip nicht als Verfassungsprinzip, sondern als Regel staatspolitischer Klugheit bemüht wird.

Eine wesentliche Voraussetzung für die Anwendung des Subsidiaritätsprinzips ist, dass die Einheiten, zwischen denen es gelten soll, ein gemeinsames Aufgabenfeld haben[451]. Das ist im Hinblick auf Staat und Gesellschaft bisweilen angezweifelt worden, weil der Staat in seinem Handeln ausschließlich an das Gemeinwohl gebunden ist, während der Private sein Handeln nach Maßgabe legitimen Eigennutzes gestalten kann[452]. Dieser Einwand übersieht jedoch, dass zwischen privatem Eigennutz und gemeinem Wohl kein Widerspruch bestehen muss. Es kommt hinzu, dass das Vorrecht des Privaten auf eigennütziges Handeln ihm nicht die Möglichkeit abschneidet, gemeinnützig tätig zu werden. Im Hinblick auf die Erfüllung öffentlicher Aufgaben besteht zwischen dem Staat und einem Privaten also nur insofern ein Unterschied, als der Private nur freiwillig bzw. im Reflex seines Eigennutzes für die Öffentlichkeit tätig wird, während der Staat der Öffentlichkeit

450 Für ein Subsidiaritätsprinzip zwischen Gesellschaft und Staat nach Maßgabe der Grundrechte: RUPP, a.a.O., § 28, Rn. 51 ff.; ISENSEE: Subsidiaritätsprinzip, a.a.O., S. 368; GÜNTER DÜRIG: Verfassung und Verwaltung im Wohlfahrtsstaat, in: JZ 1953, S. 193, 198; KLAUS STERN: Gedanken über den wirtschaftslenkenden Staat in verfassungsrechtlicher Sicht, in: DÖV 1961, S. 325, 328. Dagegen: HELMUT LECHELER: Privatisierung von Verwaltungsaufgaben, in: BayVBl 1994, S. 555, 557; HANS HUGO KLEIN: Die Teilnahme des Staates am wirtschaftlichen Wettbewerb, Stuttgart 1968, S. 161 ff.; REINER SCHMIDT: Öffentliches Wirtschaftsrecht, Allgemeiner Teil, Berlin 1990, S. 520; MICHAEL RONELLENFITSCH in: ISENSEE, JOSEF / KIRCHHOF, PAUL: Handbuch des Staatsrechts der Bundesrepublik Deutschland, 2. Aufl., Heidelberg 1996, Bd. III, § 84, Rn. 33.

451 JOSEF ISENSEE: Subsidiaritätsprinzip und Verfassungsrecht, 2. Aufl., Berlin 2001, S. 178.

452 So KNUT WOLFGANG NÖRR: Subsidiarität, privatrechtstheoretisch betrachtet, in: DERS. / OPPERMANN, THOMAS (Hrsg.): Subsidiarität: Idee und Wirklichkeit, Tübingen 1997, 241 ff.

verpflichtet ist[453]. Ein gemeinsames Aufgabenfeld von Staat und Gesellschaft liegt daher vor.

Damit ist als nächstes zu klären, ob der Staat die Aufgabe des postmortalen Persönlichkeitsschutzes besser zu verwalten weiß als die Gesellschaft. Aus der praktischen Perspektive erscheint dies nicht so. Wie angedeutet, stehen der Übernahme dieser Aufgabe durch den Staat zwei wesentliche Probleme entgegen: Das Problem, dass der Staat die ideellen Interessen der Verstorbenen in aller Regel nicht kennt und das damit zusammenhängende Problem, dass er Verstöße gegen diese Interessen kaum bemerken wird[454].

Ein Angehöriger bzw. ein vom Verstorbenen zur postmortalen Wahrnehmung seiner Interessen Berechtigter ist regelmäßig in einer besseren Position: Er kannte den Verstorbenen persönlich und kann daher ermessen, welchen Werten und Interessen dieser verbunden war. Aufgrund seiner Nähe zu dem Toten kann er besser darüber urteilen, ob die Handlung eines Dritten die ideellen Persönlichkeitswerte des Verstorbenen beeinträchtigt oder nicht. Aus demselben Grund ist er auch eher als der Staat in der Lage, eine Persönlichkeitsverletzung wahrzunehmen. Schließlich ist davon auszugehen, dass ein Mensch, der dem Verstorbenen persönlich verbunden ist, die Angelegenheiten des Toten häufig gewissenhafter und nachdrücklicher wahrnehmen wird als ein Dritter, der mit der Person des Toten nichts in Verbindung bringen kann.

Es liegt also nahe, dass die Gesellschaft bei der Durchsetzung des postmortalen Persönlichkeitsschutzes regelmäßig effizienter ist als der Staat. Nach dem Subsidiaritätsprinzip folgt daraus, dass die Durchsetzung des postmortalen Persönlichkeitsschutzes zumindest vorrangig der Gesellschaft überlassen werden sollte.

b. Die Grenze des Vorbehalts staatlicher Verwaltung

Die Grenze der Übertragung öffentlicher Aufgaben auf gesellschaftliche Kräfte ist der Vorbehalt staatlicher Verwaltung. Der Vorbehalt staatlicher Verwaltung umfasst jene Teilbereiche öffentlicher Aufgaben, für die der Staat die Verantwortung nicht aus der Hand geben darf. Es ist zu klären, ob der postmortale Persönlichkeitsschutz unter dem Vorbehalt staatlicher Verwaltung steht und wenn ja: wie weit dieser Vorbehalt reicht.

Zahlreiche öffentliche Aufgaben stehen unter keinerlei Vorbehalt staatlicher Verwaltung und können daher vollständig privatisiert werden. Der postmortale Persönlichkeitsschutz gehört nicht zu diesen Aufgaben, weil er zum Teil von Art. 1 Abs. 1 GG erfordert wird und der Staat den Schutz der Menschenwürde nicht der Willkür Privater überlassen kann[455].

---

453 ISENSEE: Subsidiaritätsprinzip, a.a.O., S. 172 f.

454 Siehe dazu auch oben: C II 2 a.

455 Siehe oben: C I 1 und C I 3 b.

Andere öffentliche Aufgaben stehen unter einem totalen Vorbehalt staatlicher Verwaltung[456]. Es handelt sich dabei um Verwaltungsaufgaben, die zu den »notwendigen Staatsaufgaben«[457] bzw. »staatlichen Kernaufgaben«[458] gehören. Diese muss der Staat selbst wahrnehmen, weil sie konstitutiver Bestandteil der hoheitlichen Gewalt sind. Hierzu gehören die äußere Sicherheit, die Gefahrenabwehr im Innern[459], die Einziehung von Abgaben, die Überwachung der Wirtschafts- und Währungsordnung sowie die Gerichtsbarkeit[460]. Hinzu kommen die Aufgaben, die in den Art. 83 ff. GG der staatlichen Verwaltung zugeordnet sind.

Dennoch ist der Bereich der Aufgaben, die der Staat selbst wahrnehmen muss, eher eng, und selbst in Bereichen wie der Gefahrenabwehr, die (jedenfalls im Kern) unstreitig zu den »notwendigen Staatsaufgaben« gehören, entdeckt man heute zunehmend Raum für die Betätigung Privater[461]. Insbesondere folgt aus einer einfachen verfassungsrechtlichen Pflicht zur Herstellung bzw. Gewährleistung eines Zustandes (z.B. einer grundrechtlichen Schutzpflicht) noch keine Vollzugsverantwortung des Staates. Sofern keine der oben genannten Fallgruppen einschlägig ist, kann der Staat die Gestaltung der Aufgabenwahrnehmung frei wählen und hat nur für den Er-

---

456 Andere Autoren sprechen hier von einem »qualifizierten« Vorbehalt der Verwaltung – z.B. Michael Ronellenfitsch: Schranken der Privatisierung der staatlichen Unfalluntersuchung im Bereich der Eisenbahn, in: NVwZ 1998, S. 1021, 1024.

457 Ronellenfitsch, a.a.O., S. 1024.

458 Gunnar Folke Schuppert: Rückzug des Staates? in: DÖV 1995, S. 761, 765.

459 Vgl. dazu Schuppert: Rückzug und Ronellenfitsch, a.a.O.

460 Vgl. Ronellenfitsch, a.a.O., Schuppert: Rückzug, a.a.O., S. 765. Allerdings können selbst in diesem Bereich untergeordnete Tätigkeiten ausgelagert werden.

461 Z.B. durch die Heranziehung privater Sicherheitskräfte im Wachschutz, die in der Literatur allerdings z.T. kritisch gewürdigt wird, vgl. dazu nur Martin Schulte: Gefahrenabwehr durch private Sicherheitskräfte im Lichte des staatlichen Gewaltmonopols, in: DVBl 1995, S. 130–135; Bernd Jeand'heur: Von der Gefahrenabwehr als staatlicher Angelegenheit zum Einsatz privater Sicherheitskräfte, in: AöR 119 (1994), S. 107–136. Die Privatisierung technischer Überwachungsmaßnahmen wird hingegen grundsätzlich für unkritisch gehalten; vgl. hierzu: Gertrude Lübbe-Wolff / Annette Steenken: Privatisierung umweltbehördlicher Aufgaben, ZUR 1993, S. 263–268; Michael Reinhart: Die Überwachung durch Private im Umwelt- und Technikrecht, in: AöR 118 (1993), S. 617–663. Im Bereich der repressiven Gefahrenabwehr sollen Private allerdings nur in einem äußerst engen Rahmen tätig werden dürfen; vgl. dazu: OLG Frankfurt a. M., NJW 1995, 2570 (privat betriebene Radarfalle nur bei Bedienungsüberwachung durch fachkundigen Beamten) und KG NJW 1997, 2894 (keine Verfolgung von Parkverstößen durch Privatunternehmen). Dessen ungeachtet halten die Länder Hessen und Niedersachsen es für zulässig, Gefängnisse von Privaten betreiben zu lassen.

folg einzustehen. Unter dem Vorbehalt staatlicher Verwaltung verbleibt dann nur noch die Gewährleistung der auf die Dritten übertragenen Aufgabe. Dazu gehört vor allem die Aufsicht über die mit der Aufgabe betrauten Dritten sowie die Pflicht, im Falle ihres Versagens für eine anderweitige Erfüllung zu sorgen[462].

Der postmortale Persönlichkeitsschutz gehört zu den Aufgaben, für die zum Teil ein beschränkter Vorbehalt staatlicher Verwaltung gilt. Soweit der postmortale Persönlichkeitsschutz von Art. 1 Abs. 1 S. 1 GG erfordert wird, ist der Staat gemäß Art. 1 Abs. 1 S. 2 GG zur Gewährleistung verpflichtet. Er trägt jedoch nicht zugleich die Vollzugsverantwortung, weil diese Aufgabe nicht zu den in Art. 83 ff. GG genannten Aufgaben gehört und ihre Wahrnehmung auch nicht in einem unmittelbaren Zusammenhang mit der Ausübung der staatlichen Hoheitsgewalt steht. Der Vorbehalt staatlicher Verwaltung beschränkt sich hier also auf die Wahrnehmung einer Gewährleistungsverantwortung. Die staatliche Verantwortung zur Gewährleistung postmortalen Persönlichkeitsschutzes erstreckt sich wohlgemerkt nur auf den Schutzbereich von Art. 1 Abs. 1 S. 1 GG. Sofern die Grenzen der menschlichen Würde bei einem Toten nicht weiter gezogen werden als bei einem Lebenden[463], dürften die bereits vorhandenen Normen zum postmortalen Persönlichkeitsschutz im Strafgesetzbuch, im Transplantations- und Embrionenschutzgesetz sowie den landesrechtlichen Bestattungsvorschriften zur Erfüllung der Schutzpflicht genügen. Jenseits des Anwendungsbereichs von Art. 1 Abs. 1 S. 1 GG trifft den Staat keine Verantwortung zur Gewährleistung postmortalen Persönlichkeitsschutzes, so dass er diese Aufgabe vollständig auf die Gesellschaft übertragen kann.

---

462 Vgl. dazu HARTMUT BAUER: Privatisierung von Verwaltungsaufgaben, in: VVDStRL 54 (1995), S. 240, 268 und 278 ff.; WOLFGANG HOFFMANN-RIEM: Öffentliches Recht und Privatrecht als wechselseitige Auffangordnungen – Systematisierung und Entwicklungsperspektiven, in: DERS. / SCHMIDT-AßMANN, EBERHARD: Öffentliches Recht und Privatrecht als wechselseitige Auffangordnungen, Baden-Baden 1996, S. 261, 300 f.; UDO DI FABIO: Verwaltung und Verwaltungsrecht zwischen gesellschaftlicher Selbstregulierung und staatlicher Steuerung, a.a.O., S. 262; SCHMIDT-PREUß, a.a.O., S. 175 sowie GUNNAR FOLKE SCHUPPERT: Die Erfüllung öffentlicher Aufgaben durch die öffentliche Hand, private Anbieter und Organisationen des Dritten Sektors, in: IPSEN, JÖRN (Hrsg.): Privatisierung öffentlicher Aufgaben, Köln 1994, S. 17, 26 ff.; kritisch gegenüber dem Begriff einer Gewährleistungsverantwortung im heutigen Verwaltungsrecht ist ANDREAS MUSIL, er hält eine Fortentwicklung des Verwaltungsrechts in diese Richtung jedoch für sinnvoll (DERS.: Wettbewerb in der staatlichen Verwaltung, Tübingen 2005, S. 420 ff.)

463 Siehe dazu oben C I 3.

Der Vorbehalt staatlicher Verwaltung als Begrenzung der Möglichkeit zur Übertragung öffentlicher Aufgaben vom Staat auf die Gesellschaft

	totaler Vorbehalt staatlicher Verwaltung	*beschränkter Vorbehalt staatlicher Verwaltung*	*kein Vorbehalt staatlicher Verwaltung*
Definition	Der Staat ist dazu verpflichtet, eine öffentliche Aufgabe selbst zu vollziehen	Der Staat ist verpflichtet, die Wahrnehmung einer Aufgabe zu gewährleisten	Den Staat trifft keine Pflicht, eine öffentliche Aufgabe durchzuführen oder zu gewährleisten
Beispiele	In Art. 83 ff. genannte Aufgaben, Aufgaben in unmittelbarem Zusammenhang mit der Ausübung hoheitlicher Gewalt	Grundrechtliche Schutzpflichten, sonstige vom GG vorgeschriebene Aufgaben	Teile der Daseinsvorsorge: z.B. Einrichtung und Betrieb eines öffentlichen Schwimmbades
Übertragung auf die Gesellschaft ?	Grundsätzlich nicht möglich. Denkbar nur bei untergeordneten Hilfstätigkeiten unter fachkundiger Kontrolle	Übertragung der Vollzugsverantwortung möglich. Gewährleistungsverantwortung bleibt beim Staat: Er muss den Vollzug beaufsichtigen und notfalls selbst für eine korrekte Ausführung sorgen	Der Staat kann sich aus der Aufgabe ganz zurückziehen und der Gesellschaft die volle Verantwortung für die Wahrnehmung der Aufgabe überlassen.

c. Vorzüge einer öffentlichrechtlichen Kodifikation

Nach dem oben Gesagten ist es jenseits der Grenzen von Art. 1 Abs. 1 GG möglich und wünschenswert, die Wahrnehmung der Aufgabe postmortalen Schutzes nichtvermögenswerter Persönlichkeitsrechte gesellschaftlichen Kräften zu überlassen. Die Regelung von Befugnissen gesellschaftlicher Kräfte erfolgt regelmäßig im Zivilrecht. Es ist allerdings nicht ausgeschlossen eine Aufgabe, für deren Wahrnehmung vorrangig gesellschaftliche Kräfte zuständig sein sollen, im öffentlichen Recht zu kodifizieren. Allerdings bedarf dieser Weg einer Begründung, weil er vom Üblichen abweicht. Beim postmortalen Schutz nichtvermögenswerter Persönlichkeitsrechte sprechen für eine öffentlichrechtliche Kodifizierung im Wesentlichen zwei Aspekte: Aus systematischer und dogmatischer Sicht spricht dafür, dass der postmortale Schutz nichtvermögenswerter Persönlichkeitsrechte schon heute zu weiten Teilen im öffentlichen Recht normiert ist und er sich nur dort ohne dogmatische Verwerfungen kodifizieren lässt. Und aus praktischer Sicht spricht dafür, dass sich mit einer öffentlichrechtlichen Kodifizierung ein höheres Schutzniveau realisieren lässt als bei einer Kodifizierung im Privatrecht.

aa. Dogmatische und systematische Vorzüge

Ein wesentlicher Vorzug der Zuordnung des postmortalen Schutzes nichtvermögenswerter Persönlichkeitsrechte zum öffentlichen Recht ist, dass die Frage nach dem Subjekt der Abwehransprüche gelöst wäre. Es wäre nicht erforderlich, ein Recht der Toten oder ihrer Angehörigen zu konstruieren, weil die Lebenden dem Staat gegenüber zur Achtung der Toten verpflichtet wären. Damit entfiele die Notwendigkeit zu begründen, wie höchstpersönliche Rechte auf andere Subjekte übergehen bzw. Hinterbliebene jenseits der Erbfolge beim Tod eines Angehörigen neue Rechte erwerben können[464].

In systematischer Hinsicht kommt hinzu, dass der postmortale Schutz nichtvermögenswerter Persönlichkeitsrechte schon derzeit ein Gegenstand öffentlichen Rechts ist. Entsprechende Regelungen befinden sich in § 4 Abs. 1 ESchG, den Vorschriften zur Organ- und Gewebeentnahme im Transplantationsgesetz, den landesrechtlichen Bestattungsvorschriften sowie in den §§ 168, 189 StGB. Darüber hinaus kann der Staat auch auf der Basis der ordnungsrechtlichen Generalklausel gegen postmortale Verletzungen nichtvermögenswerter Persönlichkeitsrechte vorgehen. Dem stehen im Zivilrecht nur § 22 S. 3 KUG sowie die §§ 12 ff., 28 UrhG entgegen. Anders als die oben genannten öffentlichrechtlichen Normen handelt es sich bei diesen beiden Normen um nicht verallgemeinerungsfähige Ausnahmeregelungen. Die Normierung des Rechts am eigenen Bild im KUG ist das letzte Überbleibsel eines im Übrigen seit 1966 aufgehobenen Gesetzes, so dass ihr kaum noch systembildende Kraft zukommen dürfte. Ähnliches gilt für die Regelungen zum postmortalen Schutz der Urheberpersönlichkeit. Der postmortale Schutz der Urheberpersönlichkeit ist Gegenstand des Zivilrechts, weil im Urheberrecht auch die nichtvermögenswerten Persönlichkeitsrechte vererbt werden[465]. Das ist die Folge der monistischen Theorie, wonach das Urheberrecht weder ein Vermögensrecht noch ein Persönlichkeitsrecht, sondern eine Mischform ist[466]. Daraus folgt, dass die Urheberpersönlichkeitsrechte nicht von den anderen Rechten des Urhebers getrennt werden können[467] und daher mit ihnen vererbt werden[468]. Die Tatsache, dass im Urheberrecht sämtliche

464 Vgl. dazu oben: C II 1 b.

465 Vgl. TOBIAS LETTL: Urheberrecht, München 2008, § 4, Rn. 6.

466 Vgl. MANFRED REHBINDER: Urheberrecht, 15. Aufl., München 2008; § 3, Rn. 31.

467 Vgl. LETTL: Urheberrecht, § 4, Rn. 2.

468 Vgl. LETTL: Urheberrecht, § 4, Rn. 6 sowie REHBINDER a.a.O.

Persönlichkeitsrechte vererbt werden, beruht also auf Erwägungen, die dem Urheberrecht eigen sind und sich nicht verallgemeinern lassen. Für den allgemeinen Schutz nichtvermögenswerter Persönlichkeitsrechte post mortem können die urheberrechtlichen Regelungen keinen Vorbildcharakter haben: Anders als das Urheberpersönlichkeitsrecht ist das allgemeine Persönlichkeitsrecht nicht mit einem vererblichen Recht verbunden. Darüber hinaus hat der Bundesgerichtshof in der *Marlene*-Entscheidung ausdrücklich festgestellt, dass der nichtvermögenswerte Teil des allgemeinen Persönlichkeitsrechts nicht vererblich ist[469]. Damit bleibt festzuhalten, dass abgesehen von den systematisch isolierten Regelungen im KUG und im UrhG alle Vorschriften zum postmortalen Schutz nichtvermögenswerter Persönlichkeitsrechte dem öffentlichen Recht angehören.

Die Zuordnung zum öffentlichen Recht würde es ermöglichen, den postmortalen Schutz nichtvermögenswerter Persönlichkeitsrechte zu vereinheitlichen. Derzeit stehen die zahlreichen staatlichen und privatrechtlichen Schutzinstrumente weitgehend isoliert nebeneinander. Der Staat kann straf- oder ordnungsrechtlich vorgehen, die Verwandten und Erben auf der Basis der *Mephisto*-Rechtsprechung, des KUG oder des UrhG. Die tatbestandlichen Voraussetzungen und Rechtsfolgen dieser Normen sind jeweils verschieden. Abgesehen von den Normen des Straf- und Urheberrechts könnten die Instrumente zum postmortalen Schutz nichtvermögenswerter Persönlichkeitsrechte sämtlich in das Ordnungsrecht übertragen werden. Den Angehörigen bzw. den vom Verstorbenen Benannten könnte das Recht übertragen werden, den staatlichen Ordnungsanspruch durchzusetzen. Gleichzeitig könnte sich der Staat vorbehalten, diese Mittel im Falle öffentlichen Interesses selbst zu ergreifen.

bb. Möglichkeit eines höheren Schutzniveaus

Eine Zuordnung des postmortalen Schutzes nichtvermögenswerter Persönlichkeitsrechte zum öffentlichen Recht hätte zudem den Vorteil, dass der Gesetzgeber das Schutzniveau problemlos an die gesellschaftlichen Bedürfnisse anpassen könnte. Ein wesentlicher Aspekt dabei ist die Frage nach einer wirksamen Prävention. Wie oben dargestellt wurde, geht in bestimmten Konstellationen von rein defensiven Ansprüchen kein hinreichender präventiver Effekt aus. Das gilt insbesondere für kommerziell motivierte postmortale Verletzungen nichtvermögenswerter Persönlichkeitsrechte. Bei Verletzungen des allgemeinen Persönlichkeitsrechts hat die Rechtsprechung dem Rechnung getragen, indem sie auf immateriellen Schadensersatz in einer Höhe erkennt, der solche Verletzungen auch wirtschaftlich unattraktiv macht. Beim postmortalen Schutz immaterieller Persönlichkeitsrechte ist dieser Weg im

469 Vgl. dazu die *Marlene*-Rechtsprechung des BGH sowie oben A II 4.

Zivilrecht mangels Geschädigtem derzeit verschlossen[470]. Im öffentlichen Recht wäre es hingegen leicht möglich, diesem Präventionsinteresse durch die Kodifikation von Bußgeldtatbeständen nachzukommen. Auch durch die Möglichkeit, dem Staat für den postmortalen Schutz nichtvermögenswerter Persönlichkeitsrechte eine subsidiäre Zuständigkeit einzuräumen, könnte mit einer öffentlich-rechtlichen Konzeption des postmortalen Persönlichkeitsschutzes ein höheres Schutzniveau erreicht werden.

Ob und inwieweit der postmortale Schutz nichtvermögenswerter Persönlichkeitsrechte erhöht und dem Staat in diesem Bereich zusätzliche Kompetenzen eingeräumt werden sollen, hängt letztlich vom Willen des Gesetzgebers ab. Dieser sollte sich von der Frage leiten lassen, ob der postmortale Schutz nichtvermögenswerter Persönlichkeitsrechte vorrangig dem Interesse der Hinterbliebenen dienen soll, das Lebenswerk des Verstorbenen im rechten Licht erscheinen zu lassen, oder ob es vorrangig darum geht, jedem Lebenden die Gewissheit zu geben, nach dem Tod nicht schutzlos zu sein. Je mehr der Gesetzgeber in die letztgenannte Richtung tendiert, desto näher liegt es, den postmortalen Schutz nichtvermögenswerter Persönlichkeitsgüter im öffentlichen Recht zu verankern.

d. Beispiele für eine rechtliche Gestaltung des Zusammenwirkens von Privaten und Staat

Eine Einbindung gesellschaftlicher Initiative bei der Gewährleistung des postmortalen Persönlichkeitsschutzes ist wünschenswert und möglich. Bei der Entwicklung eines rechtlichen Rahmens für eine solche Einbindung Privater bietet sich eine Orientierung an den Rechtsinstituten an, bei denen Staat und Gesellschaft bereits heute gemeinsam öffentliche Aufgaben wahrnehmen. Dazu sollen hier die Vormundschaft, die Privatklage und die Verbandsklage herangezogen werden.

aa. Die Vormundschaft

Eine Vormundschaft wird angeordnet, wenn ein minderjähriges Kind nicht unter elterlicher Sorge steht oder die Eltern eines minderjährigen Kindes weder zur Sorge über seine Person noch zur Sorge über sein Vermögen berechtigt sind[471]. Die Vormundschaft dient der Wahrnehmung aller persönlichen und vermögensrechtlichen Angelegenheiten des Mündels. Dazu werden

470 Siehe oben C II 1 c bb.

471 Bei einem Erwachsenen wird ein Betreuer bestellt, soweit er nicht in der Lage ist, seine Angelegenheiten selbst zu besorgen, vgl. §§ 1896 ff. BGB. Im Hinblick auf die hier zu erörternden Aspekte entsprechen die Regelungen des Betreuungsrechts weitgehend denen des Vormundschaftsrechts, weshalb die Betreuung hier nicht gesondert behandelt wird.

dem Vormund eigene Rechte eingeräumt, zu denen vor allem das Recht zur Vertretung des Mündels gehört. Ziel der Vormundschaft ist die Wahrung der Interessen und der Schutz der Rechtsgüter des Mündels. Deshalb steht der in seiner Amtsführung grundsätzlich selbständige Vormund unter der Aufsicht des Vormundschaftsgerichts. Die Vormundschaft kommt von Amts wegen durch Anordnung des Vormundschaftsgerichts zustande (§ 1774 BGB). Benennen die Eltern einen Vormund (§ 1776 BGB) und steht das Kindeswohl seiner Bestellung nicht entgegen, hat die benannte Person ein Recht auf Bestellung, ohne deshalb zugleich zur Übernahme der Vormundschaft verpflichtet zu sein. Wurde keine Person benannt, trifft das Gericht eine Auswahl, bei der insbesondere die Verwandten und Verschwägerten des Kindes zu berücksichtigen sind (§ 1779 BGB). Der Ausgewählte ist dann zur Übernahme der Vormundschaft verpflichtet und kann sie nur unter engen Voraussetzungen ablehnen (§ 1785 f. BGB). Wenn für eine solche Einzelvormundschaft eine geeignete Person nicht gefunden werden kann, besteht die Möglichkeit einen Amtsvormund zu bestellen. Vormund ist dann das Jugendamt, das die Vormundschaft durch Beamte oder Angestellte ausüben lässt.

Die Zuordnung der Vormundschaft zum öffentlichen bzw. privaten Recht ist umstritten. Das Bundesverfassungsgericht zählt die Einrichtung und Verwaltung der Vormundschaft zu den obersten Aufgaben staatlicher Wohlfahrtspflege[472]. Der Vormund (und zwar auch der Einzelvormund) wird im Rahmen dieser staatlichen Fürsorge tätig, weil er vom Staat bestellt und damit öffentlichrechtlichen Pflichten unterworfen wird[473]. Deshalb betrachtet das Bundesverfassungsgericht die Vormundschaft als öffentlichrechtliches Institut. Diese Ansicht ist in der bürgerlichrechtlichen Literatur auf Kritik gestoßen. Unter Berufung auf z.T. spezifisch familienrechtliche Argumente wird vertreten, dass jedenfalls die Einzelvormundschaft privatrechtlicher Natur sei[474]. Die praktische Relevanz dieses Streits scheint in umgekehrter Proportion zu der Heftigkeit zu stehen, mit der er ausgetragen wird[475]. Denn in jedem Fall ist zweierlei offensichtlich, nämlich erstens, dass der Vormund mit der Übernahme seines Amtes mit eigenen, elternähnlichen materiellen

---

472 BVerfGE 54, 251, 268.

473 BVerfGE 10, 302, 311 ff.

474 Vgl. dazu JOACHIM GERNHUBER / DAGMAR COESTER-WALTJEN: Familienrecht, 5. Aufl., München 2006, § 71, Rn. 2 mit einer Darstellung des Streitstandes sowie GERHARD RIEDL: Die Vormundschaft zwischen Privatrecht und öffentlicher Fürsorge unter besonderer Berücksichtigung der Berufsvormundschaften, München 1988, insbes. S. 98–113. Im Ergebnis ebenso: STEFAN CHR. SAAR in: ERMAN, a.a.O., vor § 1773, Rn. 1.

475 Erhebliche grundsätzliche Zweifel an der Aussagekraft der Unterscheidung von öffentlichem und privatem Recht sowie der dazu entwickelten Theorien äußert WALTER LEISNER: Unterscheidung zwischen privatem und öffentlichem Recht, JZ 2006, S. 869, 874 f.

Rechten ausgestattet wird und zweitens, dass der Staat aus Art. 1 Abs. 1 S. 1, Art. 2 Abs. 2 S. 1 und Art. 6 Abs. 2 S. 2, Abs. 3 GG verpflichtet ist, Kindern, die keine geeigneten Sorgeberechtigten haben, Schutz zu gewähren. Der Staat ist also von Verfassungs wegen verpflichtet, ein der heutigen Vormundschaft entsprechendes Rechtsinstitut vorzuhalten und notfalls mit eigenen Mitteln dafür zu sorgen, dass bedürftige Kinder einen Vormund bekommen. Folglich nimmt der Einzelvormund eine Aufgabe wahr, die anderenfalls dem Staat obliegen würde.

Darin liegt eine Ähnlichkeit mit der Wahrnehmung des postmortalen Persönlichkeitsschutzes durch Private. Allerdings liegen die Dinge nicht parallel. Während der Vormund nämlich primär in den Angelegenheiten des Mündels tätig wird und damit nur im Reflex zugleich eine Aufgabe erfüllt, die andernfalls der Staat übernehmen müsste, wird der Wahrnehmungsberechtigte beim postmortalen Persönlichkeitsschutz unmittelbar in einer öffentlichen Angelegenheit tätig. Das liegt daran, dass das Mündel als Rechtssubjekt eigene Rechtsangelegenheiten hat, für deren Wahrnehmung der Staat sorgen muss, während der Tote mangels Subjektsqualität keine eigenen Rechtsangelegenheiten hat, weshalb der Schutz seiner Persönlichkeitswerte eine ausschließlich öffentliche Angelegenheit ist. Ein weiterer Unterschied zwischen Vormundschaft und postmortalem Persönlichkeitsschutz liegt darin, dass die Qualität staatlichen und privaten Handelns sich bei der Vormundschaft wesentlich stärker unterscheiden als beim postmortalen Persönlichkeitsschutz. Denn beim postmortalen Persönlichkeitsschutz liegt der Unterschied zwischen dem Staat und den Privaten nur in einem Wissens- bzw. Motivationsvorsprung der Privaten, während die eigentliche Kerntätigkeit – die Durchsetzung von Abwehransprüchen – vom Staat genauso gut wahrgenommen werden kann wie von Privaten. Bei der Vormundschaft ist die Situation anders, weil nur der Einzelvormund dem Mündel einen wirklichen Elternersatz bieten kann, während der Staat grundsätzlich nur in der Lage ist, die Angelegenheiten des Mündels zu verwalten. Hinzu kommt, dass das durch die Vormundschaft zu gewährleistende Kindeswohl eine ungleich wichtigere Angelegenheit ist als der postmortale Persönlichkeitsschutz.

Aus den Unterschieden in der Sache müssen sich auch Unterschiede in der rechtlichen Regelung dieser Angelegenheiten ergeben. Dazu gehört insbesondere, dass es eine Verpflichtung Privater zur Wahrnehmung des postmortalen Persönlichkeitsschutzes nicht geben darf. Die Verpflichtung eines Privaten zur Übernahme einer öffentlichen Aufgabe ist ein wesentlicher Eingriff in seine Freiheit. Dieser kann bei der Vormundschaft gerechtfertigt werden, weil es dort um die vitalen Interessen eines Kindes geht, denen ein Privater in einer Form entsprechen kann, die der Staat qualitativ nie erreichen kann. Beim postmortalen Persönlichkeitsschutz ist das nicht der Fall. Folglich wäre es unverhältnismäßig, wenn der Staat einen Bürger zur Wahrnehmung dieser Aufgabe verpflichten würde. Beim postmortalen Persönlichkeitsschutz kommt daher nur eine fakultative Mitwirkung Privater in Betracht. Die Pflicht zum Schutz der menschlichen Würde post mortem aus Art. 1 Abs. 1 S. 2 GG muss der Staat daher im Zweifel allein wahrnehmen. In diesem Bereich besteht eine Ähnlichkeit mit der Strafverfolgung, die grundsätzlich nicht nur auf eine Anzeige hin, sondern auch von Amts wegen eingeleitet werden muss[476].

Das Vormundschaftsrecht weist aber auch Aspekte auf, an die bei der rechtlichen Gestaltung des postmortalen Persönlichkeitsschutzes angeknüpft werden könnte. Dazu gehört, dass bei der Bestimmung des Vormundes vorrangig auf Personen zurückgegriffen wird, die von den Eltern benannt wurden (§ 1776 f. BGB) oder die mit dem Mündel verwandt oder verschwägert sind. Beim postmortalen Persönlichkeitsschutz könnte dementsprechend die Wahrnehmungsberechtigung vorrangig von einer Benennung durch den Verstorbenen und subsidiär von dem Status naher Verwandtschaft oder Schwägerschaft abhängig gemacht werden.

Ein weiterer zur Anknüpfung geeigneter Aspekt ist der, dass bei der Vormundschaft eine Aufgabe, die anderenfalls der Staat zu übernehmen hätte, in ihrer Gesamtheit auf einen Privaten übertragen wird. Wenn es beim postmortalen Persönlichkeitsschutz auch keine Übertragung im Sinne einer Wahrnehmungsverpflichtung geben kann, sollte Privaten doch die Möglichkeit gegeben werden, diese Aufgabe ganz in die eigene Hand zu nehmen. Das bedeutet, dass ihnen nicht nur das Recht gegeben werden sollte, ein Verfahren zum postmortalen Schutz der Persönlichkeit des Toten einzuleiten (wie bei einer Anzeige im Strafrecht), sondern dass sie ermächtigt werden sollten, dieses Verfahren selbst durchzuführen. Eine solche Ermächtigung würde sich bei einer Benennung des Wahrnehmungsberechtigten durch den Verstorbenen dadurch rechtfertigen, dass der Verstorbene zum Ausdruck gebracht hat, dass er den Benannten für geeignet hielt, den postmortalen Schutz seiner Persönlichkeit wahrzunehmen. In Fällen, in denen die Wahrnehmungsberechtigung mangels Benennung einer Person den nächsten Angehörigen eingeräumt wird, gilt eine entsprechende Vermutung. Hinzu kommt, dass nahe Angehörige regelmäßig ein verwandtschaftlich begründetes Interesse an der Persönlichkeit des Verstorbenen haben, und es angemessen erscheint, der Familie eines Verstorbenen einen erweiterten Einfluss auf den öffentlichen Umgang mit dessen Persönlichkeit zu geben.

bb. Die Privatklage

Ein weiteres Beispiel für die Verschränkung privater und staatlicher Kompetenzen ist die Privatklage. So wie beim postmortalen Persönlichkeitsschutz ein privater Wahrnehmungsberechtigter auf dem Klageweg einen staatlichen

476 Dazu im Einzelnen noch unten C II 2 d bb.

Unterlassungsanspruch durchsetzen würde, setzt der Privatkläger einen staatlichen Strafanspruch durch.

(1) Die Privatklage des Verletzten

Ein wesentlicher Unterschied zwischen der Privatklage und der Wahrnehmung des postmortalen Persönlichkeitsschutzes durch einen Privaten besteht jedoch darin, dass der Privatkläger grundsätzlich derjenige ist, der durch eine rechtswidrige Tat in seinen Rechten verletzt wurde (§ 374 Abs. 1 StPO). Das ist beim postmortalen Persönlichkeitsschutz anders; hier wird stets ein Dritter wegen der Verletzung eines staatlichen Unterlassungsanspruchs tätig[477]. Ist dieses Anliegen begründet, handelt er nicht im eigenen, sondern im staatlichen, also öffentlichen Interesse. Bei der Privatklage des Verletzten ist das umgekehrt. Sie kommt nur in Betracht, wenn die Staatsanwaltschaft im Bereich der in § 374 Abs. 1 StPO genannten Delikte mangels öffentlichen Interesses auf eine Klageerhebung verzichtet (§ 376 StPO), und sie kann nur betrieben werden, solange die Staatsanwaltschaft das Verfahren nicht aufgrund eines neu erkannten öffentlichen Interesses gemäß § 377 Abs. 2 StPO an sich zieht. Ein öffentliches Interesse im Sinne des § 376 StPO liegt vor, wenn die möglicherweise begangene Straftat den Rechtsfrieden über den Lebenskreis des Verletzten hinaus beeinträchtigen würde[478]. Im Falle eines öffentlichen Strafverfolgungsinteresses kann der Verletzte nur noch im Rahmen der Nebenklage (§§ 395 ff. StPO) tätig werden. Eine Privatklage kommt also nur in Betracht, sofern an der Strafverfolgung kein öffentliches Interesse besteht. Der Grund dafür ist, dass die Wahrung des öffentlichen Rechtsfriedens zu den notwendigen Staatsaufgaben gehört, weil das staatliche Gewaltmonopol nur gerechtfertigt ist, solange der Staat im Gegenzug den öffentlichen Rechtsfrieden gewährleistet. Deshalb kann er diese Aufgabe nicht auf die Gesellschaft übertragen, so dass in diesem Bereich ein totaler Vorbehalt staatlicher Verwaltung gilt.

Zusammengefasst unterscheidet sich die Privatklage des Verletzten von der Wahrnehmung des postmortalen Persönlichkeitsschutzes wie folgt: Bei der Privatklage nimmt der Verletzte den staatlichen Strafanspruch wahr, um damit ein rein persönlichen Strafinteresse zu verfolgen. Bei der Wahrnehmung des Persönlichkeitsschutzes leitet der Wahrnehmungsberechtigte ein

---

477 Zwar kann der Wahrnehmungsberechtigte zugleich einen eigenen Unterlassungsanspruch haben (z.B. weil die fragliche Tat zugleich sein allgemeines Persönlichkeitsrecht verletzt). Bei dessen Durchsetzung handelt es sich jedoch nicht um einen Fall des postmortalen Persönlichkeitsschutzes, sondern um den gewöhnlichen Fall der Durchsetzung der Rechte eines Lebenden, die allenfalls reflexhaft der Persönlichkeit des Toten zugute kommt.

478 Diese Definition ist weitgehend unstreitig. Vgl. dazu: LUTZ MEYER-GOẞNER: Strafprozessordnung, 48. Aufl., München 2005, § 376, Rn. 1 m.w.N.

Verfahren ein, um das öffentliche Interesse am postmortalen Persönlichkeitsschutz durchzusetzen. Er handelt also nicht primär im privaten Interesse, sondern gewissermaßen als Detektor für das Vorliegen einer Verletzung öffentlicher Interessen. Seine Wahrnehmungsberechtigung folgt nicht daraus, dass er in seinen eigenen Rechten verletzt ist, sondern daraus, dass ihm aufgrund seiner besonderen Nähe zu dem Verstorbenen die größte Kompetenz eingeräumt wird, das Vorliegen einer postmortalen Beeinträchtigung nichtvermögenswerter Persönlichkeitsrechte festzustellen. Beim postmortalen Persönlichkeitsschutz wird der Staat allenfalls subsidiär zur privaten Initiative tätig, während der Privatkläger aus seinen Kompetenzen verdrängt wird, sofern sich der Staat in diesem Bereich selbst betätigt. Die Ähnlichkeit zwischen der Privatklage und der Wahrnehmung des postmortalen Persönlichkeitsschutzes durch einen Privaten beschränkt sich also grundsätzlich darauf, dass in beiden Fällen auf private Initiative hin ein staatliches Verfahren eingeleitet wird.

(2) Die postmortale Privatklage der Angehörigen

Eine wesentlich größere Ähnlichkeit zwischen Privatklage und postmortalem Persönlichkeitsschutz besteht in den Fällen, in denen der durch ein Privatklagedelikt Verletzte verstorben ist. Das Recht zur Erhebung der Privatklage ist ein höchstpersönliches, nicht vererbliches Recht. Um auch nach dem Tod des Verletzten eine Privatklage zu ermöglichen, erweitert das Gesetz den Kreis der Privatklageberechtigten, indem es in §§ 374 Abs. 2 StPO, 77 Abs. 2 StGB den dort genannten Angehörigen ein eigenes Privatklagerecht einräumt[479]. Die postmortale Privatklage der Angehörigen ähnelt dem postmortalen Persönlichkeitsschutz. In beiden Verfahren geht es darum zu verhindern, dass eine rechtswidrige Tat nur deshalb ungeahndet bleibt, weil die beeinträchtigte Person nicht mehr lebt. Zudem geht es beiden Rechtsinstituten darum, einen staatlichen Anspruch (nämlich den Strafanspruch bzw. den öffentlichen Anspruch auf Unterlassung postmortaler Beeinträchtigung nichtvermögenswerter Persönlichkeitsrechte) durchzusetzen.

Der wesentliche Unterschied zwischen der postmortalen Privatklage und der Wahrnehmung des postmortalen Persönlichkeitsschutzes ist terminologischer Natur. Beim postmortalen Persönlichkeitsschutz geht es stets um die Wahrnehmung eines öffentlichen Interesses, während eine Privatklage auch postmortal nur in Betracht kommt, wenn die Staatsanwaltschaft mangels öffentlichen Interesses keine öffentliche Klage erhebt. Dieser Unterschied ergibt sich daraus, dass der Begriff des öffentlichen Interesses jeweils anders

479 LOTHAR SENGE in: PFEIFFER, GERD (Hrsg.): Karlsruher Kommentar zur Strafprozessordnung, 5. Aufl., München 2003, § 374, Rn. 13; ebenso: HANS HILGER in: LÖWE-ROSENBERG: Die Strafprozeßordnung und das Gerichtsverfassungsgesetz, 25. Aufl., Bd. 6, Berlin 2001, § 374, Rn. 29.

definiert wird. Beim postmortalen Persönlichkeitsschutz besteht das öffentliche Interesse darin, die Persönlichkeit zu schützen. Bei den Privatklagedelikten beschränkt sich das öffentliche Interesse hingegen auf die Sanktionierung von Beeinträchtigungen des Rechtsfriedens, die über den Lebenskreis des Verstorbenen hinausgehen. Diese Divergenz kann nicht darüber hinwegtäuschen, dass beide Verfahren Dritten die Möglichkeit geben, in eigener Initiative für einen Verstorbenen einzutreten. Der einzige Unterschied der sich aus dieser Divergenz ergibt, sind die Voraussetzungen für ein Einschreiten des Staates. Bei den Privatklagedelikten muss der Staat einschreiten, sobald eine Störung des Rechtsfriedens vorliegt, die über die Sphäre des Verstorbenen hinausging; beim postmortalen Persönlichkeitsschutz muss der Staat einschreiten, sobald damit eine Beeinträchtigung der menschlichen Würde einhergeht, die von den Hinterbliebenen nicht unterbunden wird.

Die Ähnlichkeit zwischen dem postmortalen Privatklagerecht und der Befugnis zur Wahrnehmung des postmortalen Persönlichkeitsschutzes rechtfertigt es, die Festlegung des Kreises der Wahrnehmungsberechtigten an §§ 374 Abs. 2 StPO, 77 Abs. 2 StGB auszurichten.

cc. Die Verbandsklage

Ein weiteres Beispiel für die Verbindung privater Initiative mit öffentlichen Interessen ist die Verbandsklage. Dabei handelt es sich um eine Klage, mit der der Verband Rechte und Interessen seiner Mitglieder bzw. der Allgemeinheit geltend macht. Die Verbandsklage begründet damit eine Ausnahme von dem prozessrechtlichen Grundsatz, dass nur derjenige zur Klage befugt ist, der die Verletzung eines eigenen Rechts geltend machen kann. Verbandsklagen existieren sowohl im privaten als auch im öffentlichen Recht.

(1) Öffentlichrechtliche Verbandsklagen

Ein Beispiel für eine öffentlichrechtliche Verbandsklage ist das Klagerecht der Naturschutzverbände gemäß §§ 43, 44 BremNatSchG. Darin wird Naturschutzverbänden die Befugnis zur gerichtlichen Verfolgung von bestimmten Belangen des Umwelt- und Naturschutzes eingeräumt. Die privatrechtlich organisierten Naturschutzverbände können ein gerichtliches Verfahren anstoßen, in dem sie eine grundsätzlich öffentliche Angelegenheit verfolgen. Darin liegt eine Parallele zur Wahrnehmung des postmortalen Persönlichkeitsschutzes durch einen Privaten, der ebenfalls einen öffentlichen Belang verfolgt. Ein Unterschied zwischen der verwaltungsrechtlichen Verbandsklage und der Wahrnehmung des postmortalen Persönlichkeitsschutzes durch einen Hinterbliebenen besteht darin, dass das verwaltungsgerichtliche Verfahren darauf gerichtet ist, die Pflicht des Staates zu rechtmäßigem Verwaltungshandeln durchzusetzen. Sie dient also der Überwachung staatlichen

Handelns. Dagegen würde ein Privater durch die gerichtliche Durchsetzung des postmortalen Persönlichkeitsschutzes keine Beurteilung staatlichen Handelns erwirken, sondern eine öffentliche Aufgabe wahrnehmen, indem er gegen Dritte vorgeht, die durch die unzulässige Beeinträchtigung der Persönlichkeit eines Toten die öffentliche Ordnung stören.

(2) Verbandsklagen im Privatrecht

Im Hinblick darauf, dass die Klage wegen einer postmortalen Verletzung nichtvermögenswerter Persönlichkeitsrechte gegen einen Dritten gerichtet wird, ähnelt sie einer privatrechtlichen Verbandsklage. Privatrechtliche Verbandsklagen sind unter anderem im Gesetz gegen den unlauteren Wettbewerb (UWG) und im Unterlassungsklagengesetz (UKlaG) vorgesehen. § 3 UKlaG räumt Verbraucherverbänden, Berufsverbänden sowie den Industrie- und Handelskammern einen eigenen Unterlassungsanspruch ein, mit dem sie gegen die Verwender unzulässiger Allgemeiner Geschäftsbedingungen vorgehen können. In § 8 Abs. 3 UWG wird den gleichen Verbänden ein Anspruch auf Beseitigung und Unterlassung gegen Dritte eingeräumt, die unlautere Wettbewerbshandlungen vornehmen und damit gegen § 3 UWG verstoßen. Anders als die Naturschutzverbände bei der öffentlichrechtlichen Verbandsklage nach §§ 43, 44 Bremisches Naturschutzgesetz verfolgen diese Verbände nicht primär ein abstraktes öffentliches Interesse (z.B. Naturschutz), sondern in erster Linie die Interessen der von ihnen vertretenen Personengruppen. Dennoch ergibt sich daraus kein eindeutiger Unterschied zur öffentlichrechtlichen Verbandsklage. Das folgt bei den Verbraucherverbänden schon daraus, dass sie eine »Interessengruppe« vertreten, die so groß ist, dass ihre Belange bei Erwägungen des öffentlichen Interesses ohnehin stets zu berücksichtigen sind. Außerdem darf nicht vergessen werden, dass auch die Interessen der anderen Klagebefugten oftmals mit dem öffentlichen bzw. staatlichen Interesse konvergieren. Das zeigt sich in der Praxis daran, dass es nicht selten Klagen nach dem UWG sind, die zur Durchsetzung der an sich vom Staat zu gewährleistenden öffentlichen Ordnung führen. Das gilt insbesondere bei Verstößen gegen § 4 Nr. 11 UWG. Nach dieser Vorschrift handelt unlauter im Sinne des § 3 UWG, wer gesetzlichen Vorschriften zuwiderhandelt, die auch dazu bestimmt sind, im Interesse der Marktteilnehmer das Marktverhalten zu regeln. Dazu gehören unter anderem das Ladenschlussgesetz, das Heilmittelwerberecht sowie die Handwerksordnungen[480]. In diesem Bereich werden Verstöße häufig schnell und effektiv durch einstweilige Verfügungen nach dem UWG unterbunden, bevor die zuständigen Ordnungsbehörden den Verstoß überhaupt zur Kenntnis nehmen. Indem die Privaten mit

---

480 Vgl. dazu HENNING PIPER / ANSGAR OHLY: Gesetz gegen den unlauteren Wettbewerb, 4. Aufl., München 2006, § 4.11 Rn. 11/19 ff.

ihren Klagen in solchen Fällen zugleich die öffentliche Ordnung wieder herstellen, handeln sie zugleich im öffentlichen Interesse.

Die zuletzt genannten Beispiele zeigen, wie vorteilhaft es für die Öffentlichkeit und den Staat sein kann, privater Initiative ein Instrumentarium zur Verfügung zu stellen, mit dem sie an der Aufrechterhaltung der öffentlichen Ordnung partizipieren kann. Insofern bietet sich die Verbandsklage nach § 8 Abs. 3 UWG als Orientierungspunkt bei der Normierung der Wahrnehmungsbefugnis beim postmortalen Persönlichkeitsschutz an.

Dennoch ist die Situation bei der Klage nach § 3 UWG und einer Klage zum postmortalen Persönlichkeitsschutz nicht identisch. Denn derjenige, der nach § 3 UWG klagt, klagt einen eigenen materiellen Anspruch ein. Beim postmortalen Persönlichkeitsschutz hat der Wahrnehmungsberechtigte derzeit keinen materiellen Anspruch. Nach der hier vertretenen Ansicht sollte der Anspruch auf Unterlassung postmortaler Verletzungen nichtvermögenswerter Persönlichkeitsrechte auch nicht dem Wahrnehmungsberechtigten, sondern dem Staat zugeordnet werden[481]. Der Wahrnehmungsberechtigte würde bei der gerichtlichen Durchsetzung des postmortalen Persönlichkeitsschutzes also kein eigenes materielles Recht wahrnehmen, sondern nur ein prozessuales Recht, das es ihm erlaubt, den staatlichen Ordnungsanspruch auf Unterlassung der postmortalen Verletzung nichtvermögenswerter Persönlichkeitsrechte durchzusetzen. Darin ähnelt die Wahrnehmung des postmortalen Persönlichkeitsschutzes weniger der Verbandsklage als der postmortalen Privatklage, bei der der Kläger ebenfalls nur ein prozessuales Recht auf Durchsetzung eines staatlichen Anspruchs hat.

e. Vorgaben für die Gestaltung des postmortalen Persönlichkeitsschutzes

Aus den Überlegungen zur Gestaltung des postmortalen Persönlichkeitsschutzes ergibt sich Folgendes: Soweit mit postmortalen Persönlichkeitsverletzungen Verletzungen der menschlichen Würde einhergehen, ist deren Unterbindung eine Aufgabe, die der Staat gewährleisten muss. Jenseits von Verletzungen des Art. 1 Abs. 1 S. 1 GG ist die Unterbindung postmortaler Persönlichkeitsverletzungen eine öffentliche Angelegenheit, deren Wahrnehmung der Staat auf die Gesellschaft übertragen kann. Auf diesem Feld ist es vorzugswürdig, selbstregulativen Mechanismen möglichst breiten Raum einzuräumen. Weil es derzeit weder für die Wahrnehmung des postmortalen Persönlichkeitsschutzes durch den Staat noch für dessen Wahrnehmung durch Private eine gesetzliche Grundlage gibt[482], muss eine solche Grundlage geschaffen werden.

Bei der Bestimmung der Person des Vormundes ist in § 1776 BGB ein Benennungsrecht der Eltern vorgesehen. Ähnlich sollte es jedem Testierfähi-

---

481 Siehe oben C II 1 c dd und C II 2 c.

482 Siehe oben Abschnitt B.

gen möglich sein, die Person auszuwählen, die den postmortalen Schutz seiner Persönlichkeit wahrnehmen soll. Sofern es an einer Auswahl fehlt, sollten die Angehörigen des Verstorbenen dieses Recht bekommen. Bei der Wahrnehmungsbefugnis sollte es sich nicht um ein materielles Recht handeln, wie dies bei den Klagebefugten der privatrechtlichen Verbandsklagen der Fall ist (vgl. § 3 UKlaG, § 8 Abs. 3 UWG), sondern um ein prozessuales Recht zur Wahrnehmung eines öffentlichrechtlichen Unterlassungsanspruchs. Im Hinblick auf das legitime Interesse eines Wahrnehmungsberechtigten, den Schutz der Persönlichkeit des Toten selbst sicherzustellen, sollte sich seine Befugnis aber nicht darin erschöpfen, eine Beeinträchtigung der Persönlichkeit des Toten beim Staat anzuzeigen oder einen Antrag auf Verfolgung dieser Tat zu stellen. Vielmehr sollte er wie ein Privatkläger selbst gegen die postmortae Persönlichkeitsbeeinträchtigung vorgehen können. Das bedeutet, dass er das prozessuale Recht zur gerichtlichen Durchsetzung des staatlichen Anspruchs auf Unterlassung der postmortalen Beeinträchtigung nichtvermögenswerter Persönlichkeitsrechte des Toten erhalten sollte. Der Staat sollte sich im Wesentlichen darauf beschränken, gegen postmortale Persönlichkeitsverletzungen vorzugehen, mit denen die menschliche Würde verletzt wird.

D. Vorschläge für eine Normierung des postmortalen Persönlichkeitsschutzes

Nachdem die Notwendigkeit der Normierung eines postmortalen Persönlichkeitsschutzes festgestellt und erläutert wurde, wie diese Aufgabe auf Staat und Gesellschaft verteilt werden sollte, folgen nun Vorschläge zu den Inhalten einer solchen Normierung.

I. Rechtsfolgen

Sinn des postmortalen Persönlichkeitsschutzes ist es sicherzustellen, dass der Schutz, den das allgemeine Persönlichkeitsrecht dem Menschen bis zu seinem Tod gewährt, mit seinem Ableben nicht schlagartig entfällt. Daraus ergibt sich, dass die Rechtsfolgen beim postmortalen Persönlichkeitsschutz weitgehend den Rechtsfolgen entsprechen müssen, die den Lebenden im Falle rechtswidriger Beeinträchtigungen ihres allgemeinen Persönlichkeitsrechts zur Verfügung stehen.

1. Abwehransprüche

Unter den Ansprüchen, die der Abwehr rechtswidriger Eingriffe in das allgemeine Persönlichkeitsrecht dienen, steht der Unterlassungsanspruch aus §§ 1004 Abs. 1, 823 Abs. 1 BGB im Vordergrund. Aus dem Grundsatz, dass der Schädiger den Zustand herzustellen hat, in dem sich der Geschädigte vor der unerlaubten Handlung befand (§ 823 Abs. 1 i.V.m. §§ 249 ff. BGB), können sich außerdem Ansprüche auf Widerruf und Richtigstellung falscher Tatsachenbehauptungen ergeben. Sofern die Persönlichkeitsverletzung auf einer Tatsachenbehauptung in Presse oder Rundfunk beruht, hat der Geschädigte zudem einen Anspruch auf Gegendarstellung aus den Landespressegesetzen bzw. dem Rundfunkstaatsvertrag.

Bei postmortalen Beeinträchtigungen nichtvermögenswerter Persönlichkeitsrechte ist § 823 BGB nicht anwendbar, weil es mangels Nachfolge in diese Rechtspositionen nach dem Tod des Betroffenen kein geschädigtes Rechtssubjekt mehr gibt. Daher sollten für den postmortalen Schutz nichtvermögenswerter Persönlichkeitsrechte entsprechende Rechtsfolgen gesondert normiert werden.

Von einer Erstreckung des presserechtlichen Gegendarstellungsanspruchs in den postmortalen Bereich sollte hingegen abgesehen werden. Das Recht auf Gegendarstellung dient nämlich nicht (nur) der Abwehr falscher Behauptungen in Presseberichten; vielmehr soll dieses Recht den Personen, die Gegenstand einer Berichterstattung geworden sind, die Möglichkeit eröffnen, durch die Darstellung ihrer Sicht der Dinge Einfluss auf ihre Wahrnehmung in der Öffentlichkeit zu nehmen[483]. Das zeigt sich daran, dass ein Anspruch auf Gegendarstellung (anders als der Anspruch auf Widerruf) nicht davon abhängt, ob der fragliche Pressebericht inhaltlich richtig war oder nicht. Der Gegendarstellungsanspruch ist also ein Persönlichkeitsrecht, das primär dazu dient, der von einem Pressebericht betroffenen Person einen Freiraum zur Gestaltung ihrer öffentlichen Wahrnehmung zu eröffnen. Gegenstand des postmortalen Persönlichkeitsschutzes können aber nur die defensiven Komponenten des Persönlichkeitsrechts sein[484], weil für die Eröffnung von Gestaltungsspielräumen zur Entfaltung der Persönlichkeit nach dem Tod kein Bedarf mehr besteht. Weil ein Toter seine öffentliche Wahrnehmung nicht mehr gestalten kann, gilt das auch für den Anspruch auf Gegendarstellung. Dieser Anspruch sollte auch nicht auf die Angehörigen des Verstorbenen übergehen, weil der postmortale Persönlichkeitsschutz gerade nicht dazu dient, den Angehörigen die Möglichkeit zu geben, die Wahrnehmung des Toten in der Öffentlichkeit nach ihren Vorstellungen zu gestalten[485]. Vielmehr dient der postmortale Schutz nichtvermögenswerter Persönlichkeitsrechte allein der Abwehr von Verletzungen der Persönlichkeit des Toten. Dafür reichen die Unterlassungs- und Widerrufsansprüche aus[486].

2. Zahlungsansprüche

Eine Verletzung des allgemeinen Persönlichkeitsrechts kann neben den genannten Rechtsfolgen Zahlungsansprüche aus Delikts- oder Bereicherungsrecht auslösen. Weil es im Falle postmortaler Beeinträchtigungen nichtver-

---

483 German Schmidt in: Walter Seitz / German Schmidt / Alexander Schoener: Der Gegendarstellungsanspruch, 3. Aufl. 1998, Kap. 1, Rn. 11; Axel Beater: Medienrecht, Tübingen 2007, S. 718 f.; Tobias Lettl: Allgemeines Persönlichkeitsrecht und Medienberichterstattung: in: WRP 2005, S. 1045, 1081.

484 Vgl. oben A III 3.

485 Anderer Ansicht ist offenbar Brändel, der auch den presserechtlichen Gegendarstellungsanspruch auf die Erben übergehen lassen will (ders in: Götting / Schertz / Seitz a.a.O., § 37, Rn. 51).

486 In diesem Sinne auch Judith Nink: Zu den Gegendarstellungsansprüchen Verstorbener, in: AfP 2007, S. 97 f., die dort (zu Recht) gleichzeitig ein Urteil des Kammergerichts vom 26.01.2007 (BeckRS 2007, 03151) kritisiert, in dem dieses eine einstweilige Verfügung aufhob, mit der eine Verstorbene noch vor ihrem Tod den Abdruck einer bereits verfassten Gegendarstellung durchsetzen wollte. Abweichend von der hier vertretenen Ansicht für einen von den hinterbliebenen Angehörigen wahrzunehmenden postmortalen Gegendarstellungsanspruch: Matthias Prinz / Butz Peters: Medienrecht, Hamburg 1999, S. 120.

mögenswerter Persönlichkeitsrechte mangels Rechtsnachfolge keinen Geschädigten gibt, können diese Ansprüche postmortal nicht entstehen[487 488].

Das ist problematisch, weil dem deliktsrechtlichen Zahlungsanspruch bei Beeinträchtigungen immaterieller Rechte eine Genugtuungs- und Präventionsfunktion zukommt[489], für die auch im postmortalen Bereich ein Bedürfnis besteht. Derzeit bleibt eine postmortale Beeinträchtigung ideeller Interessen in vielen Fällen ohne spürbare Sanktion für den Verletzer. Sofern mit der ideellen Beeinträchtigung keine Beeinträchtigung der vermögenswerten Interessen einhergeht und die Wahrnehmungsberechtigten wie in den meisten Fällen erst nachträglich von der Beeinträchtigung erfahren, muss der Verletzer in der Regel allenfalls mit einem Unterlassungsurteil rechnen. Sofern es sich um eine ihrer Natur nach einmalige Verletzung handelt – so bei unzulässigen Eingriffen der Medien in die Privatsphäre der Toten –, hätte die Verletzung des Persönlichkeitsrechts für den Täter (außer den Kosten des Unterlassungsrechtsstreits) keine nachteiligen Folgen. Wirtschaftlich potente Akteure in den Medien werden sich von der Aussicht, die Kosten eines Unterlassungsrechtsstreits tragen zu müssen, jedoch kaum abschrecken lassen, wenn sie auf Kosten der Persönlichkeit eines Verstorbenen eine zugkräftige Schlagzeile platzieren können. Hinzu kommt, dass sie in den meisten Fällen

---

487 Vgl. dazu BGH GRUR 1974, S. 797, 800 – *Fiete Schulze* sowie BGH GRUR 1974, S. 794, 795 – *Todesgift*, BGH NJW 2000, S. 2195, 2198 – *Marlene Dietrich, OLG* Jena, NJW-RR 2005, S. 1566 ff., BGH NJW 2006 – *Mordkommission Köln*, S. 605 ff. mit kritischer Anmerkung GÖTTING, LMK, 172015 sowie WAGNER, a.a.O. S. 386; i.E. ebenso: GÖTTING: Sanktionen bei der Verletzung des postmortalen Persönlichkeitsrechts, NJW 2004, S. 801, 802. Bestätigung der o.g. Rechtsprechung in BGH NJW 2007, S. 684, 685 – *kinski-klaus.de.*

488 Dieses Problem ließe sich nicht einmal mit der Theorie der postmortalen Teilrechtsfähigkeit umgehen. Nach dieser Theorie würde es zwar einen Geschädigten geben, weil der Tote im Hinblick auf das verletzte allgemeine Persönlichkeitsrechts weiterhin rechtsfähig wäre. Dennoch würde es an einem Gläubiger für den Zahlungsanspruch fehlen. Denn an den Toten kann nicht gezahlt werden. Die Erben kommen als Gläubiger aber auch nicht in Betracht, weil es nicht *ihr* Recht ist, das vom Schädiger verletzt wurde. Anders als bei einer lebzeitigen Verletzung des allgemeinen Persönlichkeitsrechts des Toten, bei der der entsprechende Schadensersatzanspruch schon zu Lebzeiten des Erblassers entsteht und in die Erbmasse fällt, wäre ein postmortal entstandener Schadensersatzanspruch auch nicht Teil der Erbmasse. Hinzu kommt, dass auch gar nicht einzusehen wäre, warum die Erben von der Rechtsverletzung gegenüber dem postmortal teilrechtsfähigen Toten profitieren sollten.

489 Vgl. dazu WAGNER, a.a.O., insbesondere S. 451 ff. sowie die *Caroline*-Rechtsprechung des Bundesgerichtshofs, BGHZ 128, 1, 15 f. Vgl. zu diesem Thema außerdem die (kritische) Kommentierung von GOTTFRIED SCHIEMANN in: STAUDINGER, Neubearbeitung 2005, § 253, Rn. 53 f. sowie HARTMUT OETKER in: MüKo, 5. Aufl., 2007, § 253, Rn. 11 ff., beide m.w.N.

auch nicht die Folgen einer Geltendmachung der vermögenswerten Persönlichkeitsrechte durch die Erben fürchten müssen. Sofern nämlich die betroffene Person weitgehend unbekannt war, scheiden derartige Ansprüche schon deshalb aus, weil die Rechtsprechung deren Persönlichkeit keinen Vermögenswert beimisst[490]. Aber selbst wenn dies der Fall sein sollte, haben die Erben keinen Anspruch auf Schadensersatz, wenn der Eingriff so schwerwiegend war, dass der Tote ihn zu Lebzeiten nicht zugelassen hätte. Denn weil die Erben bei der Ausübung der vermögenswerten Persönlichkeitsrechte des Toten an dessen ausdrücklichen oder mutmaßlichen Willen gebunden sind[491], hätten auch sie bei der wirtschaftlichen Verwertung der Persönlichkeit des Toten nicht gegen dessen ideelle Persönlichkeitswerte verstoßen dürfen. Da der Schädiger den Erben insofern keine Nutzungsmöglichkeit entzogen hat, erwächst ihnen aus dessen Eingriff auch kein Vermögensnachteil[492].

Für das allgemeine Persönlichkeitsrecht hat der Bundesgerichtshof in der *Caroline*-Entscheidung festgestellt, dass der Schutzauftrag aus Art. 1 und Art. 2 Abs. 1 GG es gebietet, das Schmerzensgeld bei einer vorsätzlichen Verletzung des allgemeinen Persönlichkeitsrechts so zu bemessen, dass eine präventive Wirkung eintritt[493]. Damit ist anerkannt, dass es schon im Hinblick auf den Schutzauftrag des Grundgesetzes eine Prävention gegen schwerwiegende Persönlichkeitsverletzungen geben muss. Da nicht erkennbar ist, wieso die Notwendigkeit einer solchen Prävention nach dem Tod des jeweils Betroffenen wegfallen soll, ist es erforderlich, dass der Gesetzgeber dafür eine normative Grundlage schafft. Mangels Rechtssubjekts kann dies nicht durch die Bereitstellung zivilrechtlicher Anspruchsgrundlagen geschehen. Im öffentlichen Recht ist die Schaffung eines solchen Instruments hingegen kein Problem; vielmehr entspricht es dort der Praxis, die Nichteinhaltung von Ordnungsansprüchen zum Zwecke der Repression und Prävention mit Bußgeldern zu sanktionieren[494].

---

490 Vgl. BGH NJW 2006, S. 605, 606 = ZEV 2006, 270, 272 mit Anmerkung von ANNETTE FISCHER, die die Negierung des Vermögenswert der Persönlichkeit unbekannter Personen a.a.O., S. 274 kritisch thematisiert.

491 Vgl. BGHZ 143, S. 214 – *Marlene Dietrich*, 2. Leitsatz.

492 Vgl. dazu die Urteilsbegründung in OLG München GRUR-RR 2002, S. 341, 342 – *Marlene Dietrich nackt* sowie HORST-PETER GÖTTING: Sanktionen bei Verletzung des postmortalen Persönlichkeitsrechts, in: GRUR 2004, S. 801, 802 f.

493 BGHZ 128, 1, 15 f.

494 Vgl. dazu WOLFGANG MITSCH in: Karlsruher Kommentar zum Gesetz über Ordnungswidrigkeiten, hrsg. von LOTHAR SENGE, 3. Aufl., München 2006, § 17, Rn. 8 f. mit zahlreichen weiteren Nachweisen.

3. Zusammenfassung

Unabhängig von der Schwere der Verletzung sollten die Wahrnehmungsberechtigten einen Unterlassungsanspruch sowie gegebenenfalls Ansprüche auf Widerruf und Richtigstellung, jedoch keinen rundfunk- und presserechtliche Anspruch auf Gegendarstellung durchsetzen können. In schwereren Fällen, in denen ein Interesse an Repression und Prävention besteht, sollte ein Bußgeld und in besonders schweren Fällen gegebenenfalls eine Strafe aus § 189 StGB hinzukommen.

II. Schutzdauer des postmortalen Persönlichkeitsschutzes

1. Gegenwärtige Rechtslage: flexible Schutzdauer

Die Dauer des postmortalen Persönlichkeitsschutzes ist sowohl für die Hinterbliebenen als auch für die an einer Bezugnahme auf den Toten interessierten Kreise (z.B. Presse, Wissenschaft etc.) von zentraler Bedeutung. Dennoch hat es die Zivilgerichtsbarkeit bis heute vermieden, hierzu eindeutige Aussagen zu treffen. Stattdessen zieht sie sich auf die vom Bundesgerichtshof geprägte Formel zurück, es komme maßgeblich auf die Umstände des Einzelfalls und dabei insbesondere auf die Intensität der Beeinträchtigung sowie die Bekanntheit und Bedeutung des Persönlichkeitsbildes des Verstorbenen an. Fest steht nur, dass das Schutzbedürfnis in dem Maße schwindet, in dem die Erinnerung an den Toten verblasst[495]. Die vom Bundesgerichtshof angeführten Kriterien, insbesondere das Abstellen auf den Einzelfall und die Intensität der Beeinträchtigung, erwecken sogar den Eindruck, dass es keine abstrakt definierte, sondern nur eine konkrete Schutzdauer geben soll, die erst aus der Abwägung des mit der Zeit schwächer werdenden postmortalen Persönlichkeitsschutzes mit den gegenläufigen Interessen folgt. Dafür spricht insbesondere, dass die Gerichte bisher noch in keinem Fall angenommen haben, dass eine Person aufgrund Zeitablaufs überhaupt keinen postmortalen Persönlichkeitsschutz mehr genießt, sondern das Schutzbegehren der Wahrnehmungsberechtigten immer erst auf der Ebene der Abwägung mit den gegenläufigen Interessen scheitern ließen[496].

---

495 BGHZ 50, 133, 140 f. – *Mephisto*, BGHZ 107, 384, 392 – *Emil Nolde.*

496 Im Fall EMIL NOLDE hat der Bundesgerichtshof den Persönlichkeitsschutz auch noch 30 Jahre nach seinem Tod bejaht, BGHZ 107, 384, 393 – *Nolde.* Im Fall BRECHT ging das Oberlandesgericht München davon aus, dass dieser auch 40 Jahre nach seinem Tod noch einen postmortalen Persönlichkeitsschutz genieße, OLG München NJW 1999, 1975, 1977 – *Brecht.* Im Fall FRIEDRICH EBERTS hat das Oberlandesgericht Bremen dies auch 67 Jahre nach seinem Tod bejaht: OLG Bremen NJW-RR 1993, 726–728 – *Friedrich Ebert.*
Zum (zeitlichen) Umfang des von der Rechtsprechung derzeit gewährten postmortalen Persönlichkeitsschutzes siehe oben unter A III 2.

2. Kritik

Dass die Rechsprechung eine klare Aussage zur Dauer des postmortalen Schutzes ideeller Interessen vermieden hat, kann daran liegen, dass es sich beim postmortalen Persönlichkeitsschutz um ein Elaborat der Rechtsfortbildung handelt und das geltende geschriebene Recht keine eindeutigen Hinweise darauf enthält, mit welcher Frist der Gesetzgeber den postmortalen Persönlichkeitsschutz versehen hätte, wenn er ihn normiert hätte. Die dieser Materie verwandten sondergesetzlichen Vorschriften regeln jeweils nur einen Ausschnitt des postmortalen Persönlichkeitsschutzes, so dass eine Einzelanalogie zu einer dieser Normen mangels Vergleichbarkeit der Tatbestände nicht in Betracht kommt[497]. Auch eine Gesamtanalogie zu diesen Vorschriften scheidet aus, weil die jeweiligen Schutzfristen sehr unterschiedlich sind: So ist der postmortale Bildschutz gemäß § 22 S. 3 KUG auf zehn Jahre begrenzt, während die Persönlichkeitsrechte des ausübenden Künstlers gemäß § 76 UrhG[498] bis 50 Jahre nach seinem Tod wirksam sein können und das allgemeine Urheberrecht gemäß § 64 UrhG erst 70 Jahre nach dem Tod erlischt. Es kommt hinzu, dass die Gerichte von der Unbestimmtheit der flexiblen Schutzfrist profitieren, weil sie ihnen größtmögliche Flexibilität bei ihren Entscheidungen eröffnet.

Für alle anderen Beteiligten ist diese Unbestimmtheit von Nachteil. Sie ist daher in der Literatur immer wieder auf Kritik gestoßen[499]. Problematisch ist insbesondere, dass die Kriterien zur Feststellung von Dauer und Umfang des postmortalen Persönlichkeitsschutzes beinahe ebenso unbestimmt sind wie die Dauer selbst. Das gilt für die Bekanntheit und die Bedeutung des Persönlichkeitsbildes des Verstorbenen ebenso wie für die Frage nach dem Verblassen seines Andenkens, auf die es bei der Beurteilung des Einzelfalls wesentlich ankommen soll. Besonders problematisch ist dabei, dass die Gerichte die zur Beurteilung stehende Bezugnahme auf den Toten teilweise als hinreichendes Indiz für seine andauernde Bekanntheit heranziehen. So entschied das Oberlandesgericht Köln, dass bereits die Tatsache, dass die Beklagte den

---

497 Im Hinblick darauf kritisiert REBER, a.a.O. die Anwendung der starren Schutzfrist aus § 22 S. 3 KUG auf den vermögenswerten Teil des postmortalen Persönlichkeitsrechts in BGH NJW 2007, S. 684, 685 f. Ebenfalls kritisch dazu äußert sich HORST-PETER GÖTTING in einer Anmerkung zum *kinski-klaus.de*-Urteil in GRUR 2007, S. 170 f.

498 Eine entsprechende Regelung war früher in § 83 Abs. 3 UrhG a.F. enthalten. Dort betrug die Frist zunächst 25 Jahre, bevor sie auf 50 Jahre erhöht wurde. § 83 UrhG a.F. ist oben unter Fn. 130 / 289 wiedergegeben.

499 Vgl. dazu: FISCHER, a.a.O., S. 188 ff. Anders BRÄNDEL in: GÖTTING / SCHERTZ / SEITZ a.a.O., § 37, Rn. 45 ff., der die flexible Schutzdauer begrüßt.

Altbundeskanzler ADENAUER als Werbeträger in einem Wahlwerbespot heranziehen wolle, zeige, dass die Erinnerung an ihn noch nicht verblasst sei[500].

Noch problematischer ist die Argumentation des Oberlandesgerichts München im Fall *Schreckliches Mädchen*. Hier ging es um die Behauptung einer Historikerin, ein 29 Jahre zuvor verstorbener, nicht sonderlich bekannter Arzt habe zur Zeit des Nationalsozialismus Zwangsabtreibungen vornehmen lassen. In seinem Urteil führte das Oberlandesgericht aus, dass es für den postmortalen Persönlichkeitsschutz nur darauf ankommen könne, »ob das Interesse der Öffentlichkeit an einer bestimmten Person durch ihr allgemein herausragendes Leben und Wirken *oder* durch ein Einzelereignis geweckt worden ist und zusätzlich ein Rechtsschutzbedürfnis an der Korrektur der Verunglimpfung des Charakter- und Lebensbildes des Verstorbenen *durch einen nahen Angehörigen* besteht.«[501] Diese Voraussetzungen bejahte das Oberlandesgericht mit dem Hinweis darauf, dass die Thematisierung von Zwangsabtreibungen auch nach 50 Jahren erhebliches Aufsehen in der Bevölkerung ausgelöst habe. Nach Ansicht des Gerichts war also die Erinnerung an den 29 Jahre zuvor verstorbenen Toten nur deshalb nicht verblasst, weil eine Historikerin auf ihn Bezug genommen hatte. Diese Rechtsprechung läuft darauf hinaus, den postmortalen Persönlichkeitsschutz davon abhängig zu machen, ob die Bezugnahme auf einen Toten in einer breiteren Öffentlichkeit wahrgenommen wird oder nicht. Für Journalisten, Literaten oder Wissenschaftler würde das bedeuten, dass ihre Bezugnahme auf einen Toten umso eher zulässig ist, je erfolgloser ihre Arbeit ist. Eine zunächst zulässige – weil von der breiten Öffentlichkeit nicht wahrgenommene – Arbeit könnte zudem nachträglich unzulässig werden, wenn sie doch noch die Aufmerksamkeit der Öffentlichkeit erreichen sollte. Abgesehen von der Absurdität dieser Konsequenz führt eine solche Rechtsprechung zu unnötiger Rechtsunsicherheit, die sowohl der Wissenschafts- als auch der Kunst- und Pressefreiheit schadet.

Dieser Mangel wird auch nicht dadurch behoben, dass das Oberlandesgericht München zusätzlich ein Rechtsschutzbedürfnis der Angehörigen hinsichtlich der Korrektur der Verunglimpfung des Charakter- und Lebensbildes fordert. Denn auch dieses Kriterium ist beim postmortalen Persönlichkeitsschutz kaum greifbar. Ein Rechtsschutzbedürfnis besteht, wenn ein berechtigtes Interesse des Beeinträchtigten vorliegt, ein Gericht in Anspruch zu nehmen, um Rechtsschutz zu erreichen. Weil es sich beim postmortalen Persönlichkeitsschutz aber nicht um den Schutz eines materiellen Rechts der Hinterbliebenen handelt (sie sind auch nach Ansicht der Rechtsprechung nur Wahrnehmungsberechtigte), sondern um den Andenkensschutz an den Ver-

500 OLG Köln, FamRZ 1999, 954, 955 – *Konrad Adenauer*.

501 OLG München, NJW-RR 1994, 925 f. – *Schreckliches Mädchen*. Hervorhebungen von mir.

storbenen, kann es nicht auf die Person eines Angehörigen ankommen, sondern nur auf die abstrakte Schutzbedürftigkeit der Persönlichkeit des Verstorbenen[502]. Die Schutzbedürftigkeit der Persönlichkeitsrechte des Verstorbenen ist jedoch der Kerngegenstand der Begründetheit der Klage und wird daher im Einzelnen erst dort geprüft. Folglich liegt bei einer Klage zum postmortalen Persönlichkeitsschutz ein Rechtsschutzbedürfnis immer schon dann vor, wenn die Klage nicht offensichtlich unbegründet ist und ihr Ziel sich nicht einfacher erreichen lässt (wofür wohl nur eine gütliche Einigung in Betracht käme). Ein darüber hinausgehendes besonderes Rechtsschutzbedürfnis kann es nicht geben[503]. Weil eine Klage zum postmortalen Schutz nichtvermögenswerter Persönlichkeitsrechte im Hinblick auf die Unbestimmtheit der maßgeblichen Kriterien kaum jemals offensichtlich unbegründet sein dürfte, kann das Kriterium des Rechtsschutzbedürfnisses demjenigen, der auf einen Toten Bezug nimmt, keine zusätzliche Rechtssicherheit bieten.

Die Dauer des postmortalen Persönlichkeitsschutzes lässt sich anhand der von der Rechtsprechung entwickelten Kriterien nicht klar bestimmen. Das kann im Bereich der Presse, Literatur und Wissenschaft zu einer unerwünschten Selbstzensur und damit zur Beeinträchtigung der entsprechenden Grundrechte führen. Besonders unbefriedigend ist, dass das Fehlen einer eindeutigen Höchstdauer des Andenkensschutzes nicht nur die Sensationspresse, sondern auch die wissenschaftliche und literarische Auseinandersetzung mit zeitgeschichtlichen Gegenständen behindert. Eine postmortale Schutzfrist von z.B. 30 Jahren dürfte ein aus purer Sensationslust gespeistes Interesse am Privatleben einer Person weitgehend austrocknen. Das schutzwürdigere In-

---

502 Hierin liegt der zweite wesentliche Mangel des Urteils des Oberlandesgerichts München im Fall *Schreckliches Mädchen*. Denn das Oberlandesgericht stellte bei der Bejahung des Rechtsschutzinteresses wesentlich darauf ab, dass die Witwe und die Kinder des Verstorbenen noch in derselben Gegend wohnten und die Kinder ebenfalls als Ärzte tätig seien, so dass sie ein wesentliches Interesse an der Richtigstellung hätten.

Damit machte das Oberlandesgericht die Beeinträchtigung der Persönlichkeit der Hinterbliebenen durch die Behauptungen der Beklagten über deren Vater zum entscheidenden Kriterium für das Rechtsschutzbedürfnis beim postmortalen Persönlichkeitsschutz. Die Frage, ob die Hinterbliebenen durch die Behauptungen der Kläger in unzulässiger Weise in ihrer Persönlichkeit beeinträchtigt wurden ist aber nicht Gegenstand des postmortalen Persönlichkeitsschutzes des Toten, sondern Gegenstand *ihres* allgemeinen Persönlichkeitsrechts. Sofern man – wie die Rechtsprechung – nicht der Angehörigentheorie (dazu s.o.: B II 1) folgt, sondern ein genuines postmortales Persönlichkeitsrecht bzw. eine allgemeine Schutzpflicht zur Achtung der Totenwürde vertritt, kann man den postmortalen Persönlichkeitsschutz nicht von der Beeinträchtigung des allgemeinen Persönlichkeitsrechts der Angehörigen abhängig machen.

503 Ebenso: FISCHER, a.a.O., S. 137, dort auch Fn. 398 m.w.N.

teresse an einer wissenschaftlichen bzw. literarischen Beschäftigung mit einer Person ist zu diesem Zeitpunkt jedoch häufig noch nicht erloschen, so dass es mit zunehmendem zeitlichen Abstand vom Tod eines Menschen vor allem diese Interessen sind, die vom postmortalen Persönlichkeitsschutz beeinträchtigt werden. Im Hinblick darauf, dass der postmortale Persönlichkeitsschutz nach wohl einhelliger Meinung nicht zu einem Denkmalschutz oder einer Herrschaft der Toten über die Lebenden führen darf, sollte er nach einer bestimmten Frist definitiv auslaufen. Denn wenn die unvorteilhafte Darstellung eines bisher als unbescholten geltenden Toten auch nach mehreren Jahrzehnten stets eine Klage seiner Hinterbliebenen nach sich ziehen kann, läuft man Gefahr, die kontroverse Aufbereitung zeithistorischer Begebenheiten insbesondere in solchen Fällen zu hemmen, an denen die Öffentlichkeit ein besonders großes Interesse hat.

Für den Schutz der vermögenswerten Bestandteile des postmortalen Persönlichkeitsrechts hat sich der Bundesgerichtshof in der *kinski-klaus.de* – Entscheidung dieser Argumentation angeschlossen. Mit Hinweis auf das Bedürfnis nach Rechtssicherheit und das berechtigte Interesse der Öffentlichkeit, sich mit dem Leben und Werk einer zu Lebzeiten weithin bekannten Person auseinanderzusetzen, hat der *Senat* in Anlehnung an § 22 S. 3 KUG eine starre Schutzdauer von 10 Jahren festgelegt[504]. Zwar bezieht sich diese Rechtsprechung nur auf den vermögenswerten Teil des postmortalen Persönlichkeitsrechts; dass der *Senat* sich dabei auf das Bedürfnis nach Rechtssicherheit bei der Auseinandersetzung mit einem Verstorbenen stützt, lässt eine Abkehr von der flexiblen Dauer des postmortalen Schutzes der immateriellen Persönlichkeitswerte jedoch als möglich erscheinen. Der postmortale Schutz vermögenswerter Persönlichkeitsrechte steht einer Auseinandersetzung mit dem Toten nämlich weit weniger entgegen als der postmortale Schutz immaterieller Persönlichkeitswerte [505], so dass dieses Argument hier ein noch größeres Gewicht hat.

---

504 BGH NJW 2007, S. 684, 685.

505 GÖTTING weist in seinen Anmerkungen zum *kinski-klaus.de*-Urteil (GRUR 2007, S. 170 f.) darauf hin, dass der postmortalen Schutz der *vermögenswerten* Persönlichkeitswerte der allein im Rahmen der freien Meinungsäußerung oder künstlerischen Betätigung erfolgenden Auseinandersetzung mit der Persönlichkeit des Verstorbenen *überhaupt nicht* im Wege steht. Dem ist – jedenfalls für Äußerungen, die keinen kommerziellen Hintergrund haben – zuzustimmen. Insofern ist es auch zutreffend, wenn REBER a.a.O. kritisch darauf hinweist, dass die starre Schutzfrist für den vermögenswerten Teil des postmortalen Persönlichkeitsrechts diesbezüglich keinen spürbaren Gewinn an Rechtssicherheit bringen wird, solange für den Schutz der ideellen Persönlichkeitswerte davon abweichend eine flexible Schutzdauer gilt. Ähnlich kritisch auch MALTE STIEPER in einer Anmerkung in MMR 2007, 108 f.

3. Vorschläge für eine starre Schutzfrist

Eine zeitliche Begrenzung des gesamten postmortalen Persönlichkeitsschutzes wäre zu begrüßen. Sofern man, wie hier vorgeschlagen, den postmortalen Schutz nichtvermögenswerter Persönlichkeitsrechte mit der Möglichkeit der Verhängung eines Bußgeldes verbindet[506], ist eine solche Begrenzung sogar erforderlich. Denn weil es sich bei einem Bußgeld um eine staatliche Sanktion für die Nichteinhaltung eines Rechtsbefehls handelt, muss der Staat den zu befolgenden Rechtsbefehl so klar wie möglich formulieren (Bestimmtheitsgebot). Dazu gehört es, Unklarheiten, die sich aus einem unbestimmten Rechtsbegriff bzw. der Notwendigkeit der Abwägung von Rechtsgütern ergeben, in möglichst engen Grenzen zu halten. Für den postmortalen Schutz nichtvermögenswerter Persönlichkeitsrechte bedeutet dies, dass der Staat, der die Grenzen dieses Schutzes im Einzelfall ex ante nicht aufzeigen kann, wenigstens eine präzise Aussage zur Schutzdauer treffen sollte.

Hinsichtlich der Schutzfrist kann es keine richtigen, sondern nur vertretbare Lösungen geben. Das folgt daraus, dass es sich um eine vorrangig politische Entscheidung handelt, die innerhalb eines Spektrums gefällt werden kann, das allein vom Untermaßverbot im Hinblick auf die Schutzpflicht aus Art. 1 Abs. 1 S. 2 GG und dem Übermaßverbot hinsichtlich der mit dem postmortalen Persönlichkeitsschutz kollidierenden Grundrechte Dritter begrenzt wird. Innerhalb dieser Grenzen hat der Gesetzgeber eine Entscheidungsprärogative. Ausgangspunkt seiner Opportunitätserwägungen sollte die Funktion des postmortalen Persönlichkeitsschutzes sein, der der Würde und Freiheit der Lebenden dient, indem er ihnen die Sicherheit vermittelt, dass ihre Intim- oder Privatsphäre auch nach ihrem Tod nicht ungeschützt den Zugriffen Dritter ausgesetzt wird. Umgekehrt kann der postmortale Persönlichkeitsschutz nicht dazu dienen, der Nachwelt eine bestimmte Sichtweise auf die Persönlichkeit des Toten vorzuschreiben und den Toten vor kritischen Betrachtungen zu schützen. Ein solches Recht kommt in einer freiheitlichen pluralistischen Gesellschaft niemandem zu.

Die Dauer des postmortalen Persönlichkeitsschutzes muss daher einen Kompromiss zwischen dem Interesse der Lebenden am postmortalen Schutz ihrer Persönlichkeit und ihrem Interesse an einer möglichst freien Kommunikation, Kunst und Wissenschaft darstellen. Wie angedeutet sollte bei der Abwägung auch zwischen dem Gewicht der dem Persönlichkeitsschutz entgegenlaufenden Interessen unterschieden werden. Insbesondere ist einer Kommunikation, die ausschließlich der Befriedigung von Sensationslust und / oder wirtschaftlichen Interessen dient, ein geringerer Wert beizumessen als einer Kommunikation, die der Kunst oder der Wissenschaft dient. Eine derartige Abstufung entspricht der Wertung des Grundgesetzes, das die erstge-

---

506 Siehe oben: D I.

nannte Art der Kommunikation nur mit den unter Vorbehalt stehenden Grundrechten aus Art. 5 Abs. 1 und Art. 12 Abs. 1 GG schützt, während die Kommunikation im Bereich der Kunst und Wissenschaft von den vorbehaltlos gewährten Grundrechten aus Art. 5 Abs. 3 GG geschützt werden.

Zugleich ist zu beachten, dass die Bedeutung des postmortalen Persönlichkeitsschutzes mit der zeitlichen Entfernung vom Tod ihres Trägers abnimmt. Das ergibt sich aus dem Zweck des postmortalen Persönlichkeitsschutzes, Würde und Freiheit der Lebenden zu sichern. Es dürfte offensichtlich sein, dass die Aussicht der Lebenden auf eine mögliche Preisgabe ihrer Intim- und Privatsphäre unmittelbar nach dem Tod sie in ihrer Selbstverwirklichung ungleich mehr beeinträchtigen würde als die Aussicht, dass dergleichen mehrere Jahrzehnte nach ihrem Tod geschehen könnte. Eine ungewollte Verletzung der Privatsphäre fällt nämlich besonders ins Gewicht, wenn sie dazu führt, dass Dritte, die mit der Person des Verletzten etwas in Verbindung bringen können, ungewollt Kenntnis von Gegenständen seines Privatlebens erlangen. Die Kommunikation eines Menschen ist primär an dieses »soziale Umfeld im weitesten Sinne« adressiert, von dem der Mensch in bestimmter Weise wahrgenommen werden will. Dieses Umfeld hat aber nicht nur eine räumliche, sondern auch eine zeitliche Dimension. Denn irgendwann ist auch der letzte Bekannte eines Menschen gestorben und selbst die Konturen einstmals berühmter Persönlichkeiten verblassen nach ihrem Tod allmählich. Damit entfällt das ausschließlich sensationslüsterne Interesse an der Privatsphäre einer Person, denn niemand wird die Enthüllung eines Privatlebens als sensationell empfinden, wenn er mit der betreffenden Person nichts verbinden kann.

Entsprechend kann es als Kompromiss erscheinen, wenn der postmortale Persönlichkeitsschutz an eine Frist gebunden wird, nach deren Ablauf das in einem weiten Sinn verstandene soziale Umfeld eines Menschen zum größten Teil nicht mehr vorhanden ist. Das dürfte regelmäßig 30 Jahre nach dem Tod der Fall sein. Es ist davon auszugehen, dass innerhalb dieser Zeitspanne die Freunde und Bekannten des Toten gewöhnlich ebenfalls verstorben sein werden, und wenn der Tote ein durchschnittliches Alter erreicht hat, ist damit zu rechnen, dass selbst seine Kinder zu diesem Zeitpunkt nicht mehr leben. Selbstverständlich ist nicht davon auszugehen, dass 30 Jahre nach dem Tod eines Menschen niemand mehr lebt, der den Verstorbenen kannte oder mit seinem Namen etwas in Verbindung bringen kann. Dennoch würde die Festlegung einer solchen Frist nicht gegen das Untermaßverbot im Hinblick auf die Schutzpflicht aus Art. 1 Abs. 1 S. 2 GG verstoßen. Denn es ist unstreitig, dass der Begriff der Würde wegen ihrer Unantastbarkeit eng ausgelegt werden muss, so dass nur ein Kernbereich der menschlichen Existenz geschützt sein kann[507]. Dem Schutz dieses Kernbereichs dürfte mit einer postmortalen Schutzdauer von 30 Jahren Genüge getan sein[508]. Alles was jenseits dieses Kernbereichs liegt, unterliegt der Abwägung mit den gegenläufigen Grundrechten Dritter. Hierbei ist insbesondere das Interesse der Wissenschaft und Kunst zu berücksichtigen, sich frühzeitig mit der Persönlichkeit eines Verstorbenen auseinandersetzen zu können. Im Hinblick auf dieses Interesse erscheint es vertretbar, die Frist für den postmortalen Persönlichkeitsschutz nicht an Maximalforderungen auszurichten[509]. Das gilt umso mehr als die hier vertretene Konzeption mit der Möglichkeit der Verhängung von Bußgeldern dem postmortalen Persönlichkeitsschutz ein schneidiges Instrument zur Verfügung stellt, so dass die beschränkte Dauer des Schutzes durch eine erhöhte Effektivität kompensiert würde.

Einer dreißigjährigen Schutzfrist würde es auch nicht entgegenstehen, dass im KUG und im UrhG andere Fristen vorgesehen sind. Diese Schutzfristen beziehen sich nämlich auf eng begrenzte Teile des postmortalen Persönlichkeitsschutzes, in denen z.T. sehr spezielle und auf den allgemeinen postmortalen Persönlichkeitsschutz nicht übertragbare Regelungen getroffen sind. So geht mit der Kürze der in § 22 S. 3 KUG vorgesehenen Frist des postmortalen Bildnisschutzes (10 Jahre) ein sehr hohes Schutzniveau einher, denn innerhalb dieser Frist ist eine Veröffentlichung eines Bildes des Toten nur mit Einwilligung der Angehörigen zulässig. Die Übernahme einer derart strikten Reglementierung in den allgemeinen postmortalen Schutz ideeller Interessen ist nicht denkbar. Folglich drängt sich auch die Übernahme der an diese Reglementierung gebundenen Frist nicht auf. Da es sich beim postmortalen Bildnisschutz um einen Spezialfall des allgemeinen postmortalen Schutzes handelt, würde die Regelung des § 22 KUG diesen zunächst verdrängen. Nach Ablauf der Schutzfrist des § 22 S. 3 KUG würde der Bildnisschutz dann unter die Regeln des allgemeinen postmortalen Persönlichkeitsschutzes fallen.

Auch eine Abweichung von den im UrhG vorgesehenen Fristen für den postmortalen Schutz des Urheberpersönlichkeitsrechts (50 Jahre für den ausübenden Künstler gemäß § 76 UrhG, sonst 70 Jahre, § 64 UrhG) ist gerechtfertigt. Denn einerseits ist ein Mensch, der bei seinem Tod ein urheberrechtlich geschütztes Werk hinterlässt, regelmäßig länger im Gedächtnis der Nachwelt präsent als andere Menschen. Andererseits spielen bei der Schutz-

---

507 Vgl. PABST, a.a.O., S. 1000; ZIPPELIUS in: Bonner Kommentar zum Grundgesetz, Art. 1 I u. II Rn. 16.

508 Das hat der Gesetzgeber des Jahres 1959 offenbar genauso gesehen, als er in § 12 Abs. 2 S. 2 des Entwurfs eines Gesetzes zur Neuordnung des zivilrechtlichen Persönlichkeits- und Ehrschutzes ebenfalls eine 30jährige postmortale Schutzfrist vorsah.

509 Anders jedoch FISCHER, die a.a.O., S. 196 für eine Schutzfrist von 70 Jahren eintritt.

dauer des Urheberrechts ökonomische Motive eine Rolle, die es beim allgemeinen postmortalen Persönlichkeitsschutz nicht gibt. Die Ausdehnung des Urheberrechts auf bis zu 50 bzw. 70 Jahre nach dem Tod dient vorrangig dem Zweck, den Erben des Künstlers eine wirtschaftliche Verwertung des Rechts zu ermöglichen. Aufgrund der monistischen Konzeption des deutschen Urheberrechts lassen sich die Verwertungsrechte aber nicht unabhängig von den Urheberpersönlichkeitsrechten aufrechterhalten, so dass mit dem Fortbestand der Verwertungsrechte notwendig stets eine Fortdauer des postmortalen Urheberpersönlichkeitsrechts einhergehen muss. Das Urheberrecht hat also einer speziellen, nicht verallgemeinerungsfähigen Situation Rechnung zu tragen[510], so dass eine Übernahme der dort vorgesehenen Fristen in den Bereich des allgemeinen postmortalen Persönlichkeitsschutzes sich nicht aufdrängt.

III. Wahrnehmungsberechtigung

Von ähnlicher Bedeutung wie die Dauer des postmortalen Persönlichkeitsschutzes ist die Frage, wer im Falle einer Verletzung berufen ist, den Schutzanspruch durchzusetzen. Weil es sich nach der hier vertretenen öffentlichrechtlichen Konzeption bei diesem Schutzanspruch um einen staatlichen Anspruch handelt, ist das Recht des Wahrnehmungsberechtigten ein rein prozessuales Recht. Der Wahrnehmungsberechtigte hat also (nur) das Recht, den staatlichen Anspruch auf Unterlassung, Widerruf, Bußgeldzahlung oder Ähnliches im eigenen Namen vor Gericht durchzusetzen.

1. Geborene Wahrnehmungsberechtigte

In Rechtsprechung und Literatur ist weitgehend unumstritten, dass grundsätzlich die Angehörigen des Verstorbenen das Recht haben sollen, den postmortalen Schutz seiner ideellen Persönlichkeitswerte wahrzunehmen[511]. Umstritten ist allenfalls die Herleitung dieses Grundsatzes. Gänzlich unproblematisch ist diese Herleitung für die Verfechter des mittelbaren Schutzkonzepts, für die der postmortale Schutz nichtvermögenswerter Persönlichkeitsrechte ausschließlich ein Gegenstand des allgemeinen Persönlichkeitsrechts der Hinterbliebenen ist. Die Verfechter unmittelbarer Schutzkonzepte können sich an den §§ 194 Abs. 2, 77 Abs. 2 StGB (Strafantragsbefugnis bei Verunglimpfung des Andenkens Verstorbener) und an § 22 S. 4 KUG (einwilligungsberechtigte Angehörige bei postmortalen Bildveröffentlichungen) ori-

---

510 So auch WOLPERT, a.a.O., S. 160.

511 Dagegen ist ANGELA DIEDERICHSEN offenbar der Auffassung, dass gegen Eingriffe in das Persönlichkeitsrecht stets nur derjenige vorgehen kann, der selbst unmittelbar davon betroffen ist (vgl. DIES.: Der deliktsrechtliche Schutz des Persönlichkeitsrechts in: JURA 2008, S. 1, 7).

entieren. In Betracht kommen zudem die Heranziehung der gesetzlichen Erbfolge oder von § 2 des Gesetzes über die Feuerbestattung vom 15. Mai 1934 (Entscheidungsberechtigung für Feuerbestattung) bzw. der einschlägigen Vorschriften der Landesbestattungsgesetze. Die Rechtsprechung verhält sich uneinheitlich. Häufig werden die §§ 194 Abs. 2, 77 Abs. 2 StGB und / oder § 22 S. 4 KUG herangezogen[512], in anderen Fällen verzichtet die Rechtsprechung auf einen Anknüpfungspunkt im geltenden Recht[513]. Eine zweckorientierte Normierung des Kreises der zur Wahrnehmung des postmortalen Persönlichkeitsschutzes berechtigten Angehörigen würde für Klarheit sorgen.

Mit der Festlegung der Wahrnehmungsberechtigung der Angehörigen werden zwei Zwecke verfolgt: Vorrangig ist die Erhöhung der Effektivität des postmortalen Persönlichkeitsschutzes. Denn zum einen leidet das öffentliche Recht ohnehin an Vollzugsdefiziten[514]. Zum anderen können Personen, die dem Toten besonders nahe standen, eine postmortale Verletzung seiner Persönlichkeit regelmäßig am ehesten und zielgenau wahrnehmen, weil sie den Toten am besten kannten[515]. Deshalb ist es wichtig dafür zu sorgen, dass handlungsfähige und -willige Angehörige eine Wahrnehmungsberechtigung erhalten. Darüber hinaus soll die Wahrnehmungsberechtigung es den Angehörigen ermöglichen, ihr Interesse am postmortalen Schutz der Persönlichkeit des Toten selbst wahrzunehmen.

Im Hinblick darauf erscheint eine Orientierung an den genannten Vorschriften problematisch, weil diese nicht nur einen Personenkreis beschreiben, sondern zusätzlich eine Rangfolge festlegen, die einen großen Teil der genannten Personen zunächst von der jeweiligen Kompetenz ausschließt. So benennt z.B. § 77 Abs. 2 StGB den überlebenden Ehegatten / Lebenspartner, die Kinder, die Eltern, die Geschwister und Enkel als potentielle Antragsberechtigte. Eltern, Geschwister und Enkel sollen jedoch ausgeschlossen sein, sofern noch ein Ehegatte / Lebenspartner oder ein Kind vorhanden sind. Die Regelungen in § 22 S. 4 KUG und die Bestattungsgesetze[516] sehen ähnliche

---

512 Z.B. OLG Bremen, AfP 1994, 145, 146 – *Wilhelm Kaisen*; OLG Bremen, NJW-RR 1993, 726, 727 – *Friedrich Ebert;* LG Düsseldorf, ZUM 2002, 390, 392 – *Joseph Beuys.*

513 Z.B. OLG Köln, FamRZ 1999, 954 f. – *Konrad Adenauer;* OLG München, AfP 2001, 68, 69 – *Franz Karmasin;* das Oberlandesgericht Hamm, NJW 2002, 609, 610 – *Fritz Winter* betrachtete sogar die Nichte des Malers WINTER als wahrnehmungsberechtigt, ohne sich dabei auf ein Gesetz zu beziehen.

514 Vgl. dazu: WAGNER, a.a.O., S. 441 m.w.N.

515 Für die Nutzung des Informationsvorsprungs und der Initiative Privater bei der Rechtsdurchsetzung auch: WAGNER, a.a.O., S. 446 ff.

516 Vgl. dazu: § 2 Feuerbestattungsgesetz von 1934, das in einigen Ländern (z.B. Hessen, Niedersachsen) mangels Neuregelung weiterhin gilt sowie beispielhaft: §§ 32 Abs. 2, 31 Abs. 1, 21 BestG BaWü; Art. 15 BestG Bay i.V.m. §§ 17 Abs.

Mechanismen vor, und in der gesetzlichen Erbfolge ergeben sich derartige Effekte aus dem Parentel- und dem Repräsentationsprinzip. Im Anwendungsbereich dieser Normen ist die Fokussierung auf eine Person bzw. eine möglichst begrenzte Personengruppe sinnvoll. Insbesondere muss bei § 22 KUG und im Feuerbestattungsgesetz klar erkennbar sein, wer zur Entscheidung befugt ist, und im Hinblick auf das Ziel größtmöglicher Handlungsfähigkeit ist es sachdienlich, die Gruppe der Entscheidungsbefugten möglichst klein zu halten. Ähnliches gilt für die gesetzliche Erbfolge, bei der das Parentel- und das Repräsentationsprinzip für eindeutigere Verhältnisse bei der Bestimmung der Erben sorgen und einer übermäßigen Zersplitterung des vererbten Vermögens entgegenwirken sollen.

Beim postmortalen Persönlichkeitsschutz liegen die Dinge anders. Hier geht es um die Wahrnehmung einer öffentlichen Aufgabe. Wenn man einen effektiven postmortalen Persönlichkeitsschutz anstrebt und dabei der privaten Initiative einen breiten Handlungsspielraum einräumen will, ist es nicht sinnvoll, den Kreis der wahrnehmungsberechtigten Angehörigen gezielt klein zu halten. Eine solche Gestaltung der Wahrnehmungsberechtigung würde sowohl dem Ziel größtmöglicher Effektivität des postmortalen Persönlichkeitsschutzes als auch den Interessen der Angehörigen zuwiderlaufen. Folglich gilt es, unter den Angehörigen des Toten einen Personenkreis festzulegen, deren Mitglieder gleichberechtigt und unabhängig voneinander zur Wahrnehmung des Schutzes der ideellen Persönlichkeitswerte des Toten berufen sind.

Die Definition dieses Personenkreises ist wie die genaue Festlegung der Schutzdauer ein politischer Akt; folglich gibt es auch hier nicht nur eine richtige Lösung. Es erscheint vertretbar, sich an § 77 Abs. 2 StGB zu orientieren und dem Ehegatten / Lebenspartner des Toten, seinen Kindern, Enkeln, Eltern und Geschwistern gleichberechtigt und unabhängig voneinander eine Wahrnehmungsberechtigung zuzusprechen. Durch die Gleichberechtigung und Unabhängigkeit dieser Angehörigen wird der Kreis der Wahrnehmungsberechtigten regelmäßig größer sein als der der Antragsberechtigten bei § 77 Abs. 2 StGB. Das bedeutet jedoch weder einen Widerspruch noch entsteht zusätzliche Rechtsunsicherheit aufseiten derjenigen, die auf den Verstorbenen Bezug nehmen wollen. Denn der Strafantrag ist eine prozessuale Voraussetzung dafür, dass eine Strafe dann verhängt wird, wenn nach Ansicht des Gesetzgebers kein öffentliches Strafinteresse besteht. Beim postmortalen Persönlichkeitsschutz liegen die Dinge anders. Zum einen handelt es sich bei der Durchsetzung postmortalen Persönlichkeitsschutzes stets auch um einen Gegenstand des öffentlichen Interesses[517]; zum anderen sind die daran ge-

3, 1 Abs. 1 S. 2 Nr. 1 BestVO Bay; §§ 21 Abs. 2, 20 Abs. 1 BestG Brb; §§ 12 Abs. 1, 8 Abs. 1 BestG NRW.

517 Siehe dazu oben: C I 2 b und C II 2.

knüpften Rechtsfolgen weniger einschneidend als im Strafrecht. Die Ausweitung des Kreises der Wahrnehmungsberechtigten im Vergleich zum Kreis der Strafantragsberechtigten ist daher vertretbar.

2. *Gekorene Wahrnehmungsberechtigte*

Es ist in der Rechtsprechung und Literatur weitgehend unumstritten, dass es möglich sein muss, die Berechtigung zur Wahrnehmung postmortaler Interessen auf Dritte zu übertragen[518]. Diese Option ist darin begründet, dass der postmortale Persönlichkeitsschutz den Lebenden das Vertrauen geben soll, dass ihre Persönlichkeit auch nach ihrem Tod nicht ungeschützt ist. Deshalb muss es ihnen möglich sein, diese Aufgabe einer Person ihres Vertrauens zu übertragen. Der Lebende kann einem Dritten aber nicht nur die pauschale Befugnis zur Wahrnehmung des postmortalen Schutzes seiner ideellen Persönlichkeitswerte übertragen; er kann auch konkrete Einzelmaßnahmen anordnen – z.B. die Veröffentlichung seiner Tagebücher 5 Jahre nach seinem Tod. Das folgt aus seinem lebzeitigen allgemeinen Persönlichkeitsrecht, das ihm erlaubt, auf die öffentliche Wahrnehmung seiner Person Einfluss zu nehmen. Dazu gehört u.a. die Entscheidung über die Preisgabe persönlichkeitsrelevanter Details oder das Vorgehen gegen eine die eigene Persönlichkeit berührende Veröffentlichung. Diese Befugnis ist nicht auf die Lebenszeit begrenzt, weil die Beeinflussung der postmortalen Wahrnehmung der eigenen Person ebenso Teil der lebzeitigen Entfaltung der Persönlichkeit sein kann wie die Beeinflussung ihrer Wahrnehmung zu Lebzeiten selbst. Das gilt umso mehr als nicht ersichtlich ist, wessen Rechte dem entgegenstehen könnten. Denn weder die Erben noch die Wahrnehmungsberechtigten werden Inhaber des allgemeinen Persönlichkeitsrechts des Toten, so dass sie nicht in der rechtlichen Position sind, dessen Entscheidungen zu korrigieren. Auch die Öffentlichkeit hat nur ein Interesse daran, die postmortalen Interessen eines Menschen zu schützen; sie hat aber weder ein Interesse noch ein Recht, diese Interessen zu korrigieren. Deshalb sind die Handlungsanweisungen, die ein Lebender im Hinblick auf die Wahrnehmung seiner postmortalen ideellen Interessen gibt, bindend. Daraus folgt, dass ein Dritter, der diesen Interessen entsprechend handelt, von anderen Wahrnehmungsberechtigten

---

518 BGHZ 15, 249, 259 – *Cosima Wagner*; BGHZ 50, 133, 140 – *Mephisto*; BGH NJW 1990, 1986, 1987 – *Emil Nolde*; FISCHER, a.a.O., S. 143 ff.; HAGER in: STAUDINGER, a.a.O., § 823, Rn. C 40; GREGORITZA, a.a.O., S. 64; HELDRICH, a.a.O., S. 171; HUBMANN, a.a.O., S. 347 f.; LANGE / KUCHINKE, a.a.O., § 5 III 5b (S. 104); LARENZ / CANARIS, a.a.O., § 80 VI 2a (S. 535); SCHACK: Der Persönlichkeitsschutz der Urheber und ausübenden Künstler, a.a.O., S. 361. Anders: JÖRG SOEHRING: Presserecht, 3. Aufl., Stuttgart 2000, Rn. 13.11, der unter den Wahrnehmungsberechtigten nur Angehörige aufführt.

(z.B. den Angehörigen) auch dann nicht daran gehindert werden kann, wenn sie dies als anstößig betrachten[519].

a. Voraussetzungen der Berufung

Die lebzeitige Berufung eines Wahrnehmungsberechtigten entspricht keinem der im BGB normierten Rechtsgeschäfte, denn es handelt sich weder um einen Gegenstand des Erbrechts noch handelt es sich um einen Auftrag oder eine Stellvertretung. Der Sprachgebrauch ist uneinheitlich; teilweise wird von einer »Ermächtigung« gesprochen, teilweise von einer »Beauftragung«[520]. Es ist allerdings nicht davon auszugehen, dass mit der Verwendung des Begriffs der »Beauftragung« ein Auftrag im Sinne der §§ 662 ff. BGB gemeint ist. Der vom Verstorbenen zu Lebzeiten erteilte Auftrag kann nämlich gemäß §§ 671 Abs. 1, 1922 Abs. 1 BGB von den Erben jederzeit widerrufen werden. Die Berufung eines Berechtigten zur postmortalen Wahrnehmung der ideellen Persönlichkeitswerte kann jedoch gerade dazu dienen, sich gegenüber den Erben abzusichern. Denn nach der *Marlene*-Rechtsprechung des Bundesgerichtshofs haben die Erben das Recht, den vermögenswerten Teil des Persönlichkeitsrechts des Erblassers zu verwerten. Das birgt die Gefahr, dass es aufgrund materieller Interessen der Erben zu einer Verwertung kommt, die den ideellen Vorstellungen des Erblassers widerspricht. In einem solchen Fall ist es für ihn von großer Bedeutung einen von den Erben unabhängigen Wahrnehmungsberechtigten für seine postmortalen ideellen Interessen zu haben, der eine ihm nicht genehme Verwertung seiner vermögenswerten Persönlichkeitsrechte verhindert. Das wäre nicht zu erreichen, wenn es sich bei dessen Berufung um einen Auftrag handelt, den die Erben jederzeit widerrufen könnten[521].

Um einen Fall der Stellvertretung im Sinne der §§ 164 ff. BGB kann es sich bei der Berufung eines Wahrnehmungsberechtigten nach der hier vertretenen öffentlichrechtlichen Konzeption des postmortalen Persönlichkeitsschutzes ebenfalls nicht handeln[522]. Danach beruht der postmortale Schutz

519 Wie hier: FISCHER, a.a.O., S. 143.

520 Von »Ermächtigung« spricht HELDRICH, a.a.O., S. 171, von »beauftragen« spricht SCHACK: Weiterleben nach dem Tode, a.a.O., S. 614. Der Bundesgerichtshof verwendet im *Mephisto*-Urteil beide Begriffe: BGHZ 50, 133, 139 f. – *Mephisto*.

521 So auch ausdrücklich FISCHER, a.a.O., S. 144.

522 Allerdings hat das Oberlandesgericht München im Fall *Postmortales Persönlichkeitsrecht im Rahmen einer Lebenspartnerschaft*, ZUM 2001, 708, 709, die Befugnis eines hinterbliebenen Lebensgefährten (nicht: eingetragenen Lebenspartners) zur Erteilung einer Einwilligung gemäß § 22 Abs. 1 KUG auf eine transmortale Generalvollmacht des Toten gestützt. Dabei stützte sich der *Senat* auf die Erwägung, dass die Einwilligung gemäß § 22 Abs. 1 KUG zumindest rechtsgeschäftsähnlichen Charakter habe, so dass er einer Stellvertretung zugänglich sei.

ideeller Interessen nämlich nicht auf einer irgendwie gearteten Fortexistenz des allgemeinen Persönlichkeitsrechts des Verstorbenen, sondern auf einer Regelung des Staates. Folglich vertritt der Wahrnehmungsberechtigte den Staat und nicht den Toten, so dass es sich bei seiner Berufung durch den Verstorbenen nicht um eine Bevollmächtigung im Sinne des § 166 Abs. 2 S. 1 BGB handeln kann.

Damit bleibt festzuhalten, dass es sich bei der lebzeitigen Berufung zum Wahrnehmungsberechtigten um ein Rechtsgeschäft *sui generis* handelt, das von den Erben nicht widerrufen werden kann. Fraglich ist, ob dieses Geschäft an eine bestimmte Form gebunden werden sollte. Da es sich bei der Berufung des Wahrnehmungsberechtigten – untechnisch gesprochen – um die Artikulation eines letzten Willens handelt, könnte man daran denken, die erbrechtlichen Formvorschriften für Verfügungen von Todes wegen anzuwenden. Das würde sich aber nur anbieten, wenn die Zwecke, die mit diesen Formvorschriften verfolgt werden, bei der Berufung des Wahrnehmungsberechtigten eine Entsprechung fänden. Das ist jedoch nicht der Fall. Die erbrechtlichen Formvorschriften zielen vornehmlich auf den Schutz des Erblassers und der Begünstigten[523]. Diese Zwecke haben bei der Berufung eines Wahrnehmungsberechtigten eine wesentlich geringere Bedeutung. Ein Erblasser, der per letztwilliger Verfügung von der gesetzlichen Erbfolge abweichen will, braucht eine Sicherheit, mit diesem Willen nach seinem Tod auch durchzudringen, denn wenn ihm das nicht gelingt, treten mit der gesetzlichen Erbfolge womöglich ganz andere als die gewünschten Rechtsfolgen ein: Derjenige, den der Erblasser begünstigen wollte, geht womöglich leer aus und Angehörige, die er von jeder Teilhabe am Nachlass ausschließen wollte, werden womöglich seine Gesamtrechtsnachfolger.

Bei der Berufung eines Wahrnehmungsberechtigten ist das anders, weil es sich bei der Berufung zur Wahrnehmungsberechtigung nach dem hier vertretenen Konzept nur um die Verleihung eines prozessualen Rechts handelt. Der Wahrnehmungsberechtigte erwirbt nur die Befugnis, die Interessen des Verstorbenen vor einem Gericht durchzusetzen. Selbst wenn die Berufung des Wahrnehmungsberechtigten falsch oder gar nicht übermittelt werden sollte, besteht für den Verstorbenen immer noch die Chance, dass geborene Wahrnehmungsberechtigte den begehrten Schutz durchsetzen werden. Hinzu kommt, dass die Berufung eines Wahrnehmungsberechtigten grundsätzlich

---

Diese Rechtsprechung ist selbst dann problematisch, wenn man mit der h.M. von einer privatrechtlichen Konzeption des postmortalen Persönlichkeitsschutzes ausgeht. Denn auch hier ergibt sich das Problem, dass die Erben die transmortale Vollmacht grundsätzlich widerrufen können. Dieses Problem stellte sich in dem vom OLG München zu beurteilenden Fall allerdings nicht, weil der bevollmächtigte Lebensgefährte zugleich Erbe war.

523 Vgl. LANGE / KUCHINKE, a.a.O., § 16, IV 3 (S. 333).

nicht zum Ausschluss der geborenen Wahrnehmungsberechtigten führt[524]. Daraus folgt, dass eine falsche oder fehlende Übermittlung der Berufung eines Wahrnehmungsberechtigten regelmäßig zu geringeren Verwerfungen führt als die falsche oder fehlende Übermittlung einer letztwilligen Verfügung. Weil es sich bei der Wahrnehmungsberechtigung um ein ausschließlich prozessuales Recht handelt, sind auch die Wahrnehmungsberechtigten weniger schutzbedürftig als die Erben. Das gilt umso mehr, als sie ohnehin nie die einzigen wären, die über die Wahrnehmung des postmortalen Schutzes der ideellen Persönlichkeitswerte des Verstorbenen entscheiden können, denn neben ihnen stehen regelmäßig die geborenen Wahrnehmungsberechtigten, die über die Ausübung ihrer Berechtigung entscheiden können; außerdem bleibt der Staat im Rahmen von Art. 1 Abs. 1 S. 2 GG stets zuständig.

Zwar würde die Übernahme der Formvorschriften über letztwillige Verfügungen auch bei der Berufung zum Wahrnehmungsberechtigten der Klarheit, Vollständigkeit und Beweisbarkeit[525] dienen. Die Berücksichtigung dieser Zwecke ist aber bei jedem Rechtsgeschäft sinnvoll, also auch bei solchen Geschäften, für die eine Form nicht vorgeschrieben ist. Folglich sind diese Zwecke allein nicht schwerwiegend genug, um einen besonderen Formzwang zu rechtfertigen. Gegen einen solchen Formzwang spricht vor allem, dass er die Handlungsmöglichkeiten der (noch) Lebenden beschränkt und die Durchsetzung ihres Willens behindern könnte. Auch im Hinblick auf die Interessen Dritter ist eine Anpassung an die letztwilligen Verfügungen nicht erforderlich. Denn selbst wenn man auf die betreffenden Formvorschriften zurückgriffe, könnten Dritte über die Wahrnehmungsbefugnis eines Nicht-Angehörigen nur Klarheit erlangen, wenn sie ihn fragen, da sie von sich aus über die Existenz einer Befugnisurkunde nicht mehr wissen können als über eine mündlich oder schlüssig erteilte Berufung. Zudem trägt der Wahrnehmungsberechtigte die Darlegungs- und Beweislast für seine Prozessführungsbefugnis, so dass es im Zweifel an ihm ist, seine Berufung zu beweisen. Die Berufung zum Wahrnehmungsberechtigten sollte daher keiner Formvorschrift unterstellt werden.

b. Wahrnehmung durch Dritte ohne Berufung?

Eng mit der Frage nach der Form der Berufung verbunden ist die Frage, ob es bestimmten Dritten möglich sein sollte, die ideellen Interessen eines Toten auch dann wahrzunehmen, wenn sie nicht von ihm berufen wurden. In diesem Zusammenhang wird teilweise vertreten, dass Schüler oder Assistenten eines verstorbenen Wissenschaftlers, der Sozius eines Rechtsanwalts oder der Berufsverband, in dem der Tote Mitglied war, eine solche Befugnis ha-

524 Dazu siehe unten: D III 2 c.

525 Zu diesen Zwecken der Formerfordernisse vgl. LANGE / KUCHINKE, a.a.O.

ben sollten[526]. Eine solche Erweiterung des Kreises nicht berufener Wahrnehmungsberechtigter auf Nicht-Angehörige ist allerdings aus Gründen der Rechtssicherheit nicht wünschenswert, weil möglichst klar abzusehen sein sollte, wer Wahrnehmungsberechtigter ist und wer nicht. Bei den Angehörigen lässt sich dies objektiv bestimmen. Gleiches gilt für die gekorenen Wahrnehmungsberechtigten, die auf Anfrage Auskunft über eine Berufung geben können. Sofern man die Wahrnehmungsberechtigung Dritter nicht nur von einer Berufung abhängig machte, könnte es vorkommen, dass diese nicht einmal selbst wissen, ob sie wahrnehmungsberechtigt sind oder nicht. Das in diesem Fall maßgebliche Näheverhältnis des Dritten zum Toten lässt sich nämlich nicht hinreichend objektivieren. Anders als bei den Angehörigen wird man das Näheverhältnis bei Dritten nicht allein von ihrem Status abhängig machen können; man kann nämlich nicht davon ausgehen, dass z.B. jeder Assistent eines verstorbenen Professors oder jeder Geschäftspartner oder Sozius eines Freiberuflers zur postmortalen Wahrnehmung der ideellen Interessen des Toten berechtigt sein soll. Wenn eine Wahrnehmungsberechtigung aber letztlich erst vom Richter (womöglich in dritter Instanz) verbindlich festgestellt werden kann, hilft das niemandem.

Das gilt insbesondere im Hinblick auf die Erben. Als Inhaber der materiellen Persönlichkeitsrechte des Erblassers haben sie ein Interesse daran, diese Rechte zu verwerten. Weil die Verwertung z.B. durch einen Verlagsvertrag zur Veröffentlichung des literarischen Nachlasses oder einen Lizenzvertrag zur Verwendung eines Bildes des Toten in der Werbung stets auch die ideellen Persönlichkeitswerte des Toten berührt, kann es geschehen, dass ein Wahrnehmungsberechtigter die Verwertung für unzulässig hält und gegen sie vorgeht. Deshalb haben die Erben und ihre Vertragspartner ein Interesse daran, im Vorfeld des Vertragsschlusses in Erfahrung zu bringen, ob ein Wahrnehmungsberechtigter ihre Vereinbarung für unzulässig erachtet. Dazu müssen sie vorab feststellen können, wer wahrnehmungsberechtigt ist, wozu sie im Falle einer Wahrnehmungsberechtigung nicht berufener Dritter häufig nur schwer in der Lage sein dürften.

Schließlich hat auch der (noch) Lebende ein Interesse daran, dass der Kreis der Wahrnehmungsberechtigten klar begrenzt ist. Dieses Interesse hat er, um gegebenenfalls zusätzliche Wahrnehmungsberechtigte zu berufen oder unerwünschte geborene Wahrnehmungsberechtigte von dieser Funktion aus-

526 Vgl. dazu bei KARL EGBERT WENZEL: Urheberrecht für die Praxis, 4. Aufl., Stuttgart 1999, Rn. 5.103 sowie KOEBEL: Das Fortwirken des Persönlichkeitsrechts nach dem Tode, in: NJW 1958, 936, 937. Das Oberlandesgericht Koblenz billigte sogar den zur Wahlwerbung verpflichteten Rundfunkanbietern zu, die Ausstrahlung des Wahlwerbespots einer rechtsradikalen Partei unter Berufung auf die postmortalen Persönlichkeitsrechte von KONRAD ADENAUER und KURT SCHUMACHER zu verweigern, auf die sich die Partei in dem Werbespot berief (OLG Koblenz, ZUM 1999, 418, 419 – *Wahlwerbung*).

zuschließen. Dritte sollten daher nur dann wahrnehmungsberechtigt sein, wenn der Tote sie wenigstens durch schlüssiges Verhalten berufen hat.

c. Verhältnis der gekorenen zu den geborenen Wahrnehmungsberechtigten

Geborene und gekorene Wahrnehmungsberechtigte sollten grundsätzlich gleichberechtigt sein. Weil nicht ersichtlich ist, dass die Berufung eines Dritten regelmäßig auf dem Willen beruht, die geborenen Wahrnehmungsberechtigten auszuschließen, sollte die Berufung Dritter nicht ohne weiteres zum Ausschluss der geborenen Wahrnehmungsberechtigten führen. Allerdings muss dem (noch) Lebenden ein solcher Ausschluss möglich sein. Das folgt daraus, dass er aufgrund seines allgemeinen Persönlichkeitsrechts die Befugnis hat, für die postmortale Verwaltung seiner ideellen Interessen konkrete Handlungsanweisungen zu geben[527]. Wenn der (noch) Lebende z.B. einen Dritten anweist, drei Jahre nach seinem Tod seine Tagebücher zu publizieren, weil er sich nicht darauf verlassen will, dass seine Angehörigen dies tun, ist ein entgegenstehender Wille dieser geborenen Wahrnehmungsberechtigten bei der Ausführung dieser Anweisung unbeachtlich. Aus dem gleichen Grund muss es ihm auch möglich sein, den Willen seiner geborenen Wahrnehmungsberechtigten generell für unbeachtlich zu erklären und die Berechtigung zur postmortalen Wahrnehmung seiner ideellen Interessen ausschließlich einem Dritten zu übertragen. Nur in einem solchen Fall sollte der gekorene Wahrnehmungsberechtigte die geborenen Wahrnehmungsberechtigten verdrängen.

3. Wahrnehmung des postmortalen Persönlichkeitsschutzes durch den Staat

Die Idee, dem Staat die Befugnis zur postmortalen Wahrnehmung der ideellen Interessen Verstorbener einzuräumen, ist in der Literatur nur selten erörtert und überwiegend abgelehnt worden[528]. Dagegen ist immer wieder verlangt worden, dass staatliche bzw. vom Staat berufene Stellen für die Gewährleistung von Urheber- und Urheberpersönlichkeitsrechten eintreten[529],

---

527 Siehe oben: D III 2.

528 Dafür nur WOLPERT, a.a.O., S. 207.; FISCHER erwähnt diese Möglichkeit a.a.O. S. 140 f., übernimmt sie dann aber nicht in ihren Vorschlag a.a.O., S. 165; ausdrücklich dagegen: HANS NIPPERDEY: Das allgemeine Persönlichkeitsrecht, in: UFITA 30 (1960), S. 1, 21 f. sowie SCHACK: Weiterleben nach dem Tode, a.a.O., S. 615.

529 Das Einschreiten einer staatlichen Stelle für den Fall, dass die Erben des Urhebers gegen dessen Interessen an seinem Werk verstoßen oder gegen einen Verstoß Dritter nicht einschreiten fordert ausdrücklich CHRISTOPH CLÉMENT: Urheberrecht und Erbrecht, Baden-Baden 1993, S. 127 f. Ähnlich schon HEINRICH HUBMANN, der in seinem Lehrbuch Urheber und Verlagsrecht, 1. Aufl., München 1959, S. 54 für einen Kulturfonds eintritt, der das Urheberpersönlichkeitsrecht

zumal derartige Kontrollmechanismen in mehreren europäischen Ländern existieren[530].

Soweit der postmortale Persönlichkeitsschutz in den Anwendungsbereich von Art. 1 Abs. 1 S. 1 GG fällt, ist der Staat wegen Art. 1 Abs. 1 S. 2 GG verpflichtet, den postmortalen Persönlichkeitsschutz zu gewährleisten. In diesem Bereich ist der Staat nicht nur berechtigt, gegen postmortale Persönlichkeitsverletzungen einzuschreiten, er ist sogar dazu verpflichtet, wenn die privaten Wahrnehmungsberechtigten untätig bleiben. Nach der hier vertretenen Auffassung geht die staatliche Verpflichtung zum Schutz der menschlichen Würde bei Toten jedoch nicht weiter als bei Lebenden[531]. Daraus folgt, dass der Anwendungsbereich von Art. 1 Abs. 1 S. 1 GG und die damit einhergehende Schutzpflicht des Staates auch im postmortalen Bereich sehr eng ist. Sofern dieser Ansicht gefolgt wird, kann der Staat seine Pflicht zum postmortalen Schutz nichtvermögenswerter Persönlichkeitsrechte mit den vorhandenen Bestattungsvorschriften, den Vorschriften zur Organ- und Gewebeentnahme im Transplantationsgesetz, § 4 Abs. 1 ESchG und den §§ 168, 189 StGB erfüllen. Unzureichend ist allerdings, dass die Verunglimpfung des Andenkens Verstorbener (§ 189 StGB) nur auf Antrag der Angehörigen verfolgt wird (§ 194 Abs. 1 und 2 i.V.m. § 77 Abs. 2 StGB). Sofern mit der Verunglimpfung eines Verstorbenen eine Verletzung der menschlichen Würde einhergeht, muss der Staat gemäß Art. 1 Abs. 1 S. 2 GG nämlich unabhängig davon einschreiten, ob Angehörige vorhanden sind, die einen Strafantrag stellen.

Weil der postmortale Schutz nichtvermögenswerter Persönlichkeitsrechte eine öffentliche Angelegenheit ist[532], kann der Staat sich die Wahrnehmung dieser Aufgabe auch jenseits seiner Schutzpflicht aus Art. 1 Abs. 1 S. 2 GG zu Eigen machen. Schon heute ist ein polizeirechtliches Einschreiten des Staates gegen postmortale Verletzungen des Persönlichkeitsrechts denkbar, wenn damit ein Verstoß gegen die öffentliche Sicherheit und Ordnung einhergeht. Nach der hier vertretenen Ansicht wäre es wünschenswert, den postmortalen Persönlichkeitsschutz darüber hinaus in das öffentliche Ordnungsrecht einzubetten, um den postmortalen Schutz nichtvermögenswerter

---

nach Ablauf der Schutzfrist wahrnehmen soll. Für eine öffentliche Stelle zur Verfolgung entstellender Bearbeitungen eines Werks nach Ablauf der Schutzfrist: WILHELM NORDEMANN: Das Recht der Bearbeitung gemeinfreier Werke, in: GRUR 1964, S. 117, 121 und GERHARD LEINVEBER: Urheberrechtlicher Denkmalschutz – ja oder nein ? in: GRUR 1964, S. 364, 368 f.

530 Dazu gehören Frankreich, Italien und Dänemark, wo postmortale Verletzungen des Urheberpersönlichkeitsrechts im öffentlichen Interesse verfolgt werden können. Vgl. dazu: CLÉMENT, a.a.O., S. 128.

531 Zu den verschiedenen Ansichten zum Schutzbereich von Art. 1 Abs. 1 GG im postmortalen Bereich siehe oben C I 3.

532 Dazu siehe oben C II 2.

Persönlichkeitsrechte zu vereinheitlichen und Verletzungen mit Bußgeldern ahnden zu können[533]. Eine Kodifizierung des postmortalen Schutzes nichtvermögenswerter Persönlichkeitsrechte im Ordnungsrecht legt es nahe, dem Staat die Möglichkeit zu geben, seine daraus resultierenden Ordnungsansprüche selbst durchzusetzen. Dessen ungeachtet ist die Frage, ob der Staat auch jenseits des Schutzbereichs von Art. 1 Abs. 1 S. 1 GG aus eigener Initiative postmortalen Persönlichkeitsschutz betreiben soll, eine rechtspolitische. Sie soll hier nicht beantwortet werden.

IV. Rechtsweg

Handelt es sich beim postmortalen Persönlichkeitsschutz um einen Gegenstand des öffentlichen Rechts, ist gemäß § 40 Abs. 1 VwGO für damit verbundene Rechtsstreitigkeiten der Verwaltungsrechtsweg eröffnet, sofern nicht der Gesetzgeber die Streitigkeiten einem anderen Gericht ausdrücklich zuweist. Von dieser Möglichkeit sollte beim postmortalen Persönlichkeitsschutz Gebrauch gemacht werden, weil Entscheidungen in diesen Angelegenheiten strukturell und inhaltlich bei den ordentlichen Gerichten besser aufgehoben sind.

Das ergibt sich bereits aus der Funktion und den aus ihr folgenden Prozessmaximen der Verwaltungsgerichtsbarkeit. Funktion der Verwaltungsgerichtsbarkeit ist, dem Bürger eine Möglichkeit zu geben, ihn belastende Maßnahmen des Staates auf ihre Rechtmäßigkeit überprüfen zu lassen bzw. den Staat zu einer Handlung zu verpflichten, auf die er ein Recht hat. Es geht also um die Überprüfung der Rechtmäßigkeit staatlichen Tuns oder Unterlassens. Weil der klagende Bürger regelmäßig nicht in der Lage ist, den zur Beurteilung stehenden Sachverhalt hinreichend aufzuklären, gilt im Hinblick auf die Garantie effektiven Rechtsschutzes (Art. 19 Abs. 4 GG) die Inquisitionsmaxime, die das Verwaltungsgericht dazu verpflichtet, alle entscheidungserheblichen Tatsachen unabhängig vom Vortrag der Beteiligten zu ermitteln. In der Praxis geschieht dies vor allem dadurch, dass das Gericht die einschlägigen Verfahrensakten der Verwaltung beizieht. Die Entscheidung von Rechtsstreitigkeiten im Bereich des postmortalen Persönlichkeitsschutzes passt nicht zu dieser Struktur.

Bei Streitigkeiten über postmortale Persönlichkeitsverletzungen überprüft das Gericht nämlich nicht die Rechtmäßigkeit staatlichen Handelns, sondern es prüft, ob die Voraussetzungen für die Verhängung einer Verhaltensanordnung oder Sanktion gegenüber einem Bürger vorliegen. Es nimmt also eine Funktion wahr, die derjenigen der ordentlichen Gerichte in Straf- oder Zivilverfahren entspricht, die ebenfalls die erstmalige Verhängung von Verhaltensanordnungen bzw. Sanktionen zum Gegenstand haben. Zwar können auch die Verwaltungsgerichte Leistungsurteile gegen den Bürger ausspre-

533 Siehe oben C II 2 c (2).

chen, jedoch handelt es sich bei derartigen Verfahren um Ausnahmen, weil der Verwaltung wegen der Möglichkeit zum Erlass eines Verwaltungsaktes für ein solches Vorgehen regelmäßig das Rechtsschutzbedürfnis fehlt[534].

Hinzu kommt, dass die Inquisitionsmaxime nicht zu Verfahren passt, die zum postmortalen Schutz nichtvermögenswerter Persönlichkeitsrechte angestrengt werden. Sie ist hier nicht erforderlich, weil sich solche Verfahren nicht gegen den Staat, sondern gegen einen Bürger richten, so dass es an dem Ungleichgewicht zwischen Kläger und Beklagtem, das im Verwaltungsprozess die Amtsermittlung erforderlich macht, fehlt. Im Kontext des postmortalen Persönlichkeitsschutzes kann der Wahrnehmungsberechtigte ohne weiteres alles vortragen, was ihm gegen das Verhalten des Beklagten zu sprechen scheint und der Beklagte kann seinerseits vortragen, was er zu seiner Rechtfertigung vorzubringen hat. Die Situation ähnelt nicht zufällig derjenigen in einem Zivilprozess zur Wahrnehmung des allgemeinen Persönlichkeitsrechts, wo der Kläger den Eingriff in sein Recht darlegen und beweisen muss und der Beklagte die Tatsachen darlegen und beweisen muss, die für die Rechtmäßigkeit seines Handelns sprechen.

Die Amtsermittlung würde in einem Verfahren zum postmortalen Persönlichkeitsschutz einem effektiven Rechtsschutz sogar im Wege stehen. Denn ebenso wie beim allgemeinen Persönlichkeitsrecht ist auch beim postmortalen Persönlichkeitsschutz ein schneller und schlagkräftiger einstweiliger Rechtsschutz erforderlich. Zur Gewährleistung solchen Rechtsschutzes ist die an die Inquisitionsmaxime gebundene Verwaltungsrechtsprechung erfahrungsgemäß nicht in der Lage. Die Praxis zeigt, dass die Verwaltungsgerichte für einen Beschluss im einstweiligen Rechtsschutz nicht selten ein halbes Jahr oder länger brauchen. Diese Malaise hat schon dazu geführt, dass Verwaltungsgerichte sich gedrängt sahen, einen vom Prozessrecht nicht vorgesehenen einstweiligen Rechtsschutz im einstweiligen Rechtsschutzverfahren zu gewähren (so genannte »Hängebeschlüsse«)[535]. Im Unterschied dazu kann einstweiliger Rechtsschutz bei den ordentlichen Gerichten in dringenden Fällen sofort, sonst regelmäßig innerhalb einer Woche erlangt werden.

Schließlich sprechen Erwägungen des materiellen Rechts und das Ziel einer einheitlichen Rechtsprechung für die Zuständigkeit der ordentlichen Gerichte. Die ordentlichen Gerichte sind nämlich bereits für alle dem postmortalen Persönlichkeitsschutz benachbarten Rechtsgebiete zuständig: Sie entscheiden über Verletzungen des materiellen Teils postmortaler Persönlichkeitsrechte, über Verletzungen des allgemeinen Persönlichkeits-

534 Weitgehend unstreitig – vgl. dazu FRIEDHELM HUFEN: Verwaltungsprozessrecht, 6. Aufl., München 2005, S. 323 f. m.w.N.

535 Die Zulässigkeit derartiger Beschlüsse ist allerdings umstritten. Vgl. dazu: FERDINAND KOPP / WOLF-RÜDIGER SCHENKE: Verwaltungsgerichtsordnung, 14. Aufl., München 2005, § 80, RN. 170; § 123, Rn. 29, mit weiteren Nachweisen.

rechts und Verletzungen des Presserechts. Rechtsstreitigkeiten über den postmortalen Persönlichkeitsschutz stehen häufig in engem Zusammenhang mit diesen Gegenständen und erfordern deren (Mit)Entscheidung. Zudem sind die Entscheidungsmaßstäbe, insbesondere die Abwägung zwischen Persönlichkeitsschutz und den gegenläufigen Interessen, zum Teil ähnlich. Für eine Zuständigkeit der ordentlichen Gerichtsbarkeit auf dem Gebiet des postmortalen Persönlichkeitsschutzes spricht daher nicht nur die bereits vorhandene besondere Sachkompetenz, sondern vor allem auch das Ziel einer einheitlichen Rechtsprechung und Rechtsfortbildung im Bereich des Persönlichkeitsschutzes. Wären zwei Rechtszüge jeweils teilweise für den Persönlichkeitsschutz zuständig, würde dies früher oder später zu widersprüchlichen Entscheidungen und damit zu einer weiteren Beeinträchtigung der Rechtssicherheit führen.

Zusammenfassung

Seit die Persönlichkeit in der frühen Neuzeit wiederentdeckt wurde, hat es eine sich stetig verstärkende Tendenz gegeben, sie unter den Schutz der Rechtsordnung zu stellen. Das daraus resultierende Persönlichkeitsrecht wurde im 19. Jahrhundert zum Gegenstand philosophischer und rechtsdogmatischer Untersuchungen, aus denen die noch heute gültigen Grundlagen des allgemeinen Persönlichkeitsrechts hervorgingen. Bei allen Unterschieden brachten die meisten dieser Untersuchungen das Persönlichkeitsrecht in einen unmittelbaren Zusammenhang mit der Rechtsfähigkeit des Menschen. Daraus musste folgen, dass das Persönlichkeitsrecht mit dem Ende der Rechtsfähigkeit des Menschen erlischt, ohne in die Erbmasse zu fallen. Diese Erkenntnis wurde am deutlichsten von OTTO VON GIERKE formuliert: »Die Persönlichkeit erlischt durch den Tod; aller Schutz der Leichen und Gräber oder der Ehre Verstorbener beruht auf Rechten der Lebenden.«[536].

Dem entsprach es, dass das Oberlandesgericht Hamburg, als es sich im Fall BISMARCK mit dem postmortalen Persönlichkeitsschutz auseinandersetzte, feststellte, dass es für die Verfolgung postmortaler Persönlichkeitsverletzungen durch Angehörige des Toten einer spezialgesetzlichen Grundlage bedürfe, die ihnen die Verfolgung rechtswidriger Handlungen Dritter ermöglicht. Dieser Gedanke geriet offenbar in Vergessenheit, denn weder im kurz darauf in Kraft getretenen BGB noch an anderer Stelle wurde eine gesetzliche Grundlage für den postmortalen Persönlichkeitsschutz geschaffen. So kam es, dass der Bundesgerichtshof, als er sich im Jahr 1968 anlässlich des *Mephisto*-Falls zum ersten Mal umfassend mit dem postmortalen Persönlichkeitsschutz auseinandersetzen musste, wiederum keinen unmittelbaren gesetzlichen Anküpfungspunkt vorfand.

Allerdings hatten sich die juristischen Rahmenbedingungen seit der Entscheidung im Fall BISMARCK verändert. Das Grundgesetz war in Kraft getreten und im Hinblick auf dessen Art. 1 Abs. 1 und 2 Abs. 1 hatte der Bundesgerichtshof bereits ein allgemeines Persönlichkeitsrecht als »sonstiges Recht« im Sinne des § 823 Abs. 1 BGB anerkannt. Darüber hinaus war man sich einig, dass auch der postmortale Persönlichkeitsschutz in den Schutzbereich des Grundrechts aus Art. 1 Abs. 1 S. 1 GG bzw. Art. 1 Abs. 1 S. 1 i.V.m. Art. 2 Abs. 1 GG fällt.

Der Bundesgerichtshof wollte dem gerecht werden und sah sich gezwungen, einen Weg zu finden, den zu Lebzeiten vom allgemeinen Persönlich-

536 VON GIERKE: Deutsches Privatrecht, Bd. 1, a.a.O., S. 363.

keitsrecht gewährleisteten Schutz in die Zeit post mortem auszudehnen. Das ist ihm in einer methodisch und verfassungsrechtlich zulässigen Weise nicht gelungen. Denn der Schutz, den der Bundesgerichtshof den immateriellen Persönlichkeitsgütern des Toten gewährte, beruht allein auf der aus den Art. 1 und 2 GG gespeisten Überzeugung, dass diese Güter schützenswert seien. Die Begründungen dafür sind vage und widersprüchlich: So stellte der Bundesgerichtshof die Behauptung auf, das allgemeine Persönlichkeitsrecht wirke über den Tod hinaus[537] und erweckte damit den Eindruck, von einer postmortal subjektlosen Existenz des allgemeinen Persönlichkeitsrechts auszugehen. Im Widerspruch dazu bemerkte er an anderer Stelle, dass die Achtung der Persönlichkeit Verstorbener Ausdruck einer allgemeinen Rechtspflicht sei[538].

Den im Hinblick auf Art. 20 Abs. 3 GG erforderlichen Nachweis, wie und wo dem einfachen Recht ein subjektloses Persönlichkeitsrecht oder eine allgemeine Rechtspflicht entnommen werden können, hat der Bundesgerichtshof nicht geführt. Seine »Begründung«, dass andernfalls den Wertentscheidungen des Grundgesetzes nicht hinreichend Rechnung getragen würde[539], trägt die *Mephisto*-Rechtsprechung nicht. Denn ungeachtet der im Grundrechtskatalog zum Ausdruck kommenden Wertung des Grundgesetzes bleibt die Rechtsprechung an Art. 20 Abs. 3 GG gebunden und muss nachweisen, wie sich die zur Anwendung gebrachten Rechtssätze dem Gesetz entnehmen lassen. Eine allgemeine Rechtspflicht zur Achtung der Toten lässt sich weder den einfachen Gesetzen noch den Grundrechten entnehmen. Grundrechte verpflichten grundsätzlich nur den Staat. Und auch dort, wo sie unmittelbare Drittwirkung entfalten, begründen sie keine abstrakten Rechtspflichten gegenüber der Allgemeinheit, sondern statten die geschützten Subjekte mit Rechtspositionen aus, die im Rahmen des § 823 Abs. 2 BGB eingeklagt werden können. Selbst bei Grundrechten, die unmittelbar zwischen Privaten wirken, kann eine Pflicht also nur dadurch entstehen, dass das Grundrecht einem anderen Subjekt eine entsprechende Rechtsposition verleiht. Den Nachweis, dass es ein Rechtssubjekt gibt, dem Art. 1 Abs. 1 GG Rechte zur Abwehr postmortaler Persönlichkeitsverletzungen zuordnet, hat der Bundesgerichtshof aber nicht geführt. Der Terminus der »allgemeinen Rechtspflicht« könnte darauf hindeuten, dass das Subjekt des damit korrespondierenden Anspruchs die Allgemeinheit sein soll. Die Allgemeinheit ist jedoch kein Rechtssubjekt. Das Rechtssubjekt, das die Allgemeinheit verkörpert, ist der Staat. Der Staat kann aber aus Grundrechten keine Rechte gegenüber seinen Bürgern ableiten; und sofern der Staat seine Bürger zu einem bestimmten Verhalten verpflichten will, braucht er für den damit verbunde-

537 BGHZ 50, 133, 136 – *Mephisto.*

538 BGHZ 50, 133, 138 f. – *Mephisto.*

539 Ebenda.

nen Grundrechtseingriff eine einfachgesetzliche Grundlage. Eine solche hat der Bundesgerichtshof aber gerade nicht nachweisen können.

Auch die einschlägige Literatur ist nicht geeignet, die Rechtsprechung des Bundesgerichtshofs zu rechtfertigen, weil auch sie der geltenden Rechtsordnung mit methodisch zulässigen Methoden keine Grundlage für einen postmortalen Persönlichkeitsschutz entnehmen kann:

Die Theorie von den subjektlosen Rechten scheitert daran, dass ein dauerhaft subjektloses Recht dem relationalen Charakter des Rechts widerspricht. Aus dem relationalen Charakter des Rechts folgt nicht nur, dass ein postmortal subjektloses Persönlichkeitsrecht in unserer Rechtsordnung nicht enthalten sein kann, sondern auch, dass sich ein solches noch nicht einmal kodifizieren ließe. Abgesehen davon stünde ein postmortal subjektloses Recht im Widerspruch zum Begriff des subjektiven Rechts und würde wenigstens faktisch dem höchstpersönlichen Charakter des Persönlichkeitsrechts zuwiderlaufen. Denn wiewohl die Theorie vom postmortal subjektlosen Persönlichkeitsrecht dieses Recht formal nicht auf einen Dritten übergehen lässt, erhält ein Dritter (der Wahrnehmungsberechtigte) die gesamte Rechtsmacht, die mit dem fortbestehenden Persönlichkeitsrecht des Toten verbunden ist. Die faktische Rechtsnachfolge in das allgemeine Persönlichkeitsrecht würde nur terminologisch verdeckt.

Die Unvereinbarkeit mit der Lehre vom subjektiven Recht und die faktische Unvereinbarkeit mit dem höchstpersönlichen Charakter des Persönlichkeitsrechts teilt die Lehre von den subjektlosen Rechten mit der Lehre von der postmortalen Teilrechtsfähigkeit. Der wesentliche Einwand gegen diese Lehre besteht jedoch darin, dass sie sich der geltenden Rechtsordnung nicht einmal auf dem Wege zulässiger freier Rechtsfortbildung entnehmen lässt. Eine freie richterliche Rechtsfortbildung ist nämlich nur zulässig, wenn sie sich mit spezifisch juristischen Argumenten jenseits rechtspolitischer bzw. Opportunitätserwägungen herleiten lässt. Das wäre im Hinblick auf die Lehre von der postmortalen Teilrechtsfähigkeit nur dann der Fall, wenn sich der grundgesetzlich erforderte postmortale Persönlichkeitsschutz ausschließlich mittels einer postmortalen Teilrechtsfähigkeit realisieren ließe. Das ist aber nicht so, weil die Grundrechte einen zivilrechtlichen postmortalen Persönlichkeitsschutz nicht erfordern.

Da auch die Literatur keine Rechtsgrundlage für die *Mephisto*-Rechtsprechung liefert, verstößt diese Rechtsprechung gegen die in Art. 20 Abs. 3 GG normierte Gewaltentrennung. Aus diesen Gründen ist eine Kodifikation der Materie unerlässlich. Die Gelegenheit ist derzeit besonders günstig. Denn mit der kürzlich vom Bundesverfassungsgericht bestätigten *Marlene*-Rechtsprechung des Bundesgerichtshofs ist die Möglichkeit eröffnet, den postmortalen Persönlichkeitsschutz zu entzerren und neu zu strukturieren. Die in der *Marlene*-Rechtsprechung zum Ausdruck gebrachte Erkenntnis, dass das Persönlichkeitsrecht eine materielle und eine ideelle Komponente hat, eröffnet die Möglichkeit, diese Komponenten zweckgerichtet in jeweils unterschiedliche dogmatische Kontexte einzuordnen. Im Hinblick auf die materielle Komponente hat der Bundesgerichtshof dies bereits getan. Mit deren Zuordnung zu den vererblichen Vermögensrechten hat er mehrere der zuvor bestehenden Probleme gelöst. Zum einen gibt es mit den Erben nun ein Rechtssubjekt, das die materiellen Ansprüche aus dem Persönlichkeitsrecht des Toten wahrnimmt. Zum anderen ist deutlich geworden, warum ein Dritter, der geldwerte Aspekte der Persönlichkeit eines Toten vermarktet, ohne dabei zugleich dessen ideelle Persönlichkeitswerte zu verletzen, einem Zahlungsanspruch ausgesetzt sein soll. Das wäre auf der Basis einer Konzeption, die den gesamten postmortalen Persönlichkeitsschutz auf ein wie auch immer geartetes Fortwirken der Abwehrrechte des Toten aus § 823 Abs. 1 BGB zurückführt, kaum möglich gewesen. Damit wurde der Schutz Toter vor einer unberechtigten materiellen Ausbeutung ihrer Persönlichkeit verbessert. Die Entdeckung der vermögenswerten Persönlichkeitsrechte und deren Einordnung in die Erbmasse bedeutet allerdings, dass dieser Bereich rechtstechnisch aus dem besonderen Bereich des postmortalen Persönlichkeitsschutzes herausgetreten ist, weil der Erbe, der hier gegen einen Missbrauch vorgeht, primär seine eigenen Vermögensrechte verteidigt. Weil es sich in diesem Bereich nur um Vermögensrechte eines Lebenden handelt, unterliegt der Staat keiner besonderen Schutzpflicht, und weil die Einordnung der vermögenswerten Persönlichkeitsrechte in die Erbmasse im Bereich zulässiger Auslegung bzw. Rechtsfortbildung liegt, ist eine Kodifikation in diesem Bereich nicht erforderlich.

Anders ist das im Bereich der ideellen Persönlichkeitswerte des Toten, weil diese auf keinen Rechtsnachfolger übergehen. Hier sind die Möglichkeiten, die sich aus der Klarstellung im *Marlene*-Urteil ergeben, noch nicht genutzt worden. Insbesondere ist die Frage nach dem Rechtssubjekt, den Wahrnehmungsberechtigten, der Schutzdauer etc. nicht hinreichend geklärt. Eindeutig ist nur, dass dem Staat im Rahmen des Schutzbereichs von Art. 1 Abs. 1 S. 1 GG eine Schutzpflicht aus Art. 1 Abs. 1 S. 2 GG trifft. Damit handelt es sich beim postmortalen Persönlichkeitsschutz zumindest insofern um eine Angelegenheit des Staates und damit um einen Gegenstand des öffentlichen Rechts. Der Staat kommt dieser Pflicht mit den §§ 168, 189 StGB, den landesrechtlichen Bestattungsvorschriften, § 4 Abs. 1 ESchG sowie den Vorschriften zur Organ- und Gewebeentnahme im Transplantationsgesetz nach. Aber auch jenseits der Erfüllung der staatlichen Pflicht zum Schutz der menschlichen Würde ist der postmortale Schutz nichtvermögenswerter Persönlichkeitsrechte eine öffentliche Angelegenheit. Er dient nämlich primär dazu, allen Lebenden die Sicherheit zu vermitteln, dass ihre Persönlichkeit nach dem Tod nicht ohne Schutz ist. Die Tatsache, dass der postmortale Schutz nichtvermögenswerter Persönlichkeitsrechte eine öffentliche Angelegenheit ist, ermöglicht es, ihn im öffentlichen Recht zu kodifizieren. Für eine

Kodifizierung des postmortalen Schutzes nichtvermögenswerter Persönlichkeitsrechte im öffentlichen Recht spricht, dass die Materie sich nur schwer ins Zivilrecht einfügen ließe. Eine Kodifizierung im Zivilrecht würde nämlich erfordern, die Abwehransprüche, die mit dem allgemeinen Persönlichkeitsrecht des Toten verbunden waren, post mortem auf einen Dritten zu übertragen. Das ist im Hinblick auf den höchstpersönlichen Charakter des Persönlichkeitsrechts problematisch. Hinzu kommt, dass auf zivilrechtlicher Grundlage bei postmortalen Verletzungen nichtvermögenswerter Persönlichkeitsrechte mangels Schadens keine Zahlungsansprüche gegen den Verletzer entstehen. Für einen effektiven postmortalen Persönlichkeitsschutz ist die Möglichkeit, den Verletzer zu einer Zahlung zu verurteilen, aber aus Gründen der Prävention von wesentlicher Bedeutung. Anderenfalls blieben postmortale Verletzungen nichtvermögenswerter Persönlichkeitsrechte häufig ohne spürbare Sanktion und könnten sich für den Verletzer sogar wirtschaftlich lohnen. Die dogmatische Einordnung des postmortalen Schutzes nichtvermögenswerter Persönlichkeitsrechte in das öffentliche Recht bedeutet allerdings nicht, dass dieser Gegenstand ausschließlich zu einer Angelegenheit des Staates gemacht werden sollte. Im Gegenteil ist es vorteilhaft, die Wahrnehmung des postmortalen Persönlichkeitsschutzes so weit wie möglich der Gesellschaft, nämlich einem klar abgegrenzten Kreis von Wahrnehmungsberechtigten, zu übertragen. Aus staatsrechtlicher Sicht ist eine solche Übertragung möglich, solange der Staat ein Schutzniveau garantiert, dass seiner Verpflichtung aus Art. 1 Abs. 1 S. 2 GG genügt. Rechtspolitisch wäre eine solche Einbeziehung der Gesellschaft höchst wünschenswert. Denn sowohl die (noch) Lebenden als auch die Hinterbliebenen haben ein anerkennenswertes Interesse daran, dass der postmortale Persönlichkeitsschutz von nahen Angehörigen oder sonstigen Wahrnehmungsberechtigten wahrgenommen werden kann. Hinzu kommt, dass die Wahrnehmung dieser Aufgabe durch Hinterbliebene in vielen Fällen eine deutlich höhere Effizienz verspricht als ein staatliches Vorgehen und dazu beiträgt, staatliche Ressourcen zu sparen. Abgesehen davon entspricht es einer guten Staatspolitik, der gesellschaftlichen Initiative so viele Freiräume wie möglich zu lassen.

Für die Kodifizierung des postmortalen Persönlichkeitsschutzes werden daher folgende Eckpunkte vorgeschlagen:

Ein definierter Kreis von Wahrnehmungsberechtigten soll – ähnlich einem Privatkläger im Strafrecht – das prozessuale Recht erhalten, die staatlichen Abwehransprüche zum Schutz der Persönlichkeit ihres Verstorbenen durchzusetzen. Zu diesen Abwehransprüchen sollen unabhängig von der Schwere der Verletzung Ansprüche auf Unterlassung, Widerruf und Richtigstellung gehören.

In schwereren Fällen, in denen ein Interesse an Repression und Prävention besteht, soll zusätzlich ein Bußgeld hinzukommen können.

In besonders schweren Fällen würde an die Stelle des Bußgeldes eine Strafe aus § 189 StGB treten.

Im Interesse der Rechtssicherheit bei der Wahrnehmung von Grundrechten, die dem postmortalen Persönlichkeitsschutz entgegen laufen, sollte dieser Schutz an eine starre Frist gebunden werden. Diesbezüglich erscheint eine Frist von 30 Jahren als gangbarer Kompromiss, der sowohl dem postmortalen Persönlichkeitsschutz als auch den gegenläufigen Belangen gerecht wird.

Im Hinblick auf die Wahrnehmungsberechtigung sollte den Ehegatten / Lebenspartnern des Toten, seinen Kindern, Enkeln, Eltern und Geschwistern gleichberechtigt und unabhängig eine Wahrnehmungsberechtigung zustehen.

Zusätzlich sollte der (noch) Lebende dritte Personen zur Wahrnehmungsberechtigung berufen können. Diese würden gleichberechtigt und unabhängig neben die geborenen Wahrnehmungsberechtigten treten, sofern er nicht seine Angehörigen von der Wahrnehmung des postmortalen Schutzes seiner Persönlichkeit ausschließt.

Ob unabhängig von den privaten Wahrnehmungsberechtigten auch der Staat wahrnehmungsberechtigt sein soll, ist weitgehend eine rechtspolitische Frage. Eine öffentlichrechtliche Kodifikation des postmortalen Schutzes nichtvermögenswerter Persönlichkeitsrechte impliziert eine Wahrnehmungsberechtigung des Staates nicht, steht ihr aber auch nicht entgegen. In jedem Fall bietet die öffentlichrechtliche Kodifikation des postmortalen Schutzes nichtvermögenswerter Persönlichkeitsrechte den Vorteil, die Befugnisse privater Wahrnehmungsberechtigter und die möglichen Befugnisse des Staates als Wahrnehmungsberechtigtem zu harmonisieren.

Unabhängig von der Frage, ob und wie der postmortale Schutz nichtvermögenswerter Persönlichkeitsrechte kodifiziert wird, ist der Staat dazu verpflichtet, auch im Hinblick auf den Umgang mit den Toten die menschliche Würde zu gewährleisten (Art. 1 Abs. 1 S. 2 GG). Das Minimum an postmortalem Persönlichkeitsschutz, dass Art. 1 Abs. 1 S. 1 GG erfordert, kann weitgehend mit den §§ 168, 189 StGB gewährleistet werden. Allerdings ist es erforderlich, § 189 StGB von einem absoluten in ein relatives Antragsdelikt umzuwandeln, damit der Staat gegen Verletzungen der Menschenwürde durch Verunglimpfungen eines Toten auch dann eingehen kann, wenn es an einem Strafantrag fehlt.

Ungeachtet der Einordnung des postmortalen Persönlichkeitsschutzes in das öffentliche Recht sollte die Zuständigkeit für die damit verbundenen Rechtsstreitigkeiten nicht bei den Verwaltungs- sondern bei den ordentlichen Gerichten liegen. Denn während der von der Inquisitionsmaxime geprägte Verwaltungsprozess vorrangig darauf gerichtet ist, staatliche Maßnahmen zu überprüfen, geht es hier um die Rechtmäßigkeit privaten Handelns. Im Hinblick darauf ist nicht ersichtlich, warum in einem solchen Verfahren die Inquisitionsmaxime gelten sollte, zumal sich diese auf den im Bereich des Persönlichkeitsschutzes besonders wichtigen einstweiligen Rechtsschutz erfahrungsgemäß negativ auswirkt. Schließlich spricht für eine Zuständigkeit der ordentlichen Gerichte, dass der Persönlichkeitsschutz in der praktischen Anwendung sonst auch den Zivilgerichten obliegt und es schon deshalb wenig sinnvoll erscheint, die Kompetenzen in diesem Bereich zu zersplittern.

Dass diese Thesen und Vorschläge nicht unumstritten bleiben werden, ist abzusehen. Daher sind die Vorzüge der hier vertretenen Konzeption des postmortalen Persönlichkeitsschutzes abschließend noch einmal zusammenzufassen:

1. Die gegenwärtige Rechtsprechung der Zivilgerichte zum postmortalen Schutz nichtvermögenswerter Persönlichkeitsrechte ist mit den Vorgaben des Grundgesetzes und den Erkenntnissen der Staatsrechtswissenschaft nicht in Einklang zu bringen. Nach der gefestigten Rechtsprechung des Bundesverfassungsgerichts kann der postmortale Persönlichkeitsschutz verfassungsrechtlich nur auf Art. 1Abs 1 GG zurückgeführt werden. In der staatsrechtlichen Literatur besteht seit Langem Übereinstimmung darüber, dass Art. 1 Abs. 1 S. 1 GG nicht zur »kleinen Münze« des Verfassungsrechts werden darf.[540] Daraus folgt ein weit reichender Konsens darüber, dass Art. 1 Abs. 1 S. 1 GG nur den Kernbereich der menschlichen Existenz vor schweren Beeinträchtigungen schützt[541]. Daher wird von einer Verletzung der Menschenwürde nur dort ausgegangen, wo »der konkrete Mensch zum Objekt, zum bloßen Mittel, zur vertretbaren Größe herabgewürdigt wird« bzw. der Wert, der ihm kraft seines Menschseins zukommt, verachtet wird[542]. Diese Schwelle ist in den meisten Fällen, in denen Zivilgerichte zu Gunsten des postmortalen Persönlichkeitsschutzes entschieden haben, nicht überschritten. Beim postmortalen Persönlichkeitsschutz haben die Zivilgerichte an die Verletzung der Menschenwürde also vielfach geringere Anforderungen gestellt, als üblicherweise an die Würdeverletzung eines Lebenden gestellt werden. Die Toten werden von der Menschenwürdegarantie des Art. 1 Abs. 1 S. 1 GG aber nicht besser geschützt als die Lebenden.

2. Hinzu kommt, dass die Ausweitung des Schutzbereichs von Art. 1 Abs. 1 S. 1 GG stets eine entsprechende Ausweitung der Schutzpflicht aus Art. 1 Abs. 1 S. 2 GG mit sich bringt: Wer behauptet, dass die Menschenwürdegarantie aus Art. 1 Abs. 1 S. 1 GG es verbiete, Romane wie »Mephisto« zu schreiben, verpflichtet damit zugleich den Staat, in letzter Verantwortung selbst darüber zu wachen, dass derlei unterbleibt. Die Umsetzung seiner Schutzpflichten kann der Staat nämlich nicht vollständig auf gesell-

540 Günter Dürig in: Maunz, Theodor / Dürig, Günter (Hrsg.): Grundgesetz, Kommentar, München 1962 ff., bis 41. Ergänzungslieferung, Oktober 2007, Art. 1 Abs. 1, Rn. 29.

541 Höfling in: Sachs: Grundgesetzkommentar, 4. Aufl., a.a.O., Art. 1, Rn. 17.

542 Dürig in: Maunz, Theodor / Dürig, Günter (Hrsg.): Grundgesetz, Kommentar, München 1962 ff., bis 41. Ergänzungslieferung, Oktober 2007, Art. 1 Abs. 1, Rn. 28; BVerfGE 30, 1, 26.

schaftliche Kräfte übertragen; ihn trifft eine Reserve- bzw. Gewährleistungsverantwortung, die ihn dazu verpflichtet zumindest dann einzuspringen, wenn die Gesellschaft versagt[543]. Je mehr der Tatbestand des Art. 1 Abs. 1 S. 1 GG ausgedehnt wird, desto größer wird die Verpflichtung zu staatlicher Überwachung und Intervention aus Art. 1 Abs. 1 S. 2 GG.

3. Der wesentliche Einwand gegen den von den Zivilgerichten praktizierten Schutz nichtvermögenswerter Persönlichkeitsrechte besteht jedoch darin, dass damit gegen Art. 20 Abs. 3 GG verstoßen wird, weil sich dem geltenden Recht dafür keine Rechtsgrundlage entnehmen lässt. Sofern ein entsprechender postmortaler Schutz nichtvermögenswerter Persönlichkeitsrechte aufrecht erhalten werden soll, ist es erforderlich, diesen zu kodifizieren.

4. Der postmortale Schutz nichtvermögenswerter Persönlichkeitsrechte lässt sich im öffentlichen Recht am besten in die Rechtsordnung einfügen. Einer Kodifikation im Zivilrecht steht entgegen, dass sich nicht zufrieden stellend beantworten lässt, welchem Subjekt die erforderlichen Abwehransprüche zugeordnet werden sollten. Im öffentlichen Recht stellt sich dieses Problem nicht, weil mit dem Staat ein Berechtigter zur Verfügung steht. Mit der Möglichkeit der Verhängung von Bußgeldern und der Möglichkeit der Einführung einer staatlichen Wahrnehmungsbefugnis bietet das öffentliche Recht zudem Schutzmechanismen, die im Zivilrecht nicht zur Verfügung stehen.

5. Die öffentlichrechtliche Konzeption des postmortalen Persönlichkeitsschutzes beeinträchtigt die Dogmatik des allgemeinen Persönlichkeitsrechts nicht. Insbesondere lässt sie dessen historisch gewachsene Verbindung zur Rechtsfähigkeit des Menschen unangetastet und respektiert den daraus hervorgehenden höchstpersönlichen Charakter des allgemeinen Persönlichkeitsrechts. Denn nach der öffentlichrechtlichen Konzeption des postmortalen Persönlichkeitsschutzes erlischt das allgemeine Persönlichkeitsrecht mit dem Tod seines Trägers, und seine Persönlichkeit wird fortan von einem davon unabhängigen staatlichen Anspruch geschützt. Anders verhält es sich mit den Lehren von den subjektlosen Rechten bzw. der postmortalen Teilrechtsfähigkeit, die darauf hinauslaufen, die Existenz des allgemeinen Persönlichkeitsrechts von der Existenz eines Rechtsträgers abzukoppeln. Darüber hinaus stehen beide Lehren vor dem Dilemma, die mit der Fortexistenz dieses – höchstpersönlichen! – Rechts verbundene Rechtsmacht *de facto* auf einen Dritten zu übertragen.

6. Die öffentlichrechtliche Konzeption des postmortalen Persönlichkeitsschutzes ist mit der *Marlene*-Rechtsprechung von Bundesgerichtshof und Bundesverfassungsgericht kompatibel.

7. Indem die öffentlichrechtliche Konzeption den postmortalen Persönlichkeitsschutz von den Rechtspositionen trennt, die der Tote zu seinen Leb-

543 Siehe oben C II 2 b.

zeiten innehatte, ermöglicht sie einen freien Blick darauf, dass es sich beim postmortalen Persönlichkeitsschutz allein um einen Belang der Lebenden handelt. Damit bringt sie Transparenz in die Abwägung zwischen dem postmortalen Persönlichkeitsschutz und den ihm entgegenlaufenden Grundrechten. In der gegenwärtigen gerichtlichen Praxis fehlt diese Transparenz. Weil die Gerichte den postmortalen Schutz nichtvermögenswerter Persönlichkeitsrechte derzeit auf die unantastbare Menschenwürde stützen, ist ihnen eine Abwägung mit den gegenläufigen Interessen der Öffentlichkeit nämlich formal verwehrt. Allerdings liegen den gerichtlichen Entscheidungen tatsächlich sehr wohl Abwägungen mit den gegenläufigen Rechtspositionen zu Grunde; sie können nur nicht offen gelegt werden. Stattdessen müssen die Richter ihre Urteile stets auf die Behauptung stützen, die kaum überprüfbaren Grenzen der menschlichen Würde im Umgang mit den Toten erkannt zu haben.

8. Indem die Dauer des postmortalen Persönlichkeitsschutzes und der Kreis der Wahrnehmungsberechtigten klar definiert werden, kommen die Vorschläge zur Kodifikation des postmortalen Persönlichkeitsschutzes zugleich den gegenläufigen Kommunikationsinteressen entgegen.

Quellen und Literatur

ACHTERBERG, NORBERT: Rechtsverhältnisse als Strukturelemente der Rechtsordnung, in: Rechtstheorie 1978, S. 385–410.

BASTON-VOGT, MARION: Der sachliche Schutzbereich des zivilrechtlichen allgemeinen Persönlichkeitsrechts, Tübingen 1997.

BAUER, HARTMUT: Privatisierung von Verwaltungsaufgaben, in: VVDStRL 54 (1995), S. 240–286.

BAUMANN, JÜRGEN / WEBER, ULRICH / MITSCH, WOLFGANG: Strafrecht Allgemeiner Teil, 11. Aufl., Bielefeld 2003.

BEATER, AXEL: Medienrecht, Tübingen 2007.

BENDER, ALBRECHT:

Das postmortale Einsichtsrecht in Krankenunterlagen, Berlin 1998.

Das postmortale allgemeine Persönlichkeitsrecht, in: VersR 2001, S. 815–825.

BEUTHIEN, VOLKER:

Postmortaler Persönlichkeitsschutz auf dem Weg ins Vermögensrecht, in: ZUM 2003, S. 261–262.

Was ist vermögenswert, die Persönlichkeit oder ihr Image? Begriffliche Unstimmigkeiten in den Marlene-Dietrich Urteilen, NJW 2003, 1220–1222.

Zum postmortalen Persönlichkeitsschutz, in: DERS. (Hrsg.): Persönlichkeitsgüterschutz vor und nach dem Tode, Baden-Baden 2002, S. 83–89.

BEUTHIEN, VOLKER (Hrsg.): Persönlichkeitsgüterschutz vor und nach dem Tode, Baden-Baden 2002.

BEUTHIEN, VOLKER / HIEKE, MARIO: Unerlaubte Werbung mit dem Abbild prominenter Personen, AfP 2001, S. 353–363.

BEUTHIEN, VOLKER / SCHMÖLZ ANTON: Persönlichkeitsschutz durch Persönlichkeitsgüterrechte, München 1999.

BINDING, KARL: Lehrbuch des gemeinen deutschen Strafrechts, Besonderer Teil, 1. Bd., 2. Aufl., Leipzig 1902.

BIZER, JOHANN: Postmortaler Persönlichkeitsschutz ? – Rechtsgrund und Länge der Schutzfristen für personenbezogene Daten Verstorbener nach den Archivgesetzen des Bundes und der Länder, in: NVwZ 1993, S. 653–656.

BÖCKENFÖRDE, ERNST-WOLFGANG: Staat und Gesellschaft, in: Görres-Gesellschaft (Hrsg.): Staatslexikon, Bd. 5, 7. Aufl., Freiburg 1989, Sp. 228–235.

BRUNS, CARL-GEORG: Das heutige Römische Recht, durchgesehen und ergänzt von E. ECK, Encyclopädie der Rechtswissenschaft, begründet von F. V. HOLTZENDORFF, hrsg. von J. KOHLER, 5. Aufl., Leipzig 1890, S. 425–564.

BUSCHMANN, ARNO: Zur Fortwirkung des Persönlichkeitsrecht nach dem Tode, in: NJW 1970, S. 2081–2088.

CANARIS, CLAUS-WILHELM:

Gewinnabschöpfung bei Verletzung des allgemeinen Persönlichkeitsrechts, in: Ahrens, Hans-Jürgen u.a. (Hrsg.): Festschrift für Deutsch, 1999, S. 85–109.

Grundrechtswirkungen und Verhältnismäßigkeitsprinzip in der richterlichen Anwendung und Fortbildung des Privatrechts, in: JuS 1989, S. 161–172.

Grundrechte und Privatrecht, in : AcP 184 (1984), S. 201, 246.

CLAUS, SABINE: Postmortaler Persönlichkeitsschutz im Zeichen allgemeiner Kommerzialisierung, Baden-Baden 2004.

CLÉMENT, CHRISTOPH: Urheberrecht und Erbrecht, Baden-Baden 1993.

COING, HELMUT: Zur Entwicklung des zivilrechtlichen Persönlichkeitsschutzes, JZ 1958, S. 558–560.

DIEDERICHSEN, ANGELA: Der deliktsrechtliche Schutz des Persönlichkeitsrechts, in: JURA 2008, S. 1–8.

DIETLEIN, JOHANNES: Die Lehre von den grundrechtlichen Schutzpflichten, Berlin 1992.

DÖLLE, HANS: Bemerkungen zur Blankozession, in: CAEMMERER, ERNST V. u.a. (Hrsg.): Festschrift für Martin Wolff, Tübingen 1952, S. 23–32.

DOLZER, RUDOLF / VOGEL, KLAUS / GRAßHOF, KARIN (Hrsg.). Bonner Kommentar zum Grundgesetz, Stand: 124. Aktualisierung, Heidelberg 2006.

DREIER, HORST (Hrsg.):

Grundgesetz Kommentar, 1. Aufl., Tübingen 1996.

Grundgesetz Kommentar, 2. Aufl., Tübingen 2004.

DREIER, THOMAS / SCHULZE GERNOT: Urheberrechtsgesetz, 2. Aufl., München 2006.

DÜRIG, GÜNTER: Verfassung und Verwaltung im Wohlfahrtsstaat, in: JZ 1953, S. 193–199.

ENNECCERUS, LUDWIG / NIPPERDEY, CARL: Allgemeiner Teil des Bürgerlichen Rechts, 15. Aufl., Tübingen 1959.

ERMAN: Bürgerliches Gesetzbuch, hrsg. von HARM PETER WESTERMANN, 12. Aufl, Köln 2008.

FISCHER, ANETTE:

Anmerkung zu BGH VI ZR 265 / 04 vom 06.12.2005 – *Mordkommission Köln* in: ZEV 2006, S. 273–274.

Die Entwicklung des postmortalen Persönlichkeitsschutzes, Frankfurt a.M. 2004.

GAREIS, KARL:

Das juristische Wesen der Autorrechte, sowie des Firmen- und Markenschutzes, in: Buschs Archiv für Theorie und Praxis des allgemeinen deutschen Handels- und Wechselrechts, Bd. 35, 1877, S. 185–210.

Das Deutsche Patentgesetz vom 15. Mai 1877, Berlin 1877.

Über Rechtsverhältnisse an Begräbnisstätten, in: Dr. J.A. Seuffert's Blätter für Rechtsanwendung, Bd. 70, 1905, S. 308–324.

GERLAND, HEINRICH: Deutsches Reichsstrafrecht, 2. Aufl., Berlin 1932.

GERNHUBER, JOACHIM / COESTER-WALTJEN, DAGMAR: Familienrecht, 5. Aufl., München 2006.

GIERKE, OTTO VON: Deutsches Privatrecht, Bd. I, Systematisches Handbuch der Deutschen Rechtswissenschaft, begründet von Karl Binding und Friedrich Oetker, 2. Abteilung, 3. Teil, 1. Band, München / Leipzig 1895.

GÖTTING, HORST-PETER:

Anmerkung zu BGH VI ZR 265 / 04, Urteil vom 06.12.2005 – *Mordkommission Köln* in: LMK 2006, 172015.

Anmerkung zu BGH I ZR 277 / 03, Urteil vom 05.10.2006 – *kinski-klaus.de* in: GRUR 2007, S. 170f–171.

Sanktionen bei Verletzung des postmortalen Persönlichkeitsrechts, GRUR 2004, S. 801–807.

GÖTTING, HORST PETER / SCHERTZ, CHRISTIAN / SEITZ, WALTER (Hrsg.): Handbuch des Persönlichkeitsrechts, München 2008.

GREGORITZA, ANNA: Die Kommerzialisierung von Persönlichkeitsrechten Verstorbener, Berlin 2003.

GRÖSCHNER, ROLF: Menschenwürde und Sepulkralkultur in der grundgesetzlichen Ordnung, Stuttgart 1995.

HAGER, JOHANNES:

Der Schutz der Ehre im Zivilrecht, AcP 196 (1996), S. 168–218;

Die Mephisto-Entscheidung des Bundesverfassungsgerichts, JURA 2000, 186–191.

HEGEL, GEORG FRIEDRICH WILHELM: Grundlinien der Philosophie des Rechts, in: ders.: Werke, auf der Grundlage der Werke von 1832 – 1845 neu edierte Ausgabe in der Schriftenreihe »Suhrkamp-Taschenbuch Wissenschaft«, 2. Aufl., Frankfurt a.M. 1989.

HELDRICH, ANDREAS: Der Persönlichkeitsschutz Verstorbener, in: KUCHINKE, KURT (Hrsg.): Rechtsbewahrung und Rechtsentwicklung, Festschrift für Heinrich Lange, München 1970, S. 163–178.

HERMES, GEORG: Das Grundrecht auf Schutz von Leben und Gesundheit, Heidelberg 1987.

HEUN, WERNER: Funktional-rechtliche Schranken der Verfassungsgerichtsbarkeit, Baden-Baden 1992.

HILLGRUBER, CHRISTIAN: Das Vor- und Nachleben von Rechtssubjekten, JZ 1997, S. 975–981.

HOCH, HANSGEORG: Fortwirken zivilrechtlichen Persönlichkeitsschutzes nach dem Tode, Köln 1975.

HOFFMANN-RIEM, WOLFGANG: Öffentliches Recht und Privatrecht als wechselseitige Auffangordnungen – Systematisierung und Entwicklungsperspektiven, in: DERS. / SCHMIDT-AẞMANN, EBERHARD: Öffentliches Recht und Privatrecht als wechselseitige Auffangordnungen, Baden-Baden 1996, S. 261–336.

HOFFMANN-RIEM, WOLFGANG (Hrsg.) / SCHMIDT-AẞMANN, EBERHARD (Hrsg.): Öffentliches Recht und Privatrecht als wechselseitige Auffangordnungen, Baden-Baden 1996.

HOFMANN, HASSO: Die versprochene Menschenwürde, in: AöR 118 (1993), S. 353–377.

HOHNER, GEORG: Subjektlose Rechte, Bielefeld 1969.

HOLZHAUER, HEINZ: Zur Vorgeschichte des allgemeinen Persönlichkeitsrechts, in: ERICHSEN, HANS-UWE / KOLLHOSSER, HELMUT / WELP, JÜRGEN (Hrsg.): Recht der Persönlichkeit, Berlin 1996, S. 51–71.

HUBMANN, HEINRICH:

Das Persönlichkeitsrecht, 2. Aufl., Köln 1967.

Urheber und Verlagsrecht, 1. Aufl., München 1959.

HÜBNER, HEINZ: Allgemeiner Teil des Bürgerlichen Gesetzbuchs, 2. Aufl., Berlin 1996.

HUFEN, FRIEDHELM:

Verwaltungsprozessrecht, 6. Aufl., München 2005;

Staatsrecht II – Grundrechte, München 2007.

IHERING, RUDOLF VON:

Geist des römischen Rechts auf den verschiedenen Stufen seiner Entwicklung, 1., 2. und 3. Teil, 8. Aufl., Basel 1954.

Passive Wirkungen des Rechts, in: Jahrbücher für die Dogmatik des heutigen römischen und deutschen Privatrechts, Bd. 10 (1871), S. 387–580.

IPSEN, JÖRN (Hrsg.): Privatisierung öffentlicher Aufgaben, Köln 1994.

ISENSEE, JOSEF / KIRCHHOF, PAUL: Handbuch des Staatsrechts der Bundesrepublik Deutschland,

Band I, 1. Aufl., Heidelberg 1987.

Band II, 2. Aufl., Heidelberg 1996.

Band III, 2. Aufl., Heidelberg 1996.

Band V, 2. Aufl., Heidelberg 2000.

ISENSEE, JOSEF: Subsidiaritätsprinzip und Verfassungsrecht, 2. Aufl., Berlin 2001.

JANSSEN, ANDRÉ: Das Angehörigenschmerzensgeld in Europa und dessen Entwicklung, in: ZRP 2003, S. 156–159.

JARASS, HANS / PIEROTH, BODO: Grundgesetz für die Bundesrepublik Deutschland, 8. Aufl., München 2006.

JEAND'HEUR, BERND: Von der Gefahrenabwehr als staatlicher Angelegenheit zum Einsatz privater Sicherheitskräfte, in: AöR 119 (1994), S. 107–136.

JUNG, ALEXANDER: Die Vererblichkeit des Allgemeinen Persönlichkeitsrechts, Remscheid 2005.

KANT, IMMANUEL: Die Metaphysik der Sitten, in: Kants gesammelte Schriften, hrsg. von der Königlich Preußischen Akademie der Wissenschaften, Bd. VI, Berlin 1907/14, unveränderter photomechanischer Abdruck, Berlin, 1968.

Karlsruher Kommentar zum Gesetz über Ordnungswidrigkeiten, hrsg. von LOTHAR SENGE, 3. Aufl., München 2006.

KAUFMANN, ARTHUR / HASSEMER, WINFRIED / NEUMANN, ULFRID (Hrsg.): Einführung in die Rechtsphilosophie und Rechtstheorie der Gegenwart, 7. Aufl., München 2004.

KAUFMANN, ARTHUR:

Das Verfahren der Rechtsgewinnung, München 1999.

Rechtsphilosophie, 2. Aufl., München 1997.

KEYßNER, HUGO:

Das Recht am eigenen Bilde, DJZ 1898, S. 486.

Zum Schutz des Rechts am eigenen Bilde, Gutachten, in: Verhandlungen des 26. Deutschen Juristentages, Bd. 1, S. 72–85, Berlin 1902.

KLEIN, ECKART: Grundrechtliche Schutzpflicht des Staates, in: NJW 1989, S. 1633–1640.

KLEIN, HANS HUGO: Die Teilnahme des Staates am wirtschaftlichen Wettbewerb, Stuttgart 1968.

KLINGENBERG, EBERHARD: Vom persönlichen Recht zum Persönlichkeitsrecht, Zeitschrift der Savigny-Gesellschaft für Rechtsgeschichte, Germanistische Abteilung, Bd. 96 (1969), S. 183–208.

KLIPPEL, DIETHELM:

Der zivilrechtliche Schutz des Namens, Paderborn 1985.

Historische Wurzeln und Funktionen von Immaterialgüter- und Persönlichkeitsrechten im 19. Jahrhundert, Zeitschrift für Neuere Rechtsgeschichte Bd. 4 (1982), S. 132–155.

KLOEPFER, MICHAEL: Umweltschutz als Aufgabe des Zivilrechts – aus öffentlichrechtlicher Sicht, in: NuR 1990, S. 337–349.

KNELLWOLF, ESTHER: Postmortaler Persönlichkeitsschutz – Andenkenschutz der Hinterbliebenen, Zürich 1991.

KOEBEL: Das Fortwirken des Persönlichkeitsrechts nach dem Tode, in: NJW 1958, S. 936–938.

KOOS, STEFAN:

Der Name als Immaterialgut, GRUR 2004, S. 808–815.

Geldentschädigung bei Verletzung des postmortalen Würdeanspruchs, WRP 2003, 202–203.

KOPP, FERDINAND / SCHENKE, WOLF-RÜDIGER: Verwaltungsgerichtsordnung, 14. Aufl., München 2005.

KRAMER, ERNST: Juristische Methodenlehre, 2. Aufl., Bern 2005.

KRAWIETZ, WERNER: Gewährt Art. 1 Abs. 1 GG dem Menschen ein Grundrecht auf Achtung und Schutz seiner Würde ?, in: WILKE, DIETER (Hrsg.): Gedächtnisschrift für Friedrich Klein, München 1977, S. 245–287.

KÜBLER, FRIEDRICH: Perspektiven des Persönlichkeitsschutzes AfP 2007 (Sonderheft), S. 7–12.

LADEUR, KARL-HEINZ: Persönlichkeitsschutz und »Comedy«, NJW 2000, S. 1977–1982.

LANGE, HEINRICH / KUCHINKE, KURT: Erbrecht, 5. Aufl., München 2001.

LANGE, HERMANN / SCHIEMANN, GOTTFRIED: Schadensersatz, Handbuch des Schuldrechts, Bd. 1, 3. Aufl., Tübingen 2003.

LARENZ, KARL: Methodenlehre der Rechtswissenschaft, 2. Aufl., Berlin 1992.

LARENZ, KARL / CANARIS, CLAUS-WILHELM:

Methodenlehre der Rechtswissenschaft, 3. Aufl., Berlin 1995.

Lehrbuch des Schuldrechts Bd. II / 2, 13. Aufl., München 1994.

LARENZ, KARL / WOLF, MANFRED: Allgemeiner Teil des Bürgerlichen Rechts, 9. Aufl., München 2004.

LECHELER, HELMUT: Privatisierung von Verwaltungsaufgaben, in: BayVBl 1994, S. 555–560.

LEHMANN, BRITA: Postmortaler Persönlichkeitsschutz, Bonn 1973.

LEINVEBER, GERHARD: Urheberrechtlicher Denkmalschutz – ja oder nein ? in: GRUR 1964, S. 364–369.

LEISNER, WALTER: Unterscheidung zwischen privatem und öffentlichem Recht, in: JZ 2006, S. 869–875.

LETTL, TOBIAS:

Allgemeines Persönlichkeitsrecht und Medienberichterstattung: in: WRP 2005, S. 1045–1086.

Urheberrecht, München 2008.

LEUZE, DIETER: Die Entwicklung des Persönlichkeitsrecht im 19. Jahrhundert, 1962.

LISZT, FRANZ V. / SCHMIDT, EBERHARD: Lehrbuch des deutschen Strafrechts, 25. Aufl., Berlin 1927.

LÖWE-ROSENBERG: Die Strafprozeßordnung und das Gerichtsverfassungsgesetz, 25. Aufl., Bd. 6, Berlin 2001.

LÜBBE-WOLF, GERTRUDE: Die Grundrechte als Eingriffsabwehrrechte, Baden-Baden 1988.

LÜBBE-WOLFF, GERTRUDE / STEENKEN, ANNETTE: Privatisierung umweltbehördlicher Aufgaben, ZUR 1993, S. 263–268.

LUHMANN, NIKLAS: Grundrechte als Institution, Berlin 1965.

MANGOLDT, HERRMANN VON / KLEIN, FRIEDRICH: Das Bonner Grundgesetz, 2. Aufl., Berlin 1966.

MAUNZ, THEODOR / DÜRIG, GÜNTER (Hrsg.): Grundgesetz, Kommentar, München 1962 ff., Stand: 50. Ergänzungslieferung, Oktober 2007.

MAURER, HARTMUT: Die medizinische Organtransplantation in verfassungsrechtlicher Sicht, DÖV 1980, S. 7–15.

MAY, ERICH: Zum Schutz der Persönlichkeit nach dem Tode, in: NJW 1958, S. 2101–2104.

MEDICUS, DIETER: Schuldrecht I, 15. Aufl., München 2004.

MEYER-GOßNER, LUTZ: Strafprozessordnung, 48. Aufl., München 2005.

MÜLLER, KNUT: Postmortaler Rechtsschutz – Überlegungen zur Rechtssubjektivität Verstorbener, Frankfurt a.M. u.a. 1996.

MÜLLER, TOBIAS: Vererblichkeit vermögenswerter Bestandteile des Persönlichkeitsrechts – Die neueste Rechtsprechung des Bundesgerichtshofs zum postmortalen Persönlichkeitsrecht, in: GRUR 2003, S. 31–34.

MÜNCH, INGO VON / KUNIG, PHILIP (Hrsg.): Grundgesetz-Kommentar, 5. Aufl., München 2000.

MÜNCHENER KOMMENTAR ZUM BÜRGERLICHEN GESETZBUCH,

Bd. 1, 3. Aufl., München 1993,

Bd. 1, 5. Aufl., München 2006,

Bd. 2, 3, Aufl., München 2004,

Bd. 2, 5. Aufl., München 2007.

MUGDAN, BENNO (Hrsg.): Die gesammten Materialien zum Bürgerlichen Gesetzbuch für das Deutsche Reich, Bd. II, Berlin 1899.

MUSIL, ANDREAS: Wettbewerb in der staatlichen Verwaltung, Tübingen 2005.

NEUNER, CARL: Wesen und Art der Privatrechtsverhältnisse, Kiel 1866.

NIKOLETOPOULOS, PANAJIOTIS: Die zeitliche Begrenzung des Persönlichkeitsrechts nach dem Tode, Frankfurt a.M. 1984.

NINK, JUDITH: Zu den Gegendarstellungsansprüchen Verstorbener, in: AfP 2007, S. 97–98.

NIPPERDEY, HANS: Das allgemeine Persönlichkeitsrecht, in: UFITA 30 (1960), S. 1–29.

NORDEMANN, WILHELM: Das Recht der Bearbeitung gemeinfreier Werke, in: GRUR 1964, S. 117–121.

NÖRR, KNUT WOLFGANG / OPPERMANN, THOMAS (Hrsg.): Subsidiarität: Idee und Wirklichkeit, Tübingen 1997.

NÖRR, KNUT WOLFGANG: Subsidiarität, privatrechtstheoretisch betrachtet, in: DERS. / OPPERMANN, THOMAS (Hrsg.): Subsidiarität: Idee und Wirklichkeit, Tübingen 1997, S. 239–251.

PABST, HEINZ-JOACHIM: Der postmortale Persönlichkeitsschutz in der neueren Rechtsprechung des Bundesverfassungsgerichts, NJW 2002, 999–1004.

PALANDT, OTTO: Bürgerliches Gesetzbuch, 67. Aufl., München 2008.

PAWLOWSKI, HANS-MARTIN: Methodenlehre für Juristen, 3. Aufl., Heidelberg 1999.

PEIFER, KARL-NIKOLAUS:

Eigenheit oder Eigentum – Was schützt das Persönlichkeitsrecht?, GRUR 2002, 495–500;

Individualität im Zivilrecht, Tübingen 2001.

PETERSEN, JENS:

Medienrecht, 3. Aufl., München 2006;

Postmortaler Persönlichkeitsschutz, JURA 2008, S. 271–274.

PEUKERT, ALEXANDER: Persönlichkeitsbezogene Immaterialgüterrechte?, ZUM 2000, S. 710–721.

PFEIFFER, GERD (Hrsg.): Karlsruher Kommentar zur Strafprozessordnung, 5. Aufl., München 2003.

PIPER, HENNING / OHLY, ANSGAR: Gesetz gegen den unlauteren Wettbewerb, 4. Aufl., München 2006.

PRINZ, MATTHIAS: Geldentschädigung bei Persönlichkeitsrechtsverletzungen durch Medien, NJW 1996, S. 953–958.

PRINZ, MATTHIAS / PETERS, BUTZ: Medienrecht, Hamburg 1999.

PUCHTA, GEORG FRIEDRICH:

Zu welcher Klasse von Rechten gehört der Besitz ?, in: Rheinisches Museum für Jurisprudenz, Bd. III (1829), S. 289–308.

Pandekten, 2. Aufl., Leipzig 1844.

Cursus der Institutionen, 9. Aufl., nach dem Todes des Verfassers besorgt von A. F. Rudorff, Band I, Leipzig 1881.

RADBRUCH, GUSTAV: Rechtsphilosophie, Studienausgabe, hrsg. von RALF DREIER und STANLEY PAULSON, Heidelberg 1999.

REBER, NIKOLAUS: Schutzdauer des postmortalen Persönlichkeitsrechts in Deutschland und den USA (von Marlene Dietrich über Klaus Kinski zu Marilyn Monroe) – ein Irrweg des Bundesgerichtshofs?, in: GRUR 2007, S. 492–498.

REGELSBERGER, FERDINAND: Pandekten, Bd. I, Systematisches Handbuch der Deutschen Rechtswissenschaft, hrsg. von Karl Binding, 1. Abteilung, 1. Teil, 1. Band, Leipzig 1893.

REHBINDER, MANFRED: Urheberrecht, 15. Aufl., München 2008.

REICHSSICHERHEITSHAUPTAMT: Meldungen aus dem Reich Nr. 290, 11. Juni 1942, Bundesarchiv Berlin-Lichterfelde, R 58/172, Bl. 237–241.

REINHART, MICHAEL: Die Überwachung durch Private im Umwelt- und Technikrecht, in: AöR 118 (1993), S. 617–663.

RICHARDI, REINHARD / WLOTZKE, OTFRIED (Hrsg.): Münchener Handbuch zum Arbeitsrecht, Bd. 3, 2. Aufl., München 2000.

RIEDL, GERHARD: Die Vormundschaft zwischen Privatrecht und öffentlicher Fürsorge unter besonderer Berücksichtigung der Berufsvormundschaften, München 1988.

RÖHL, KLAUS: Allgemeine Rechtslehre, 2. Aufl., Köln 2001.

RONELLENFITSCH, MICHAEL: Schranken der Privatisierung der staatlichen Unfalluntersuchung im Bereich der Eisenbahn, in: NVwZ 1998, S. 1021–1025.

ROTH, GÜNTER / ALTMEPPEN, HOLGER: GmbhG, 5. Aufl., München 2005.

RÖTHEL, ANNE: Anmerkung zu BGH I ZR 277 / 03 vom 05.10.2006 – *kinski-klaus.de* in: LMK 2007, 213345.

SACHS, MICHAEL (Hrsg.): Grundgesetz Kommentar, 4. Aufl., München 2007.

SAVIGNY, FRIEDRICH-CARL VON: System des heutigen römischen Rechts, Bd. I u. II, Berlin 1840.

SCHACK, HAIMO:

Das Persönlichkeitsrecht der Urheber und ausübenden Künstler nach dem Tode, in: GRUR 1985, S. 352–361.

Weiterleben nach dem Tode – juristisch betrachtet, in: JZ 1989, S. 609–615.

SCHEYHING, ROBERT: Zur Geschichte des Persönlichkeitsrechts im 19. Jahrhundert, in: AcP 158 (1959 / 1960), S. 503–525.

SCHMALZ, DIETER: Methodenlehre für das juristische Studium, Baden-Baden 1998.

SCHMIDT, KARSTEN: Universalsukzession kraft Rechtsgeschäfts, in: AcP 191 (1991), S. 493–525.

SCHMIDT, REIMER: Die Obliegenheiten, Karlsruhe 1953.

SCHMIDT, REINER: Öffentliches Wirtschaftsrecht, Allgemeiner Teil, Berlin 1990.

SCHMIDT-PREUß, MATTHIAS: Verwaltung und Verwaltungsrecht zwischen gesellschaftlicher Selbstregulierung und staatlicher Steuerung, in: VVDStRL 56 (1997), S. 160–234.

SCHNEIDER, EGON / SCHNAPP, FRIEDRICH E.: Logik für Juristen, 6. Aufl., München 2006.

SCHÖNKE, ADOLF / SCHRÖDER, HORST: Strafgesetzbuch Kommentar, 27. Aufl., München 2006.

SCHRICKER, GERHARD (Hrsg.): Urheberrecht, 2. Aufl., München 1999.

SCHULTE, MARTIN: Gefahrenabwehr durch private Sicherheitskräfte im Lichte des staatlichen Gewaltmonopols, in: DVBl 1995, S. 130–135.

SCHULZE WESSEL, LAMBERT: Die Vermarktung Verstorbener, Berlin 2001.

SCHUPPERT, GUNNAR FOLKE:

Die Erfüllung öffentlicher Aufgaben durch die öffentliche Hand, private Anbieter und Organisationen des Dritten Sektors, in: IPSEN, JÖRN (Hrsg.): Privatisierung öffentlicher Aufgaben, Köln 1994, S. 17–35.

Rückzug des Staates?, in: DÖV 1995, S. 761–770.

SCHWERDTNER, PETER: Das Persönlichkeitsrecht in der deutschen Zivilrechtsordnung, Berlin 1976.

SEIFERT, FEDOR: Postmortaler Schutz des Persönlichkeitsrechts und Schadensersatz – Zugleich ein Streifzug durch die Geschichte des allgemeinen Persönlichkeitsrechts, in: NJW 1999, S. 1889–1897.

SEITZ, WALTER: Prinz und die Prinzessin – Wandlungen des Deliktsrechts durch Zwangskommerzialisierung der Persönlichkeit, NJW 1996, S. 2848–2850.

SEITZ, WALTER / SCHMIDT, GERMAN / SCHOENER, ALEXANDER: Der Gegendarstellungsanspruch, 3. Aufl. 1998.

SIMON, JÜRGEN: Das allgemeine Persönlichkeitsrecht und seine gewerblichen Erscheinungsformen, Berlin 1981.

SOEHRING, JÖRG: Presserecht, 3. Aufl., Stuttgart 2000.

STAUDINGER: Kommentar zum Bürgerlichen Gesetzbuch, 13. Bearbeitung.

STEIN, AXEL: Der Schutz von Ansehen und Geheimsphäre Verstorbener, in: FamRZ 1986, S. 7–18.

STEIN, EKKEHART / FRANK, GÖTZ: Staatsrecht, 20. Aufl., Tübingen 2007.

STERN, KLAUS:

Das Staatsrecht der Bundesrepublik Deutschland, Bd. III/1, München 1988.

Gedanken über den wirtschaftslenkenden Staat in verfassungsrechtlicher Sicht, in: DÖV 1961, S. 325–331.

STIEPER, MALTE: Anmerkung zu BGH I ZR 277 / 03 vom 05.10.2006 – *kinski-klaus.de* in: MMR 2007, S. 108–109.

TAUPITZ, JOCHEN: Privatrechtliche Rechtspositionen um die Genomanalyse: Eigentum, Persönlichkeit, Leistung, in: JZ 1992, 1089–1099.

THOMASIUS, CHRISTIAN: Fundamenta juris naturae et gentium, Halle / Leipzig 1705.

THUR, ANDREAS VON: Der Allgemeine Teil des Deutschen Bürgerlichen Rechts, 1. Bd., in: Systematisches Handbuch der Deutschen Rechtswissenschaft, hrsg. von KARL BINDING, 10. Abteilung, 1. Teil, 1. Band, Leipzig 1910.

ULLMANN, EIKE: Caroline v., Marlene D., Eheleute M. – ein fast geschlossener Kreis, in: WRP 2000, 1049–1054.

VANGEROW, KARL ADOLF VON: Lehrbuch der Pandekten, 6. Aufl., Bd. 1, Marburg 1851.

WAGNER, GERHARD: Prävention und Verhaltenssteuerung durch Privatrecht – Anmaßung oder legitime Aufgabe, in: AcP Bd. 206 (2006), S. 352–476.

WALDOW, JÖRG ERNST AUGUST: Der strafrechtliche Ehrenschutz in der NS-Zeit, Baden-Baden 2000.

WANDTKE, ARTUR-AXEL / BULLINGER, WINFRIED: Praxiskommentar Urheberrecht, 2. Aufl., München 2006.

WELZEL, HANS: Die Naturrechtslehre Samuel Pufendorfs, Berlin 1958.

WENZEL, KARL EGBERT:

Das Recht der Wort- und Bildberichterstattung, 5. Aufl., Köln 2003.

Urheberrecht für die Praxis, 4. Aufl., Stuttgart 1999.

WESTERMANN, HARM-PETER: Das allgemeine Persönlichkeitsrecht nach dem Tode seines Trägers, in: FamRZ 1969, S. 561–572.

WINDSCHEID, BERNHARD: Lehrbuch des Pandektenrechts, 3. Aufl., 1. Bd., Düsseldorf 1870.

WOLFF, MARTIN / RAISER, LUDWIG: Sachenrecht, 10. Bearbeitung, Tübingen 1957.

WOLPERT, FRITZ: Persönlichkeitsrecht und Totenrecht, in: UFITA 34 (1961) S. 150–208.

ZACHARIAS, DIANA: Zur Abgrenzung von Menschenwürde und allgemeinem Persönlichkeitsrecht, NJW 2001, S. 2950–2951.

ZEILLER, FRANZ VON: Das natürliche Privatrecht, 2. Aufl., Wien 1808.

ZIPPELIUS, REINHOLD: Juristische Methodenlehre, 10. Aufl., München 2006.

Personen- und Sachregister

actio culpae 33
actio iniuriam 32
actio injuriam aestimatoria 33
allgemeine Rechtssubjektivität 87
allgemeines Persönlichkeitsrecht 33 ff., 89
  höchstpersönlicher Charakter 74
  immaterieller Schadensersatz 35, 139
  Schutzpflicht des Staates 141
Analogie 82, 94, 96, 103
Bismarck, Otto von, 34 ff.
Bruns, Carl-Georg 30, 32, 203
Caroline-Rechtsprechung 35, 36, 136, 139, 170, 212
culpa post contractum finitum 74
Dereliktion 66
Ehre 23, 24, 25, 29, 30, 31, 33, 34, 41, 42, 43, 93, 118, 193, 205
Ehrensache-Rechtsprechung 123, 127
Emil Nolde-Rechtsprechung 126
Frischzellenkosmetik-Rechtsprechung 126
Gareis, Carl 30, 31, 32, 41, 204
Gesetzesbindung des Richters 49, 79, 94, 140
Gierke, Otto von 32, 34, 42, 193, 205
Gründgens, Gustaf 45
Hegel, Georg Friedrich Wilhelm 25, 28, 75
Herrenreiter-Rechtsprechung 35
historische Rechtsschule 28, 29
Hubmann, Heinrich 27, 182, 206
Ihering, Rudolf von 67, 68, 206
imago-dei-Lehre 115
Immaterialgüterrechte 25, 36, 210
ius connatum 23, 75
juristische Person 79, 82
Kant, Immanuel 25, 26, 75, 115, 118
Karmasin-Rechtsprechung 127
Keyssner, Hugo 41
Kohler, Josef 30, 31, 32, 37, 40, 41, 65, 203
Konrad-Adenauer-Rechtsprechung 126
Kunsturhebergesetz 154
Mann, Klaus 45
Marlene-Dietrich-nackt-Rechtsprechung 136, 138
Marlene-Dietrich-Rechtsprechung 36, 51, 155
Menschenwürde 46, 84, 99, 114 ff.
  Kommunikationstheorien 116
  Leistungstheorien 116
  Nachwirkung 117
  Schutzbereich 121, 122
  Wert- und Mitgifttheorien 115
Menschenwürde Toter 84, 101, 114 ff., 119
Mephisto-Rechtsprechung 45, 93, 122
Mirandola, Picco della 115
Moral 72
Mordkommission-Köln-Rechtsprechung 138
Namensrecht 33, 38
nasciturus 78, 79, 82
Nationalsozialismus 43, 173
Neuhumanismus 25
Neuner, Carl 30, 31, 75, 209
notwendige Staatsaufgaben 151
Ötztal-Mensch 116

Pascal, Blaise 115
Persönlichkeit
  Begriff 25, 26
Persönlichkeitsrecht
  als Individualschutzrecht 24
  als Rahmenrecht 30
  historische Inhalte 23
  privatrechtliche Dimension 24
  staatsgerichtete Dimension 24
postmortaler
  Persönlichkeitsschutz
  Abgrenzung vom allgemeinen Persönlichkeitsrecht 58, 112
  Abwehransprüche 56, 167
  Angehörigentheorie 88 ff.
  Gewohnheitsrecht 107
  Menschenwürde 120
  nichtvermögenswerte Persönlichkeitsrechte als Teil der Erbmasse 133
  Normierung einer postmortalen Teilrechtsfähigkeit 130 ff.
  öffentlichrechtliche Kodifizierung 147, 153 ff.
  Präventionsfunktion 135, 138, 142, 146, 155, 169
  Rechtsweg 189
  Schutzbereich 58
  Schutzdauer 46, 55, 171, 172, 176
  Schutzlücken 138
  Schutzpflicht des Staates 112
  Strafrecht 42, 171
  Theorie einer allgemeinen Rechtspflicht 46, 92, 99, 101
  Theorie einer postmortalen Teilrechtsfähigkeit 76
  verfassungsrechtliche Aspekte 52, 111, 113
  Wahrnehmung durch den Staat 187
  Wahrnehmungsberechtigte, Berufung 183
  Wahrnehmungsberechtigte, geborene 179
  Wahrnehmungsberechtigte, gekorene 182
  Wahrnehmungsberechtigung 46, 179
  Zahlungsansprüche 56, 168
Prävention 136, 138, 142, 143, 146, 155, 169
Privatklage 159
  des Verletzten 160
  postmortal 161
Prozessstandschaft 105
Puchta, Georg Friedrich 28, 29, 65, 210
Pufendorf, Samuel 115
Rechtsfähigkeit 25, 26, 27, 29, 30, 31, 32, 45, 48, 75 ff. 87, 93, 130, 134
Regelsberger, Ferdinand 32, 34, 210
relationaler Charakter des Rechts 72
richterliche Rechtsfortbildung 83 ff., 106
  Grenzen 85
Savigny, Friedrich Carl von 28, 29, 65, 207, 211
Schachtbrief-Urteil 33
Schmerzensgeld 33, 35, 136, 140, 170
Schutzpflichten des Staates 112
Soraya-Rechtsprechung 35
staatliche Kernaufgaben 151
Stellvertretung 105
subjektives Recht 65, 68, 70
  relationaler Charakter des Rechts 72
subjektlose Rechte 47
  dogmatische Begründung 69
  Fallgruppen 66
  relationaler Charakter des Rechts 69
Subsidiaritätsprinzip 148
unmittelbare Drittwirkung von Art. 1 Abs. 1 GG 99

Urheberpersönlichkeitsrecht 154
Urheberrecht 154
Verbandsklage 162
öffentlichrechtlich 162
privatrechtlich 163
Verstaatlichung öffentlicher Aufgaben 148
Vollzugsverantwortung des Staates 151, 152
von Vangerow, Karl Adolf 30
Vorbehalt staatlicher Verwaltung 150, 153
Vormundschaft 156
Wilhelm-Kaisen-Rechtsprechung 123
Willy-Brandt-Rechtsprechung 122
Windscheid, Bernhard 30, 213
Zeiller, Franz von 26, 27

In der Reihe »**Schriften zum deutschen und internationalen Persönlichkeits- und Immaterialgüterrecht**« sind zuletzt erschienen

Band 6
Koch-Sembdner, R.: **Das Rückrufsrecht des Urhebers bei Unternehmensveräußerungen**
2004, 214 Seiten, 11 Tabellen, kartoniert
ISBN 3-89971-141-6

Band 7
Schacht, S. T.: **Die Einschränkungen des Urheberpersönlichkeitsrechts im Arbeitsverhältnis**
2004, 232 Seiten, kartoniert
ISBN 3-89971-144-0

Band 8
Kohnen, C.: **Beendigung von Nutzungsrechten im US-amerikanischen und deutschen Urheberrecht**
2004, 275 Seiten, kartoniert
ISBN 3-89971-184-X

Band 9
Kurtz, C.: **Grenzüberschreitender einstweiliger Rechtsschutz im Immaterialgüterrecht**
2004, 238 Seiten, kartoniert
ISBN 3-89971-193-3

Band 10
Wolff, C.: **Zwangslizenzen im Immaterialgüterrecht**
2005, 200 Seiten, kartoniert
ISBN 3-89971-214-5

Band 11
Poeppel, J.: **Die Neuordnung der urheberrechtlichen Schranken im digitalen Umfeld**
2005, 557 Seiten, kartoniert
ISBN 3-89971-226-9

Band 12
Hartig, H.: **Die Domain als Verfügungsgegenstand**
2005, 163 Seiten, gebunden
ISBN 3-89971-238-2

Band 13
Nolden, C.: **Das Abstraktionsprinzip im urheberrechtlichen Lizenzverkehr**
2005, 230 Seiten, gebunden
ISBN 3-89971-248-X

Band 14
Reese, J. F.: **Die Bewertung von Immaterialgüterrechten**
2005, 152 Seiten, gebunden
ISBN 3-89971-259-5

Band 15
Reinfeld, T.: **Der Schutz von Rhythmen im Urheberrecht**
2006, 146 Seiten, gebunden
ISBN 3-89971-276-5

Band 16
Steinke, T.: **Die Verwirkung im Immaterialgüterrecht**
Eine rechtsvergleichende Betrachtung zum deutschen, schweizerischen und österreichischen Recht mit europarechtlichen Bezügen
2006, 298 Seiten, gebunden
ISBN 3-89971-292-7

Band 17
Landfermann, R.: **Handy-Klingeltöne im Urheber- und Markenrecht**
2006, 295 Seiten, gebunden
ISBN 3-89971-332-X

Band 18
Godendorff, N.: **Schadensersatz wegen unberechtigter Verwarnung im Immaterialgüter- und Wettbewerbsrecht**
2007, 236 Seiten, gebunden
ISBN 3-89971-360-5

Band 19
Wolff, P.: **Urheberrechtliche Lizenzen in der Insolvenz von Film- und Fernsehunternehmen**
2007. 296 Seiten, gebunden
ISBN 978-3-89971-393-0

Band 20
Lehment, H.: **Das Fotografieren von Kunstgegenständen**
2008. 235 Seiten, gebunden
ISBN 978-3-89971-455-5